当代齐鲁文库·20世纪"乡村建设运动"文库

The Library of Contemporary Shandong

Selected Works of Rural Construction Campaign of the 20th Century

山东社会科学院　编纂

/28

张宗麟　著

张宗麟乡村教育文集

中国社会科学出版社

图书在版编目（CIP）数据

张宗麟乡村教育文集 / 张宗麟著. -- 北京 : 中国社会科学出版社, 2024. 6. -- （当代齐鲁文库）.
ISBN 978-7-5227-3916-8

Ⅰ. G725-53

中国国家版本馆 CIP 数据核字第 2024QK7880 号

出 版 人		赵剑英
责任编辑		刘亚楠
责任校对		张爱华
责任印制		张雪娇

出　　版		中国社会科学出版社
社　　址		北京鼓楼西大街甲 158 号
邮　　编		100720
网　　址		http://www.csspw.cn
发 行 部		010-84083685
门 市 部		010-84029450
经　　销		新华书店及其他书店
印　　刷		北京君升印刷有限公司
装　　订		廊坊市广阳区广增装订厂
版　　次		2024 年 6 月第 1 版
印　　次		2024 年 6 月第 1 次印刷

开　　本		710×1000　1/16
印　　张		24.5
插　　页		2
字　　数		398 千字
定　　价		148.00 元

凡购买中国社会科学出版社图书，如有质量问题请与本社营销中心联系调换
电话：010-84083683
版权所有　侵权必究

《当代齐鲁文库》编纂说明

不忘初心、打造学术精品,是推进中国特色社会科学研究和新型智库建设的基础性工程。近年来,山东社会科学院以实施哲学社会科学创新工程为抓手,努力探索智库创新发展之路,不断凝练特色、铸就学术品牌、推出重大精品成果,大型丛书《当代齐鲁文库》就是其中之一。

《当代齐鲁文库》是山东社会科学院立足山东、面向全国、放眼世界倾力打造的齐鲁特色学术品牌。《当代齐鲁文库》由《山东社会科学院文库》《20世纪"乡村建设运动"文库》《中美学者邹平联合调查文库》《山东海外文库》《海外山东文库》等特色文库组成。其中,作为《当代齐鲁文库》之一的《山东社会科学院文库》,历时2年的编纂,已于2016年12月由中国社会科学出版社正式出版发行。《山东社会科学院文库》由34部44本著作组成,约2000万字,收录的内容为山东省社会科学优秀成果奖评选工作开展以来,山东社会科学院获得一等奖及以上奖项的精品成果,涉猎经济学、政治学、法学、哲学、社会学、文学、历史学等领域。该文库的成功出版,是山东社会科学院历代方家的才思凝结,是山东社会科学院智库建设水平、整体科研实力和学术成就的集中展示,一经推出,引起强烈的社会反响,并成为山东社会科学院推进学术创新的重要阵地、引导学风建设的重要航标和参与学术交流的重要桥梁。

以此为契机,作为《当代齐鲁文库》之二的山东社会科学院"创新工程"重大项目《20世纪"乡村建设运动"文库》首批10卷12本著作约400万字,由中国社会科学出版社出版发行,并计划陆续完成约100本著作的编纂出版。

党的十九大报告提出:"实施乡村振兴战略,农业农村农民问题是关系国计民生的根本性问题,必须始终把解决好'三农'问题作为全党工作重中之重。"以史为鉴,置身于中国现代化的百年发展史,通过深入挖掘和研究历史上的乡村建设理论及社会实验,从中汲取仍具时代价值的经验教训,才能更好地理解和把握乡村振兴战略的战略意义、总体布局和实现路径。

20世纪前期,由知识分子主导的乡村建设实验曾影响到山东省的70余县和全国的不少地区。《20世纪"乡村建设运动"文库》旨在通过对从山东到全国的乡村建设珍贵历史文献资料大规模、系统化地挖掘、收集、整理和出版,为乡村振兴战略的实施提供历史借鉴,为"乡村建设运动"的学术研究提供资料支撑。当年一大批知识分子深入民间,投身于乡村建设实践,并通过长期的社会调查,对"百年大变局"中的乡村社会进行全面和系统地研究,留下的宝贵学术遗产,是我们认识传统中国社会的重要基础。虽然那个时代有许多的历史局限性,但是这种注重理论与实践相结合、俯下身子埋头苦干的精神,仍然值得今天的每一位哲学社会科学工作者传承和弘扬。

《20世纪"乡村建设运动"文库》在出版过程中,得到了社会各界尤其是乡村建设运动实践者后人的大力支持。中国社会科学院和中国社会科学出版社的领导对《20世纪"乡村建设运动"文库》给予了高度重视、热情帮助和大力支持,责任编辑冯春凤主任、刘亚楠主任付出了辛勤努力,在此一并表示感谢。

在出版《20世纪"乡村建设运动"文库》的同时,山东社会科学院已经启动《当代齐鲁文库》之三《中美学者邹平联合调查文库》、之四《山东海外文库》、之五《海外山东文库》等特色文库的编纂工作。《当代齐鲁文库》的日臻完善,是山东社会科学院坚持问题导向、成果导向、精品导向,实施创新工程、激发科研活力结出的丰硕成果,是山东社会科学院国内一流新型智库建设不断实现突破的重要标志,也是党的领导下经济社会全面发展、哲学社会科学欣欣向荣繁荣昌盛的体现。由于规模宏大,《当代齐鲁文库》的完成需要一个过程,山东社会科学院会笃定恒心,继续大力推动文库的编纂出版,为进一步繁荣发展哲学社会科学贡献力量。

山东社会科学院

2018年11月17日

编纂委员会

顾　　　问：徐经泽　梁培宽
主　　　任：李培林
编辑委员会：袁红英　韩建文　杨金卫　张凤莲
学术委员会：（按姓氏笔画排序）
　　　　　　王学典　叶　涛　田毅鹏　刘显世
　　　　　　孙聚友　杜　福　李培林　李善峰
　　　　　　吴重庆　张　翼　张士闪　张清津
　　　　　　林聚任　杨善民　周德禄　宣朝庆
　　　　　　徐秀丽　韩　锋　葛忠明　温铁军
　　　　　　潘家恩
总　主　编：袁红英
主　　　编：李善峰

总　序

　　从传统乡村社会向现代社会的转型，是世界各国现代化必然经历的历史发展过程。现代化的完成，通常是以实现工业化、城镇化为标志。英国是世界上第一个实现工业化的国家，这个过程从17世纪资产阶级革命算起经历了200多年时间，若从18世纪60年代工业革命算起则经历了100多年的时间。中国自近代以来肇始的工业化、城镇化转型和社会变革，屡遭挫折，步履维艰。乡村建设问题在过去一百多年中，也成为中国最为重要的、反复出现的发展议题。各种思想潮流、各种社会力量、各种政党社团群体，都围绕这个议题展开争论、碰撞、交锋，并在实践中形成不同取向的路径。

　　把农业、农村和农民问题置于近代以来的"大历史"中审视不难发现，今天的乡村振兴战略，是对一个多世纪以来中国最本质、最重要的发展议题的当代回应，是对解决"三农"问题历史经验的总结和升华，也是对农村发展历史困境的全面超越。它既是一个现实问题，也是一个历史问题。

　　2017年12月，习近平总书记在中央农村工作会议上的讲话指出，"新中国成立前，一些有识之士开展了乡村建设运动，比较有代表性的是梁漱溟先生搞的山东邹平试验，晏阳初先生搞的河北定县试验"。

　　"乡村建设运动"是20世纪上半期（1901到1949年间）在中国农村许多地方开展的一场声势浩大的、由知识精英倡导的乡村改良实践探索活动。它希望在维护现存社会制度和秩序的前提下，通过兴办教育、改良农业、流通金融、提倡合作、办理地方自治与自卫、建立公共卫生保健制度和移风易俗等措施，复兴日趋衰弱的农村经济，刷新中国政治，复兴中国文化，实现所谓的"民族再造"或"民族自救"。在政治倾向上，参与"乡村建设运动"的学者，多数是处于共产党与国民党之间的"中间派"，代表着一部分爱国知识分子对中国现代化建设道路的选择与探索。关于"乡村建设运动"

的意义，梁漱溟、晏阳初等乡建派学者曾提的很高，认为这是近代以来，继太平天国运动、戊戌变法运动、辛亥革命运动、五四运动、北伐运动之后的第六次民族自救运动，甚至是"中国民族自救运动之最后觉悟"。[①] 实践证明，这个运动最终以失败告终，但也留下很多弥足珍贵的经验和教训。其留存的大量史料文献，也成为学术研究的宝库。

"乡村建设运动"最早可追溯到米迪刚等人在河北省定县翟城村进行"村治"实验示范，通过开展识字运动、公民教育和地方自治，实施一系列改造地方的举措，直接孕育了随后受到海内外广泛关注、由晏阳初及中华平民教育促进会所主持的"定县试验"。如果说这个起于传统良绅的地方自治与乡村"自救"实践是在村一级展开的，那么清末状元实业家张謇在其家乡南通则进行了引人注目的县一级的探索。

20世纪20年代，余庆棠、陶行知、黄炎培等提倡办学，南北各地闻风而动，纷纷从事"乡村教育""乡村改造""乡村建设"，以图实现改造中国的目的。20年代末30年代初，"乡村建设运动"蔚为社会思潮并聚合为社会运动，建构了多种理论与实践的乡村建设实验模式。据南京国民政府实业部的调查，当时全国从事乡村建设工作的团体和机构有600多个，先后设立的各种实验区达1000多处。其中比较著名的有梁漱溟的邹平实验区、陶行知的晓庄实验区、晏阳初的定县实验区、鼓禹廷的宛平实验区、黄炎培的昆山实验区、卢作孚的北碚实验区、江苏省立教育学院的无锡实验区、齐鲁大学的龙山实验区、燕京大学的清河实验区等。梁漱溟、晏阳初、卢作孚、陶行知、黄炎培等一批名家及各自领导的社会团体，使"乡村建设运动"产生了广泛的国内外影响。费正清主编的《剑桥中华民国史》，曾专辟"乡村建设运动"一节，讨论民国时期这一波澜壮阔的社会运动，把当时的乡村建设实践分为西方影响型、本土型、平民型和军事型等六个类型。

1937年7月抗日战争全面爆发后，全国的"乡村建设运动"被迫中止，只有中华平民教育促进会的晏阳初坚持不懈，撤退到抗战的大后方，以重庆璧山为中心，建立了华西实验区，开展了长达10年的平民教育和乡村建设实验，直接影响了后来台湾地区的土地改革，以及菲律宾、加纳、哥伦比亚等国家的乡村改造运动。

[①]《梁漱溟全集》第五卷，山东人民出版社2005年版，第44页。

"乡村建设运动"不仅在当事者看来"无疑地已经形成了今日社会运动的主潮",① 在今天的研究者眼中,它也是中国农村社会发展史上一次十分重要的社会改造活动。尽管"乡村建设运动"的团体和机构,性质不一,情况复杂,诚如梁漱溟所言,"南北各地乡村运动者,各有各的来历,各有各的背景。有的是社会团体,有的是政府机关,有的是教育机关;其思想有的左倾,有的右倾,其主张有的如此,有的如彼"②。他们或注重农业技术传播,或致力于地方自治和政权建设,或着力于农民文化教育,或强调经济、政治、道德三者并举。但殊途同归,这些团体和机构都关心乡村,立志救济乡村,以转化传统乡村为现代乡村为目标进行社会"改造",旨在为破败的中国农村寻一条出路。在实践层面,"乡村建设运动"的思想和理论通常与国家建设的战略、政策、措施密切相关。

在知识分子领导的"乡村建设运动"中,影响最大的当属梁漱溟主持的邹平乡村建设实验区和晏阳初主持的定县乡村建设实验区。梁漱溟和晏阳初在从事实际的乡村建设实验前,以及实验过程中,对当时中国社会所存在的问题及其出路都进行了理论探索,形成了比较系统的看法,成为乡村建设实验的理论根据。

梁漱溟曾是民国时期宪政运动的积极参加者和实践者。由于中国宪政运动的失败等原因,致使他对从前的政治主张逐渐产生怀疑,抱着"能替中华民族在政治上经济上开出一条路来"的志向,他开始研究和从事乡村建设的救国运动。在梁漱溟看来,中国原为乡村国家,以乡村为根基与主体,而发育成高度的乡村文明。中国这种乡村文明近代以来受到来自西洋都市文明的挑战。西洋文明逼迫中国往资本主义工商业路上走,然而除了乡村破坏外并未见都市的兴起,只见固有农业衰残而未见新工商业的发达。他的乡村建设运动思想和主张,源于他的哲学思想和对中国的特殊认识。在他看来,与西方"科学技术、团体组织"的社会结构不同,中国的社会结构是"伦理本位、职业分立",不同于"从对方下手,改造客观境地以解决问题而得满足于外者"的西洋文化,也不同于"取消问题为问题之解决,以根本不生要求

---

① 许莹涟、李竟西、段继李编述:《全国乡村建设运动概况》第一辑上册,山东乡村建设研究院 1935 年出版,编者"自叙"。
② 《梁漱溟全集》第二卷,山东人民出版社 2005 年版,第 582 页。

为最上之满足"的印度文化，中国文化是"反求诸己，调和融洽于我与对方之间，自适于这种境地为问题之解决而满足于内者"的"中庸"文化。中国问题的根源不在他处，而在"文化失调"，解决之道不是向西方学习，而是"认取自家精神，寻求自家的路走"。乡村建设的最高理想是社会和政治的伦理化，基本工作是建立和维持社会秩序，主要途径是乡村合作化和工业化，推进的手段是"软功夫"的教育工作。在梁漱溟看来，中国建设既不能走发展工商业之路，也不能走苏联的路，只能走乡村建设之路，即在中国传统文化基础上，吸收西方文化的长处，使中西文化得以融通，开创民族复兴的道路。他特别强调，"乡村建设，实非建设乡村，而意在整个中国社会之建设。"① 他将乡村建设提到建国的高度来认识，旨在为中国"重建一新社会组织构造"。他认为，救济乡村只是乡村建设的"第一层意义"，乡村建设的"真意义"在于创造一个新的社会结构，"今日中国问题在其千年相沿袭之社会组织构造既已崩溃，而新者未立；乡村建设运动，实为吾民族社会重建一新组织构造之运动。"② 只有理解和把握了这一点，才能理解和把握"乡村建设运动"的精神和意义。

晏阳初是中国著名的平民教育和乡村建设专家，1926年在河北定县开始乡村平民教育实验，1940—1949年在重庆歇马镇创办中国乡村建设育才院，后改名中国乡村建设学院并任院长，组织开展华西乡村建设实验，传播乡村建设理念。他认为，中国的乡村建设之所以重要，是因为乡村既是中国的经济基础，也是中国的政治基础，同时还是中国人的基础。"我们不愿安居太师椅上，空做误民的计划，才到农民生活里去找问题，去解决问题，抛下东洋眼镜、西洋眼镜、都市眼镜，换上一副农夫眼镜。"③ 乡村建设就是要通过长期的努力，去培养新的生命，振拔新的人格，促成新的团结，从根本上再造一个新的民族。为了实现民族再造和固本宁邦的长远目的，他在做了认真系统的调查研究后，认定中国农村最普遍的问题是农民中存在的"愚贫弱私"四大疾病；根治这四大疾病的良方，就是在乡村普遍进行"四大教育"，即文艺教育以治愚、生计教育以治贫、卫生教育以治弱、公民教育以

---

① 《梁漱溟全集》第二卷，山东人民出版社2005年版，第161页。
② 《梁漱溟全集》第二卷，山东人民出版社2005年版，第161页。
③ 《晏阳初全集》第一卷，天津教育出版社2013年版，第221页。

治私，最终实现政治、教育、经济、自卫、卫生、礼俗"六大建设"。为了实现既定的目标，他坚持四大教育连锁并进，学校教育、社会教育、家庭教育统筹协调。他把定县当作一个"社会实验室"，通过开办平民学校、创建实验农场、建立各种合作组织、推行医疗卫生保健、传授农业基本知识、改良动植物品种、倡办手工业和其他副业、建立和开展农民戏剧、演唱诗歌民谣等积极的活动，从整体上改变乡村面貌，从根本上重建民族精神。

可以说，"乡村建设运动"的出现，不仅是农村落后破败的现实促成的，也是知识界对农村重要性自觉体认的产物，两者的结合，导致了领域广阔、面貌多样、时间持久、影响深远的"乡村建设运动"。而在"乡村建设运动"的高峰时期，各地所开展的乡村建设事业历史有长有短，范围有大有小，工作有繁有易，动机不尽相同，都或多或少地受到了邹平实验区、定县实验区的影响。

20世纪前期中国的乡村建设，除了知识分子领导的"乡村建设运动"，还有1927—1945年南京国民政府推行的农村复兴运动，以及1927—1949年中国共产党领导的革命根据地的乡村建设。

"农村复兴"思潮源起于20世纪二三十年代，大体上与国民政府推动的国民经济建设运动和由社会力量推动的"乡村建设运动"同时并起。南京国民政府为巩固政权，复兴农村，采取了一系列措施：一是先后颁行保甲制度、新县制等一系列地方行政制度，力图将国家政权延伸至乡村社会；二是在经济方面，先后颁布了多部涉农法律，新设多处涉农机构，以拯救处于崩溃边缘的农村经济；三是修建多项大型水利工程等，以改善农业生产环境。1933年5月，国民政府建立隶属于行政院的农村复兴委员会，发动"农村复兴运动"。随着"乡村建设运动"的开展，赞扬、支持、鼓励铺天而来，到几个中心实验区参观学习的人群应接不暇，平教会甚至需要刊登广告限定接待参观的时间，南京国民政府对乡建实验也给予了相当程度的肯定。1932年第二次全国内政工作会议后，建立县政实验县取得了合法性，官方还直接出面建立了江宁、兰溪两个实验县，并把邹平实验区、定县实验区纳入县政实验县。

1925年，成立已经四年的中国共产党，认识到农村对于中国革命的重要性，努力把农民动员成一股新的革命力量，遂发布《告农民书》，开始组织农会，发起农民运动。中国共产党认为中国农村问题的核心是土地问题，乡村的衰败是旧的反动统治剥削和压迫的结果，只有打碎旧的反动统治，农民才能获得真正的解放；必须发动农民进行土地革命，实现"耕者有其田"，才能解放农村生产力。在地方乡绅和知识分子开展"乡村建设运动"的同时，中国共产党在中央苏区的江西、福建等农村革命根据地，开展了一系列政治、经济、文化等方面的乡村改造和建设运动。它以土地革命为核心，依靠占农村人口绝大多数的贫雇农，以组织合作社、恢复农业生产和发展经济为重要任务，以开办农民学校扫盲识字、开展群众性卫生运动、强健民众身体、改善公共卫生状况、提高妇女地位、改革陋俗文化和社会建设为保障。期间的尝试和举措满足了农民的根本需求，无论是在政治、经济上，还是社会地位上，贫苦农民都获得了翻身解放，因而得到了他们最坚决的支持、拥护和参与，为推进新中国农村建设积累了宝贵经验。与乡建派的乡村建设实践不同的是，中国共产党通过领导广大农民围绕土地所有制的革命性探索，走出了一条彻底改变乡村社会结构的乡村建设之路。中国共产党在农村进行的土地革命，也促使知识分子从不同方面反思中国乡村改良的不同道路。

"乡村建设运动"的理论和实践，说明在当时的现实条件下，改良主义在中国是根本行不通的。在当时国内外学界围绕乡村建设运动的理论和实践，既有高歌赞赏，也有尖锐批评。著名社会学家孙本文的评价，一般认为还算中肯：尽管有诸多不足，至少有两点"值得称述"，"第一，他们认定农村为我国社会的基本，欲从改进农村下手，以改进整个社会。此种立场，虽未必完全正确；但就我国目前状况言，农村人民占全国人口百分之七十五以上，农业为国民的主要职业；而农产不振，农村生活困苦，潜在表现足为整个社会进步的障碍。故改进农村，至少可为整个社会进步的张本。第二，他们确实在农村中不畏艰苦为农民谋福利。各地农村工作计划虽有优有劣，有完有缺，其效果虽有大有小；而工作人员确脚踏实地在改进农村的总目标下努力工作，其艰苦耐劳的精神，殊足令人起敬。"[①] 乡村建设学派的工作曾引起国际社会的重视，不少国家于二次世界大战后的乡村建设与社区重建中，注重借鉴中国乡村建设学派的一些具体做法。晏阳初1950年代以后应邀赴菲律宾、非洲及拉美国家介绍中国的乡村建设工作经验，并从事具体的指导工作。

---

① 孙本文：《现代中国社会问题》第三册，商务印书馆1944年版，第93—94页。

总起来看，"乡村建设运动"在中国百年的乡村建设历史上具有承上启下、融汇中西的作用，它不仅继承自清末地方自治的政治逻辑，同时通过村治、乡治、乡村建设等诸多实践，为乡村振兴发展做了可贵的探索。同时，"乡村建设运动"是与当时的社会调查运动紧密联系在一起的，大批学贯中西的知识分子走出书斋、走出象牙塔，投身于对中国社会的认识和改造，对乡村建设进行认真而艰苦地研究，并从丰富的调查资料中提出了属于中国的"中国问题"，而不仅是解释由西方学者提出的"中国问题"或把西方的"问题"中国化，一些研究成果达到了那个时期所能达到的巅峰，甚至迄今难以超越。"乡村建设运动"有其独特的学术内涵与时代特征，是我们认识传统中国社会的一个窗口，也是我们今天在新的现实基础上发展中国社会科学不能忽视的学术遗产。

历史文献资料的收集、整理和利用是学术研究的基础，资料的突破往往能带来研究的创新和突破。20世纪前期的图书、期刊和报纸都有大量关于"乡村建设运动"的著作、介绍和研究，但目前还没有"乡村建设运动"的系统史料整理，目前已经出版的文献多为乡建人物、乡村教育、乡村合作等方面的"专题"，大量文献仍然散见于各种民国"老期刊"，尘封在各大图书馆的"特藏部"。本项目通过对"乡村建设运动"历史资料和研究资料的系统收集、整理和出版，力图再现那段久远的、但仍没有中断学术生命的历史。一方面为我国民国史、乡村建设史的研究提供第一手资料，推进对"乡村建设运动"的理论和实践的整体认识，催生出高水平的学术成果；另一方面，为当前我国各级政府在城乡一体化、新型城镇化、乡村教育的发展等提供参考和借鉴，为乡村振兴战略的实施做出应有的贡献。

由于大规模收集、挖掘、整理大型文献的经验不足，同时又受某些实际条件的限制，《20世纪"乡村建设运动"文库》会存在着各种问题和不足，我们期待着各界朋友们的批评指正。

是为序。

2018年11月30日于北京

编辑体例

一、《20世纪"乡村建设运动"文库》收录20世纪前期"乡村建设运动"的著作、论文、实验方案、研究报告等，以及迄今为止的相关研究成果。

二、收录文献以原刊或作者修订、校阅本为底本，参照其他刊本，以正其讹误。

三、收录文献有其不同的文字风格、语言习惯和时代特色，不按现行用法、写法和表现手法改动原文；原文专名如人名、地名、译名、术语等，尽量保持原貌，个别地方按通行的现代汉语和习惯稍作改动；作者笔误、排版错误等，则尽量予以订正。

四、收录文献，原文多为竖排繁体，均改为横排简体，以便阅读；原文无标点或断句处，视情况改为新式标点符号；原文因年代久远而字迹模糊或纸页残缺者，所缺文字用"□"表示，字数难以确定者，用（下缺）表示。

五、收录文献作为历史资料，基本保留了作品的原貌，个别文字做了技术处理。

编者说明

张宗麟先生是中国乡村教育和乡村建设的早期倡导者和践行者，1927年9月追随陶行知先生在江苏省晓庄学校从事乡村教育事业；1935年9月担任邹平实验县简易师范校长，兼任山东乡村建设研究院教师；1936年2月任职生活教育社，指导山海工学团的教育工作；1944年7月任延安大学教育系主任；1949年10月任职教育部。

世界书局于1932年9月出版张宗麟的《乡村教育》和《乡村教育经验谈》，中华书局于1939年4月出版《怎样办乡村师范》，提倡乡村教育者要有"农夫的身手、科学的头脑和改造社会的精神"。本次编辑，以上述各书为底本，以湖南教育出版社1987年3月出版的《张宗麟乡村教育论集》为对校本，以《张宗麟乡村教育文集》为名，收入《20世纪"乡村建设运动"文库》。

总 目 录

乡村教育 ……………………………………………… （1）
乡村教育经验谈 ……………………………………… （149）
怎样办乡村师范 ……………………………………… （281）

乡村教育

世界书局

编辑大意

一、乡城教育是要实地干的教育事业。实行到乡间去干，才会对乡村的人民、对乡村的儿童生发出力量来。编辑本书的主要目的就是"引导高校师范学生到乡里去实地干教育事业"。

二、本书是教科书的性质，所以编辑方面免不了有教科书的方式。但是教科书不应当编成辞典，而应当是读者的指南。所以本书对于指导观察实际情形、分析实际问题和实地做等都适当顾到。不过因为篇幅有限，所以有许多地方，只能说个大概。好在读者倘能实地干了，那么经验告诉你的，比任何书籍告诉你的更为亲切和丰富。

三、本书共十六章，大多数每章分三节，每节作为一次讨论的材料。有几章因为需要实地去做的（如调查、参观、试做等），时间多了，那就只有两节。至于每章每节材料的多寡，也看各该节需要做的时间的多寡而定。例如第三章与第五章的材料，多寡悬殊，因为第五章要实地做的工作比第三章的多。

四、本书练习题很多，每节都有，题数多寡不一。作者不希望读者把每个问题都回答出来，更不希望把每个问题都回答得完全无误。但是每个练习题，至少都要经过自己的思考；遇到要实地做的问题，在可能范围内，必须找到机会去做。做了以后，再去对照本书所说的材料，有几分可靠性（练习题略）。

五、本书对于国内外合于实际情形的乡村教育材料，适当提及。不过一切学说、原则、方法，都是有时间性与地方性的，所以读者不要奉本书的一切为从事乡村教育的金科玉律。

六、书后附录的测验题，是测量读者对于本学程的学习所得。这是一个极好的反省机会，读者必须依照说明去做（附录略）。

七、本书主要根据著者意见撰述，希望担任本学程的教师及修习本学程的学生，倘若对本书有意见，多多指正！

目　次

第一章　总论 ……………………………………………………（8）
　　第一节　认识乡村 ……………………………………………（8）
　　第二节　中国乡村生活略述 …………………………………（10）
　　第三节　乡村教育的使命 ……………………………………（14）

第二章　中国乡村教育运动的简史 …………………………（17）
　　第一节　中国兴学的沿革 ……………………………………（17）
　　第二节　一九一九年至一九三二年乡村教育运动简史 ……（19）
　　第三节　三十年代中国乡村教育不能发达的原因 …………（22）

第三章　丹麦、美国、苏联的乡村教育 ……………………（26）
　　第一节　丹麦的合作事业与乡村学校 ………………………（26）
　　第二节　美国的乡村生活与乡村学校 ………………………（29）
　　第三节　苏联的农工教育 ……………………………………（32）

第四章　乡村社会与乡村教育 ………………………………（37）
　　第一节　三十年代中国乡村社会的概况 ……………………（37）
　　第二节　乡村人民对待学校的态度及教师对待乡村的
　　　　　　态度 …………………………………………………（43）

第五章　乡村小学 ……………………………………………（47）
　　第一节　结交小学朋友 ………………………………………（47）
　　第二节　乡村小学的特征 ……………………………………（50）

第六章　乡村小学的校舍与设备 (53)
　　第一节　乡村小学的校舍 (53)
　　第二节　乡村小学的设备 (59)

第七章　乡村教育的行政问题 (62)
　　第一节　乡村小学的行政 (62)
　　第二节　教育局对于乡村小学应注意的几点 (68)

第八章　乡村小学的课程 (71)
　　第一节　乡村小学应有特殊课程的理由 (71)
　　第二节　乡村小学应有的课程 (73)
　　第三节　关于课程的三个重要问题 (77)

第九章　乡村儿童 (80)
　　第一节　乡村儿童的特质及其成因 (80)
　　第二节　乡村儿童应有的平等待遇 (83)
　　第三节　儿童自治 (85)

第十章　乡村教师 (88)
　　第一节　乡村教师的使命 (88)
　　第二节　乡村教师应有的本领 (90)
　　第三节　乡村教师的待遇 (93)

第十一章　乡村师范与乡村教育的指导 (96)
　　第一节　乡村师范的比较观 (96)
　　第二节　乡村师范与学园制 (101)
　　第三节　中心学区与乡村小学指导问题 (104)

第十二章　乡村幼稚园 (108)
　　第一节　幼稚园的来历及其任务 (108)

第二节　办乡村幼稚园的几种常识 …………………………（110）
　　第三节　夫妻学校与乡村幼稚教育 …………………………（113）

第十三章　乡村社会教育运动 ……………………………………（116）
　　第一节　识字运动 ……………………………………………（116）
　　第二节　农民娱乐 ……………………………………………（119）
　　第三节　乡村自卫团 …………………………………………（121）

第十四章　乡村教育中急需解决的三个问题 ……………………（124）
　　第一节　乡村卫生 ……………………………………………（124）
　　第二节　乡村私塾 ……………………………………………（127）
　　第三节　乡村学校放假问题 …………………………………（130）

第十五章　中国乡村经济概况与合作事业 ………………………（133）
　　第一节　乡村金融流通的略况 ………………………………（133）
　　第二节　合作事业 ……………………………………………（135）

第十六章　乡村调查 ………………………………………………（138）
　　第一节　乡村调查的意义与略史 ……………………………（138）
　　第二节　乡村调查的方法与困难 ……………………………（140）
　　第三节　两张比较常用的乡村调查表 ………………………（143）

第一章 总论

第一节 认识乡村

顾名思义，大家必能知道乡村教育是办在乡村里的，也就是为着乡村而办的教育。换一句话说，乡村就是我们第一步要研究的对象，所以必须先有相当的认识。

一般从乡村来的人对于家乡情形当能明白记忆，闭起眼来一想，绿水青山，牧童樵夫，都可以历历在目。住在城市的人，也必定去过乡村，或拜访亲友，或游山玩水，或去扫墓；倘若没有亲身到过乡村，读到许多书本上描写的乡村情景，也能想象出几分。所以我们对于乡村至少不是一个绝不相识的人。

"方宅十余亩，草屋八九间，榆柳荫后檐，桃李罗堂前。"我们读到陶渊明《归园田居》诗，更目击现代社会的纷扰，大家都会作起退隐山林、享受桃花源乐处的想头。但是事实告诉大众，在二十世纪决没有一个人应该过隐士生活，也没有一人能够过隐士生活；所以我们所要认识的乡村，不是西湖庐山等处别墅式的乡村，而是普遍于全国的农村。

本书的主要目的，是希望读者实行下乡，至少常常到乡村里去，去的时候要注意下列几个条件。

一 根据下面项目制表格，并逐项填写

1. 村名；2. 全村约有多少户口？3. 全村有多少学龄儿童？4. 全村人民的职业状况；5. 全村可以耕种的田亩约有若干？6. 村民的来源与姓氏；7. 住屋的情形；8. 主要的食物；9. 衣料的来源；10. 道路的情形，有否水道等？11. 经济状况的估计；12. 风俗习惯的举例；13. 主要出产品；

14. 从农民口中听到的最痛苦的事情；15. 农民的健康状况；16. 农民对于时事的兴趣；17. 其他。

二　怎样到乡村里去

到乡村里去是一件不容易的事，一不小心，不但空跑一趟，毫无所得地回来，并且会碰到意外的危险。所以到乡村里去，必须有相当的准备，下面说几个要点。

1. 先认定某村是要去的，然后找一位该村的熟人，最好是该村的小学教师或家长，切勿找流氓无赖，倘有同学更佳。去的时候不要摆出调查员的架子来，只要抱着游玩的态度，在无意中谈着上述各个问题。

2. 应该参观该村最重要的生产工作，如种田、织布等。

3. 去的时候，每队人数不可超过十人，人数太多容易引起乡村中的异样注目。

4. 服装是乡村人民最注意的，要与当地小学教师或当地的学生穿同样的服装，宁可朴素，不可华丽。与服装有同样关系的是举动，一切举动要平易，千万勿粗暴轻佻。有事可以尽量发问，不可轻率动手去玩弄。

5. 与农民谈话要注意下列几点：

（1）态度诚实温和，切勿有骄傲或浮夸的表示。

（2）语调爽直，字句通俗，切勿咬文嚼字，就是许多带文气的字句也要避免。

（3）多谈家常农事，在无意中谈到调查问题。切勿露出不耐烦的情绪来。

（4）农民讲话比较质朴，应该平心静听，切勿露出讨厌讥笑的神情来。

（5）各乡称呼不同，必须预先问清楚，不然容易闹成笑话，并且招农民的恶感。

（6）农村礼节要预先打听到一二件，如道谢、招呼、男女不谈话等，都要预先问清楚。

（7）谈话地点不必限定在家里，无论在田头、晒场上都是可以的。倘若走进农家，尤其不可做出掩鼻、干咳等怪举动。

除上述各点外，还要留心找一位老成热心的农人交朋友，最好能够找到一位极诚恳的农友，那么对于修习本学程，可以增加不少的兴趣，也可以得到更丰富的意义。

"干乡村教育者的良好伴侣，除儿童以外，只有真正的农民。找不到你的农友，那么你对于一切乡村教育都无从着手。"这句话千万牢记，必须实行！

第二节　中国乡村生活略述

农民生活是苦还是乐？中国诗人大都夸奖乡村生活的快乐，其实有许多人都是久居城市，所以羡慕乡村，好比吃腻了鱼肉，忽然尝到青菜萝卜，当然以为好吃得不得了。近年来，许多研究社会学、经济学的人，又大谈中国农民的痛苦，对于这些代农民抱不平者，当然令人钦佩，但中国农村实际情况如何？尚需细细调查。

人类生活约略分起来，有食、衣、住、行、工作、娱乐和社会性的生活等数种。现在就用这几项来谈中国乡村生活。

一　食

人类最主要的食物有两种，一是饭菜，二是饮料。乡村的饭菜大都是很粗的。如江南的米，城市吃白米和陈仓米，乡村吃的是糙米，还吃杂粮，如番薯、玉蜀黍等。北方吃麦，城市吃精白面，在乡村吃带麸的麦饼，兼吃高粱、黍子等。我们知道植物的皮层维生素最多，吃了最能养人，所以乡村人民食物虽粗，实则最有益于身体。饮料与空气，城市与乡村比起来，那是更不用说。试看小城市的饮料，除少数井水以外，简直只能饮街河的水，街河水的污浊，真如乡村中田间的沟水。中国大多数乡村有河水、溪水与池水，得不到这三种水，农人便挖掘土井。土井的功用，除灌农田外，平时是作饮用的。虽然井源不深，得不着顶清洁的水，但是因为用的人不多，所以也很澄清。此外，乡村间空气的新鲜，什么大城市都不能与它比拟。在田间日光下工作的农人，可以获得最充分的空气与日光量，比之工厂中的工人，真不知好了多少倍。到了夜里，因为住屋条件较差的关系，有时不能获得充分的空气，不过比起同样经济条件的城市居民来，也是好得多的。

二　衣

农民种稻养蚕，但是吃粗食穿布衣。吃粗食于身体不但无害，反而有益。衣就不同了，衣的主要原料是丝、棉、麻、毛、皮，这些原料都是乡村出产的，而农民享受得极少极少。"遍身罗绮者，不是养蚕人。""土布粗，洋布细。洋布便宜，财主欢喜。土布没人要，饿倒哥哥嫂嫂。"（刘大白卖布谣）这是农妇的叹声。乡村农民平均每年都得不到一件新衣服，所以中国农民的"衣服"，只可以说做到"蔽身"，甚至温暖都谈不上，更谈不上"好看"与"时髦"。

三　住

"茅茨土阶，六畜同居"，这是农业社会住屋的本色。由于中国乡村经济不发达和旧习惯，所以住屋的结构、屋内的陈设简陋得很。

四　行

以个人生活而论行的问题，比衣、食、住三项并不严重。但以社会经济而论，那么行的问题不得到相当地解决，便是最大的阻碍。中国乡村中交通设备很不完备。有河流的区域，用帆船的居多数，也有用小汽船的，不过为数很少。陆路交通，火车在乡村停站的几乎没有。汽车道在三十年代增加了不少，给乡村人民一种很大的便利。不过各处办汽车的公司，大都是政府式的资本家，票价太贵。此外，在北方行远路多用骡车、马车，南部、中部多有用轿的。独轮小车在乡村里倒是南北通行的交通工具，可以运货，也可以坐人。寻常十里二十里的路程，大都是靠着两脚的。乡村人民的脚，虽然终年得不到鞋袜穿，但是比城市人健康多了。五里十里的亲戚，在城市里以为是远亲，在乡村人民看起来常常说是乡邻，走起来总说："就在屋背后。"我们对于这样健行的情形，虽然相当惊叹，但是整个乡村的交通问题，实在还盼望快快建设起来。

五　工作

乡村人民以农事为主要工作，无论男女都是忙于农事。男子在田间工作的较多，女子做收获工作的较多，也有忙于蚕桑的。不过也有许多例外，如江南有几县的乡村，女子到田里去工作，男子反而抱着小孩子到茶馆和店里去闲逛，有的竟在家里做些烧饭等家事。

叙述个人的生活，大都用每天与全年来说。农家每日黎明即起，所谓日出而作，日入而息，是农业社会必有的现象。夜间并没有什么工作，实在辛苦了一天，再不能夜以继日。每年的工作，南北不同。黑龙江等近寒带的各省，每年有六个月以上不能到田里去工作，山东、河北等省也有四个月的休息期，浙江、江西等省可以缩短到二个月，福建南部与广东等省，只要农民肯去工作，终年没有休息期。农闲越长，农民的工作越复杂。中国大多数农村的副业，男的是砍柴、打猎、捕鱼，女的是织布。不过各地方很有些不同，例如酿酒、烧砖瓦、烧磁器、织绸缎、打锡箔、做漆器、做纸等小工业，各地都有习惯式的工作。有做掮客小贩，代大商店收买农产品，以及走江湖、变戏法等职业，也有农民加入，不过所占的百分比是极少极少的。

二十年代中国乡村社会几乎没有什么安宁的日子，所以人民练习自卫，也成为重要工作的一部分。虽然有时暴动起来，有短时期的骚动，其实他们平时都是为着自卫而进行的，这件事可说是中国乡村生活中最奇特的工作。

六 娱乐

凡是有意识的动物，在整个生活期中，娱乐必占了一个重要地位。所以无论城市、乡村，都有娱乐活动，不过它的组织与方法稍稍不同。例如城市中的娱乐场，演奏者是专业的职业，终年不停地开办着，伺侯顾主。乡村中虽然没有这样的组织，但是确有数种很通行的娱乐。例如赌博，是个人或少数人的不正当的娱乐，无论城乡流行最广。做戏是含有神道性质的娱乐，在乡村中，每年春秋的社戏也是一时的娱乐，平时也常常有唱小调的人来给全村老幼们"快乐快乐"。在稍稍富裕的乡村里，"婚嫁"也可以算得上给许多亲族老幼们娱乐的一件事。"茶馆"可说是中国最通行的乡村娱乐场所，这个组织全中国除出广东、福建省中有一部分地方不通行外，其他各省都极普遍。茶馆是乡村人民的会议场、娱乐场、买卖场，实在是乡村中最重要的一种事业，可惜到茶馆的人，几乎完全是男子，在习俗上女子是禁止进去的。

此外娱乐之事还有很多很多，大都在农闲与新年时期最为热闹。倘若在农忙时期，几乎没有人会想到娱乐的，只有田间青年男女的秧歌，南阡北陌地唱着，或许就是最大的娱乐。

七 社会性的生活

"在农业社会最初形成的时期，氏族组织便成立。"这是社会学家的研究报告之一。"除非农村经济到了极度的崩溃，除非农村生产组织已经达到大规模的组织成立，氏族组织决不致整个消灭的。"这也是很可靠的断语。中国农村经济虽然日益崩溃，可是远没有达到极度，所以氏族组织仍在照常维持中。中国大多数农村是聚族而居，更有极少数的农家是大家庭组织的。中国民间最有力量的法律是家法，就是每个宗祠里共同订立的法律。本族子弟如做了不正当的事，或本族中有争执事项，族长们就能以家法来处治。在农业社会里，族长与家长的权威很大很大，他对外可以代表一族，对内可以总理全族事务。

由于有氏族组织，有时可以把散沙般的人民形成一个小规模的团结，造成许多便利，但是因此而生的弊病也很多很多。南方各省的械斗，每年不知要有多少人死伤，财产的损失不知有多少。有时两姓械斗，甲姓如战胜，竟可消灭乙姓，或把乙姓财产、子女没收。当地政府有时得到报告，也大都是不问的。还有许多族长、家长横行乡里，变成当然的土豪。提到土豪，大概是人人切齿的，因为他们的作恶比一切官吏们来得更厉害。

"婚姻"是农民们常常悬挂在心头的问题。中国乡村中保存婚姻的古礼最牢固，不但同姓不婚，并且"宋陈"等有关系的两姓也不婚。媒礼等手续也都应有尽有。所以"童养媳"的风俗倒也南北通行。在南方更流行着儿女的买卖与交换。许多小富的农家，自己虽然有了三五个儿女，往往会再去买别人的儿女来，并不当作奴婢，简直与自己的儿女同样看待。这也是一种很耐人寻味的民间习俗。

乡村人民对于儿童还相当爱护，对于男孩子很重视。因为男孩子一来可绵延家族的关系，二来可以长时期地帮助父母做工。对待女孩子比较不好得多了，有许多地方还有溺女的风俗，这也是氏族组织中一个恶果，不过此风已经渐少了。农村儿童生活比起工厂区的儿童生活要好得多了，因为农村工作比较来得自由，所以父母们能够随时照顾儿童。还有农村便是田野，儿童们天天在大自然中生活着，也比关在屋子里长大的儿童好得多。至于儿童在家庭中几乎是父母的私产，在目前的中国，大家还以为这是当然的。所以说得着实些，中国儿童的生活就是成人的附属生活，在乡村里也不例外。

第三节 乡村教育的使命

本节要略略解释乡村教育的意义和它与社会的关系，作为下列各章的提纲。

一 乡村教育的意义

乡村教育的名词，在中国是一九一九年以后才出现的。但是乡村里有教育决不是近年的事。在日常生活里，乡村儿女跟着父母在田里做工作是教育，也可以说是占着最重要地位的乡村教育。在破庙中的私塾，儿童们朗诵《三字经》也是乡村教育。挂了三尺黑板，排着一行一行的桌椅，有一块某某小学牌子的，也是乡村教育。这些只就儿童教育而言。其他如茶馆、草台戏等也都是乡村教育。那么乡村教育究竟是什么？它的主要任务是什么？

乡村教育是改造乡村人民生活的活动，这个活动是从乡村实际生活产生出来的，它的主要工作是教人生产，使荒山成树林，瘠地长五谷；更教农民能够自立、自治、自卫，使村庄变为乐园，使村民安居乐业；又教儿童能适应乡村生活，成为改造乡村的嫩芽。这种工作决不是一所乡村小学、几位乡村教师所能干得了的，所以必须与各方面联络起来。如工厂、银行、卫生机关、农业研究机关、道路工程机关等，必须充分地联络，那么各事才能举办。同时，整个乡村人民都是教育者，也都是受教育者，这是整个乡村人民的生活，不是一部分人特有的专职。

世界上无论哪一国都是乡村占国土的大部分，乡村人民占全国人口总数的大多数，所以乡村教育也可以说全世界大多数人民的教育。以中国而论，人口有百分之八十以上是农民，就是说中国有三万万以上的人民应受优良的乡村教育。

二　中国乡村教育的要求

由于中国社会有特别的组织关系，所以乡村历来为人所轻视，农民进城受尽城市中一切人的欺侮。政府赋税莫不直接或间接地取之于农民，而社会设施又把乡村忽略过去，所以农民纳最多数的赋税，却得不到特别的保障，得不到教育其子女，更谈不到积极提倡改良乡村的一切。

偶尔有一两所乡村小学，又困于经费（依各县教育费标准，乡村小学标准比城市小学低得多），一切设施都极其简陋，教师水平也稍逊于城市的教师。在教学内容方面，不过搬运一些都市小学的糟粕来乡，决不问当地是否需要。因此，农民视如此乡村教育不过是"花钱的玩意儿"，于一家、全村的生活毫无关系。在实际上便造成了极不好的现象，就是"教人离开乡下向城里跑；教人吃饭不种稻，穿衣不种棉，盖屋子不造林；教人羡慕奢华，看不起农民；教人有荒田不知开垦，有荒山不知造林；教人分利不生财；教人忍受土匪、土豪、劣绅的侵害而不自卫；遇到水旱虫害而不知预防；教农民的子弟变成书呆子；叫富的变穷，穷的格外穷，强的变弱，弱的格外弱"。

造成上述恶果的原因很多，今后要想乡村教育有长进，必须合于下列三条原则：

1. 乡村教育的全部，必须以乡村生活为出发点，并须以乡村生活为归宿。能够做到这样，那么许多不相干的材料、不相干的举动、只顾搭架子的行为都可省去，而一切活动完全以当地需要为依归。那就不但能教人生利，并且能教人乐于乡村生活；又能自卫，自治，掌握民权，做一国的主人翁。

2. 乡村教育的目的，要使乡村人民做乡村的主人，乡村能与全世界沟通，同时能采取世界上最新的发明，用于农业，这件工作，非注重科学不可。所以在乡村教育的途径上，应该用"迎头赶上去的科学"，作为一切方法的依归。下乡的科学，决不是纸上谈兵的科学，而是可以做得出来的科学；又须养成信仰科学的态度，任何时候都不拒绝新的试验，并且能从新的试验中更求进步。

3. 乡村人民既然如此之多，纳税数目又如此之大，人类一切生活材料又大都从乡村来，照理乡村人民的享受，虽不敢优于其他人民，至少也应有个

乡村教育

平等待遇才算公道，如教育经费、卫生费等，必须获得应得的一切。这件事是一件不很可能的事，但是要想中国乡村教育有希望，要想中国社会能循序进化，非做到这点不可。不然，无论任何计划，俱属不可能的事。而农民一旦发现历来吃亏，向整个社会算起账来，也是一件极重大的事。

第二章　中国乡村教育运动的简史

第一节　中国兴学的沿革

号称世界古国之一的中国，当然有很久的教育史。但是古代的教育制度，非但到后代不能实行，当时是能否实行也难确说。所以古代教育与乡村教育的关系不多，略去不谈。明清两代以科举取士，这时期对于乡村教育也没有多大关系。"学而优则仕"，是当时读书者的普遍现象。虽然也有耕读并重的风气，到底也不过是少数人提倡罢了。与乡村教育比较有关系的，当然只有最近三十年来提倡的新教育。本节以乡村教育的立场，找寻中日战争后的教育线索。

一　社会的背景

教育是社会中的活动之一，与社会有互相推进的效能。在什么样的社会里，产生什么样的教育。有了教育的起因，方能推进社会变迁。中国自从清道光以后，在政治上官吏腐败，皇帝卖官，又加以鸦片战争的失败，帝国主义的侵略与剥削，由于五口通商而深入内地，所以造成太平天国之事。那次事件虽为清将曾国藩等所扑灭，但是人民的民族意识确是加深了一层。自从甲午之战以后，帝国主义对于中国的侵略更加刻毒。许多稍具识见的人，群倡改良教育。清帝后也如患病之人，大惊以后，百草可尝，所以也优予听纳。但是他们对新教育的态度，也不过如对待义和团同样，无所谓根本思想。不过人民对属外患与暴政的反感，却已经成为辛亥革命的原动力，这些政治变迁是影响教育变迁的一个重要原因。

其次是经济的变迁。自从鸦片战争以后，中国便渐渐成为世界市场。帝国主义者采用中国的原料，制成工业品贩到中国来卖，使中国手工业消灭，例如洋布进口以来，土布便渐趋绝迹。帝国主义者更用垄断政策，使中国土产贱卖，如东三省的大豆、西北的皮毛，都是受到这样剥削的。此外，剥削之方甚多，每年中国漏卮，至少在十五万万两以上。积久便引起整个社会的恐慌，这也是促进教育改革的一个原动力。

受了上述两种影响，社会便起了重大变化，有的拓殖海外，有的集中都市，生产量减少，而社会起了剧烈的变迁。社会既然起了变迁，附着于社会的教育，当然有同样的变迁。

这是中国教育所以变化的三大原动力。

二 中国教育变化的趋向

倘若说现在中国教育的变化已经告终，那是谁也不会相信的。但是二十世纪来中国教育的变迁，确有一条极明显的路，就是"人民渐渐获得固有的地位"。现在可以分几段来说明：

1. 废科举。科举是有阶级性的制度，"万般皆下品，唯有读书高"，是科举造成的士子阶级。人民读书，十年窗下，希冀一朝得售，便能耀祖荫孙。这样有长时期的期待性的教育，只有特殊阶级才能干的。况且在科举条例中，有许多对人民绝对限制的条款，不准应试。所以，平民受教育的机会实在很少很少。到了清末，由于环境所迫，便明令废除科举。这是取消士子阶级的第一声。

2. 新学初兴。在光绪二十年以后，曾国藩、李鸿章、张之洞、孙家鼎辈，都奏请清廷兴办新学，这时代的教育是人才教育。他们兴学的宗旨说得清清楚楚，就是培养真才，为国家效劳，使十年之内，国富兵强，以救国难，与列强争雄。这时期的清廷兴学是如此，还有这时代许多稍有识见的大官员也都来兴学，就是私立学校。他们的意思也都是以学校为选取真才之所，如时务学堂等，都是这类性质。所以新学初兴是造成另一个士子阶级的时代。但是这个阶级是宽大得多了，只要有才便得登录在士子阶级里。

3. 争相入学与争相办学。新学兴办后数年，社会上看到从学堂出身的人，都得到特殊的享受，一切生活与在社会上的地位都优于其他人民，于是稍稍有资财的父母都设法遣送子女进学堂，希望得一张文凭。于是在乡间的送其子弟进小学，财产稍多的送其子女赴国外留学；同时有钱而得不到社会上崇敬者，也渐能出其资财的一小部分设立学校，一面培植人才，为将来自己应用；另一面因有热心办学的美名，博得社会的崇敬，可以因此做其他事业。至于外人设立的教会学校，更是大多数含有野心。这个时期自清朝末年至民国七八年为最盛，他们并没有想到教育的真正目的是什么，进学校与办学校，不过为着自身的利益。

但是世界经济的怒潮，帝国主义者的压迫，决不肯等待中国的，所以不久便迫使中国一切教育渐趋平民化，于是素来以为无足重轻、不配有教育的乡村，也居然有人喊起乡村教育来了。

第二节　一九一九年至一九三二年乡村教育运动简史

"五四"运动是中国教育界一个关键，在思想界与教育界上都引起了许多有时代价值的运动，乡村教育便是其中之一。

当时最初喊出乡村教育或下乡从事运动者，大都是不得意而稍稍具有革命性的留学生。他们目击欧美各国自大战停止后，积极注意生产事业，于是整顿乡村也为计划之一。反观吾国教育正在注意最上层的教育，竞派留学生，竞办大学，于是便喊出这个乡村教育的口号来。所以当时所提出的目标不过是救济社会的危机，改进乡村中的教育。至于实际工作则喊者自喊，应者自应，大半在杂志报刊上做工作。中国乡村需要什么，究竟应该怎样做，做过的成绩怎样，完全不知，所以民国八年至民国十二年有乡村教育之宣传而无实际的进行。当然在那个时期中也依然有乡村小学，但是在穷乡破庙中办小学者，决没有余暇看这些宣传文字，他们依然希望自己的学生，他年衣紫挂红，或得西人的青睐，得发大财以救乡邻，光耀家族师友。所以这一时期于乡村教育运动实际的裨益很少。

民国十二年以后，因平民教育、义务教育诸种运动层叠而起，于是乡村的实际状况也有人过问了。如赵叔愚、冯锐等实际调查广东、江苏、北平等乡村，详细统计。乡村小学也有人过问，如东大教育科学生创办昆明小学，中华教育改进会同人召集乡村教育促进会，教育名流极力赞扬优良乡村小学，如当年的燕子矶小学、尧化门小学、河埒口小学等，均因名流之言为国人所注目。又因各家提倡普及乡村教育、义务教育，于是感到师资之不足，在江苏便首先在省立师范学校中设立农村分校，各县又先后设立县立师范，其宗旨完全为养成适合于农村生活之小学教师，指导农村教育，培养农村人才。关于乡村社会教育者，则有徐公桥的乡村改进会，中华平民教育总会设立的乡村教育部，都是略具规模的事业。至于出版物之众多，名流们的呼喊，当然比前期增加更多。于是，不仅各国乡村教育的设施尽量加以介绍，而且"下乡去"三字也成为最时髦的口号。所以，自民国十二年至民国十六年，乡村教育运动达到了高潮。

民国十六年以后热情未退，且试验工作跟着起来。照理一切事的历程中，必有这样一个过程，也就是显出有进步的一段。民国十六年首先提出试验者有两处，一是南京晓庄试验乡村师范学校，二是中华平民教育促进会在定县试验生产教育的工作。一南一北，各有影响，不过晓庄因地位关系，且所提倡者为乡村小学实际工作，所以影响很大。定县则于改良农业关系较大，所以影响于他年全国生产量者必大。现在把晓庄的试验工作以及它的影响约略说明，作为二十年代后期的代表。

一、晓庄的主要目标是培养农民做中华民族的主人，打破士子阶级。所以它的创办宣言中有"征集一百万个同志，提倡一百万所学校，改造一百万个乡村"。这是最普遍的教育运动，不是只培养少数人才的教育。它的校歌中有"唤起锄头来革命，……革命成功靠锄头……锄头底下有自由……"等语。该校的师生又会说"老山劳，小庄晓，士阶级，下野了"。更承认乡村教育运动，可以教农人自己从时代的车轮底下爬起来，教农人做机器的主人，不做机器的奴隶，并且可以扫除假知识，推动教育革命。

二、晓庄最初不过是一个乡村师范学校，立校的目的是要培养农民与儿童所敬爱的导师。它的教育有五大方针：一是健康的体魄；二是劳动的身手；三是科学的头脑；四是艺术的兴趣；五是改造社会的精神。它的方法是教学做合一，事情怎么教，便是怎样学；怎么学，便是怎么做。所谓"从劳力上劳心，以教人者教己"，便是这个方法的解释。至于它的中心主张，便是"生活即教育，社会即学校"。不但对于人的生活是如是，对于物的研究也是这样，所以有"和马牛羊鸡犬豕做朋友，对稻粱菽麦黍稷下功夫"等亲物的言论。

三、由于实行教学做的方法，实行小学是师范的母亲的主张，所以有很多中心小学、中心幼稚园，且就在中心小学、中心幼稚园里训练师范生。更举办许多社会活动，如中心茶园、合作社等，使师范生深入社会，与农村社会打成一片。

四、从前学校教育只办在学校里，晓庄便办在社会里。中心茶园便是茶馆店，便是师范生、指导员与农民合办的茶馆店。联村自卫团便是全校师生与各村农民联合起来办保护乡村的事业。其他如改良种子等工作，也会与国外农业机关合作，做了几件，这是打破学校与社会的界限，使学校成为乡村中一分子的运动。

晓庄创办于民国十六年三月，刚刚办了三年，即遭封闭，复于民国二十一年一月，明令启封发还。我们不问其他一切，只就它于乡村教育而言，确有相当贡献。在此时期中，全国兴办的乡村教育事业很多，兹举其最引人注意者约略言之：

1. 各省创办乡村教育事业，如河南、安徽、山东、福建、江西、湖北、广东、广西、河北诸省，都创办省立乡村师范。

2. 江苏对原有的乡村师范加以扩充，并实行每县征收八分亩捐，以扩充乡村教育。

3. 从事民众教育者，对于乡村特设乡村民众教育馆和谈实验小学者，于每县设立实验乡村小学。

以上各种事业，虽然都免不了带有过渡时代产物的流弊，但是素来没有人谈到的"乡村"二字，也居然有人每事提及；同时许多缙绅与农民，对于小学教师的赤脚种田、进茶馆店说书，也改变了奇异的目光。这种种都是极有价值的事实。民国十九年三月中国国民党三中全会也通过《乡村教育案》。兹摘录其办法如下。

一　造就师资

第一项。在中央政治学校增设乡村教育系，以考试方法征集身心健全及曾在高级中学以上毕业之党员，入校训练。其期限为一年，俟大多数之省份，皆已开办乡村学校时，其期限得延长为二年。

第二项。乡村教育系采用军队编制式，以举成学生之勤苦耐劳、果敢敏捷等精神为训练之标准。

第三项。乡村教育系之课程，以养成能切实从事三民主义的乡村教育及社会教育之人才为目的。所有学程，注意切合乡村社会之需要，而期实施、实用。其主要学程之性质概括分列如下，以备课程设计时之参考：

甲、锻炼类：（1）军事教育；（2）耕作常识。

乙、技能类：（1）国语；（2）乡村教育实验；（3）乡村公共卫生；（4）兽医常识；（5）农村副业；（6）各科教学法：自然科学（生物、天文、算术）、社会科学（历史、地理、国文）、艺术科学（音乐、体操、图画、手工）；（7）乡村幼稚教育；（8）农村调查；（9）演说学。

丙、知识类：（1）党史及孙文学说；（2）党义；（3）中国外交史；（4）中国条约研究；（5）中国现行法令；（6）中国史地；（7）乡村教育原理；（8）乡村经济学；（9）教育浅说；（10）中国教育思想史；（11）西洋教育思想史；（12）美国乡村教育；（13）丹麦乡村教育；（14）教育心理；（15）山歌土白手势之心理及哲学之根据（日课表略）。

第四项。乡村教育系之详细实施办法，概由中央执行委员会常会定之。

二　分期举办乡村学校

第一项。先于各省择定适当乡村地点，于第一期乡村教育师资养成后，半年内各设乡村学校若干所。

第二项。大多数之省份，经由第一次派遣乡村教育系毕业生举办乡村学校一年内，再在各省增设乡村学校若干所，如有事实上之可能，同时即可将第一次遣派于各省服务之学生，调回中央政治学校，受乡村教育系第二年之训练。

第三项。前二项设立乡村学校之程序，得循环实施，以期乡村教育普及于全国而且有改进。

第四项。关于举办乡村教育之经费，由中央执行委员会常会议决，就各省教育经费下指拨，或特予补助。

第三节　三十年代中国乡村教育不能发达的原因

中国乡村教育在三十年代还不过是试办时期，将来无论社会变迁到什么地步，它必有充分发达的一日，在量的方面必能普及各村，质的方面必能使教育无浪费。但是三十年代去理想的目标很远，其原因有三。

一　农村经济的衰落

关于中国农村经济衰落的事实，本书有专章讨论。现在所谈的是因为农村经济衰落的缘故，所以农村儿童到了十岁左右便不得不帮助父母到田间去工作，便无进学校的可能。因农村经济的衰落，农人无试验新的生产方法的余资，又因为衣食的困窘，更没有试验新的生产方法的勇气。还因农村经济的衰落，造成地方不安静，土匪豪绅的增多，以致农民受剥削更多，愈加没有能力使儿女或自己受教育。同时有了土匪等捣乱，办乡村教育者也难以安心，有时一个计划未及施行，破坏者已经伺旁乘隙，因此弄得从事者手足无措，或竟遭其毒手。要想克服这个困难，最不容易。因为造成这种现象的原因不是单方面的，而是多重的剥削。帝国主义、地主、奸商以及土豪、土匪等，都是直接或间接剥削农民者，也就是直接或间接造成农村经济的衰落，因此帝国主义、地主、奸商、土豪、土匪等，也就是乡村教育进程中的障碍物。

二　真实同志的缺乏

在大家都趋向都市希望得到较优的享受的时期，要想得到乡村教育的真实同志，能够脱去长衫、背着锄头、拿了书本、芒鞋布袜地下乡去，更能埋着头不问近效地干，实在是一件不容易的事。但是要想乡村教育有实效，就非与农民为伍不可，也就非有这样真实的同志不可。照现在的情形，干乡村教育的大都可分为三种：一是迫于生活困难，暂时谋一乡村小学的教师位子，作为糊口地。将来有了好的机会，便舍乡村而去。二是当地有钱人的子弟，在他的父母计划中或他自己的计划中，非留在家乡不可，同时还须办一所小学，作为与官绅往来的招牌。这种人所办的乡村教育，内容如何，当然不难设想。三是羡慕乡村教育的名义，作一时的投机事业。这种人或有长才，但是不肯久留乡间，也不能拿出真心来干，所以于乡村教育无所裨益，有时还曾受到他的牵累。至于真的肯为乡村教育努力的而又有相当学识与能力的人，实在很少。同志既少，事业当然不易举办，也不易改进。这个困难的解决，或者须与第一个困难同时解决。

与人才有密切关系的便是教育的内容。过去的乡村教育，实在不足以满足农民的需求。例如儿童读了三数年书，还不能写一便条，不能看一封来往信件，又不能算一笔粮食的买卖账，别的教育当然更不用说了。倘若多读几年，反而变成驼背、近视、瘦弱的人，手不能提，肩不能挑，成为一个半残废者。如此教育，又在农村经济衰落的时代中出现，农民们哪里会欢迎呢？所以多数农民宁可使儿童不进学校，不识一字，只在田间做工。儿童教育如是，成人教育更加谈不到。例如许多农民教育馆，简直不是教农民学好，而是教农民变成游民，有时候还将极靠不住的耕种方法介绍给农民，从而失去农民的信仰。这种种，半属人才关系，半属经济关系。

三　传统思想的壁垒

　　传统思想的形成，是经过很久的年月的，它的壁垒也就最难攻破。与乡村教育进展有关系的传统思想，可以分两个方面来讨论。

　　1. 在乡村中的。乡村人民由于经济的窘迫、科学的不发达、环境的恶劣，以及自身的或全家的生活起见，形成的传统思想很多，例如村与村的仇视，两姓的仇视，在北方则为宗教派别的仇视，在南方则为宗族的械斗。此虽有时为着争夺生活材料，但是因"非我同宗，其行必异"的传统思想促成相斗的则很多很多。因为有这种现象，乡村教育往往受其影响和限制，不能迅速地发展；又如风水的迷信、鬼神的迷信、时月的迷信、行动的迷信等，都是使乡村教育难以着手进行的障碍。例如中国乡村庙宇祠堂特别多，由于迷信，便不能利用这些空屋办学校。此外，平时因赛神会等活动各家所费极多，而对于本乡学校，则一文不出，且借迷信而破坏。乡村卫生的不能改良，种植方面的不能改良，育儿方法的不能改良，都是从"祖传必宝"的传统思想而产生的。农业社会崇尚保守，不易改革生活，这是一种普遍现象，传统思想就是这个现象的总根源。要攻破这个壁垒，非经过长时期的努力或大规模的破坏不可。从事乡村教育只可以走第一条路——长时期的努力。

　　2. 在乡村外的。"土头儿""乡下人"都是看不起乡村的称呼。近年来，虽然有人喊着到乡间去，注重农工，实际上剥削农工的手段一年酷似一年。不说帝国主义的剥削，使农产品贱价出售，就是本国的资本家，对于农民也是这样,放青苗钱,提高利率,压低农产品的价值,和农民进城受欺侮,官绅下乡威吓农民,这种种情形,在普通社会上以为这是当然的,因为存在着农民应该受压迫的传统思想。这传统思想,在绅士、商人、地主以及整个会社人士的心头上,已经成了极坚固的壁垒,倘若有人尊敬农民,反以为是不正当的。这个传统思想对于乡村教育产生了极大的阻碍,他们认为把农民的赋税不用于农民是正当的,于是为乡村谋福利的事业,一件也办不起来。他们又认为与农民作伴是羞耻的,于是使大多数能干事而意志稍稍薄弱的人才,不能向乡村去。所以,乡村教育不能迅速地发展,轻视乡村的传统观念实在应该负一大部分责任。这个壁垒的攻破,决不在于别人,而在于农民自动的奋斗。因为有这样壁垒,倒很可以作为乡村教育对象之一——唤起农民争取自己应有的地位和应得的权利。农人倘若能够自己发生出力量来,那么一切欺骗、剥削、轻视农人的传统思想与行动,才可消灭或减少。

第三章　丹麦、美国、苏联的乡村教育

本章讨论外国乡村教育，举丹麦、美国、苏联为代表。对于各国的叙述是采取各该国最普遍的事实，不是专取某地某校，如桃花源、乌托邦或新村式的描写。桃花源新村的效能，有时会超越时代，与大多数的农民不发生多大影响，所以本书从略。外国教育设施，有它的历史背景，有它的社会需要，所以本章所述，只可作为参考。

第一节　丹麦的合作事业与乡村学校

丹麦的农村教育，在世界上占极重要的地位。它的引人注意之处，完全在于教育与农村经济直接发生关系，也可以说全国农民都感觉到乡村教育的重要。现在分三段叙述。

一　丹麦的国势

丹麦是北欧的一个小国，全国不过43074平方公里。位置在北海与波罗的海的中间，所以在军事上、商业上都占北欧最重要的地位。虽然是个海岛国，但是丹麦人在海上却争不到霸权，反而受到邻国的压迫，成为一个仅能自卫的农业国，全国国民几乎有半数是农民。国内土地极不适宜于种植，但是农产品输出量却很多，倘若以土地面积、人口数量与输出的农产品作比例，那么它的比例数决不会在美国之下。这是一件极奇特而引起全世界注意的事实，不过这个奇特的事实发生的时期也不过百年。其一八三〇年新宪法初成，国基还未稳固，在一八六四年忽然与普鲁士宣战，结果失去了两县，这实在是它会立即亡国的危机。但是这个时期也正是它能够自立的、能够振作起来的转机。从这个时候起,丹麦政治上的旧势力完全站不住脚了。于是,农民与地主开始斗争,农民以坚毅的精神,高举"民权"的旗帜,勇往直前向旧势力进攻,争取自己应有的权力,结果,农民取得了胜利,新宪法中明确规定了农民的地位,农业生产量增多,乡村教育发达。

二 丹麦的合作事业

在十九世纪末叶,北欧诸国尽将剩余的谷米输送西欧市场,北美诸国也将谷米输进欧洲市场,于是各地谷价低落,甚至不产谷的中欧,可以买到比产谷的区域更便宜的谷米。丹麦农产本来以谷米为主,因此便陷入极不景气的状态。并且,丹麦政府又没有采取保护农业的政策,所以农民们处于更加痛苦、更加危险的境地。农民们绝路谋生,发现畜牧的重要,于是便改养牲口,停止谷米的输出,而奶油、咸肉等反而成为主要的出口货物。这一极大的转机,是得力于合作事业的。合作事业本来是城市产儿,初到丹麦时,所有会员也都是城市中的工人。但是不久以后,由于农村经济的窘迫,于是由城市而趋向农村,会员也大多数是农民了,据他们的报告,全国合作社的会员,农民占据百分之七十二以上。

在一八八二年,丹麦农业受了极大的打击——谷价低落,农民正急于谋求出路。那年,在一个小村庄里,有几位普通农人组织了一个牛乳合作事业。他们订了几条章程,最初不过是极平常的雏形,哪知竟成了一切合作事业的嚆矢了。最重要的几条如下:会员共同负责经营,损失共同负担;赢利依照输送于社中的牛奶数量而分,不是依照股本而分;不问股本多少,人人有平等投票权;入会可以自由,没有什么限制。因此,小农也能够获得很大的利益,如工作的分任,机器的利用,原料的大宗批发,经济信贷的雄厚,出产品的容易引起社会注意,等等。所以,这个方法实行不到三十年,平时被大农压倒的小农,都能够超出大农了。丹麦财政部长雷生有一次演说,赞扬合作事业说:"在商业上,自私自利是最普通盛行的事。每一个食品商人,总相信自家的醃肉是最好的,不愿把自己的货物与邻人的货物相混淆。但是牛乳合作社社员所做的完全不是这样。自家喂了一群强健而乳质很好的母牛,他愿意把所出的牛乳与邻人所出的牛乳倒在一个桶里。当分配利益的时候,赢亏也和大众共分。这样的互信,实在是难能可贵。这个方法能够通行的缘故，因为当时为着权力而共同奋斗，农民间发生了一种强烈的友伴的情感。"为环境的逼迫，农民们自己起来谋生存，这是丹麦合作事业之所以能够有特殊效能的原动力。

丹麦现有乡村合作社四千数百所，他们能够自制面包，自制牛肉，自宰牲口，做成食物运往各处；能够自办原料，自己把农产品运到世界市场上去；又能够自己设立银行，办理保险机关；还能够自己聘请专家，做农业试验，改良种子、耕种、畜牧的方法。因为农人能够脱离或减轻商人以及资本家的剥削，所以乡村中的一切事业也就都能兴办起来。

三　丹麦的乡村学校

丹麦教育已经普及，在乡村中学校受到合作社的帮助，学校对于合作社也有帮助，所以乡村学校，不但数量多而质量也极佳。

1. 初等学校。这是丹麦的义务教育，期限四年，但毕业后必须到田间去耕作。学校经费是政府与地方合筹，经费支配由乡区议会核准。校中课程极自由，只规定自然科学、农艺、卫生等数种必修科。编级因乡村的大小，有一校多至七八级的，也有单级小学，并且有时因地方情况特殊而办半日制。对于教师，聘请时极严格，资格必须为师范毕业或专门毕业，又要身体强健、年龄在三十岁以下，且须立下终身从事教育事业的志愿。一经聘请，一切待遇亦极优，并在社会上地位也极高。

2. 平民高等学校。也有人译作民众学院，凡农人子弟在初等学校毕业后，有耕田经验四五年，可以进高等学校。学生年龄平均在二十岁至二十一岁，学生家属有百分之五十五是有四头至三十头母牛的农人，有百分之十七是有一头至四头母牛的小农，百分之三是无产的工匠，只有百分之五是从城市里去的。校中设备极简单，校长与教员的家都在校内，所以好像一个家庭。全校有的只有一间教室，其他便是图书馆、健身房、食堂、试验室等。课程极自由，但注重于人生切要的学问与高尚的艺术。上课时间分冬夏二季，冬季自十一月至四月，夏季自五月至八月。这类学校全国约七十所，是丹麦重生的命脉，不但使教育开一新面目，在农业生产方面也有极大的贡献。合作社的兴旺而有成绩，也多由它促成。

3. 专门农业学校。在平民高等学校里读过一季或两季的都可入学。课程比较丰富，以期养成专门人才。各科实习时间很多，熟练农业技艺，并且政府对于贫穷学生有特殊津贴，以培植有用的人才。

此外，还有专属于女子的家政学校，专属于小农的小农学校，也都有专门的性质，但是不很显著。

第二节　美国的乡村生活与乡村学校

一　美国的乡村情况

分下列四段说明。

第一期，开拓时期。自从一四九二年发现美洲，经过一七七四年独立战争，直到一八三〇年都属于这时期。那时候虽然有独立的联邦国，但是全国科学不发达，人民只知道用人力去开垦荒田，或行半游牧式的耕种生活。所有农产品，只可以供给自用，无所谓贸易，更谈不到乡村幸福。

第二期，农业初兴时期。自一八三〇年起到一八六〇年的三十年为止，这一时期在农业上有简单机器的发明，如锄草机、收割机、打谷机、分离机等都已经发明，而且普遍地应用，所以农产量骤然增多。同时运输方面又有相当地发展，如铁道、输船、电报等都已发明，农产品可以畅运到各地去。煤油、火柴、缝衣机等普遍被应用，所以农民生活得到了改善，乡村房屋也不完全是木屋了。这一时期乡镇的数目渐渐增多，一切货物也能来往了。

第三期，自一八六〇年至一八九〇年。这时期南北战争告终，政府又颁布鼓励垦殖的法令，不论何种民族，凡愿居住五年以上者，每人得领地一百六十英亩，不必缴代价，所以国外输入的侨民很多，国内东部人民也向西部移动。在此三十年中荒田大开，农产量又因机器之助，收入大增。农矿部曾有报告，从前用三小时的人工所做的工作，到一八八五年，只要花十分钟就可以了。农产物的产量几乎增至二三十倍。农产品虽然已经很丰富，但是乡村教育还没有什么成绩。

第四期，农村商业化时期。自一八九〇年到一九三〇年，由于前期末叶农业的成就，农民经济富裕，又大力提倡财产私有，以及崇拜金钱，于是弃乡村入都市的空气日盛，因此演成本期的变态。有两个极为显著的征象：

1. 垦殖公司成立，小农破产。自从前期利用机器以后，在农产品产量方面确实增多，但是购卖机器、选择良种、研究新法、驱除害物、购买肥料等需要雄厚的资本。这许多资财决不是普通农民能力所办得到的。同时，许多资本家乘机收买广大的田地，雇用技师、粗工做垦殖人员，又与农科大学联络作种种新的研究；更因资本充足，农产品丰富，于是不急于售脱，可以高抬市价，消灭小本经营的农民，于是兼并而成巨大的农垦托拉斯。这个现象使农民失去固有的田园，只得租垦殖公司的田地来耕种，因此成立佃户制。经营田地者，竟可安居城市，不问农作是什么、乡村是什么，坐收其利。农产品的发售，也决不以民生为前提，所以宁可焚毁粮食，不肯贱卖的事实时时发生。有许多资本家故意毁掉粮食，使市上感到粮源的缺乏，从而高抬市价。自此农民耕田，不能有其田；地主不耕田，能坐享其利，且作恶以剥削农民，剥削全社会的人民。

2. 乡村生活日趋奢侈，农民趋向都市。农村既经资本家经营，于是马路四通，汽车、电灯、自来水等无不应有尽有，于是城市奢侈之风流入乡村。乡村中手工业被消灭，这些破产的农村人民流向都市，就是不去都市的，乡村一切生活也都都市化了。在表面上是使乡村繁华，实际上就是消灭乡村。不独乡村中优秀分子不肯安于村居生活，就是一般人也不愿耕田了。

对于乡村的变态现象，一般人都想设法补救。除提倡物质建设外，与乡村教育有关者也积极提倡乡村教育。例如改良乡村礼拜堂，组织乡村青年团体，设立乡村图书馆，设立农事改进机关，组织乡村政治团体，改进乡村学校等。但是，一方面尽量补救，另一方面资本家继续破坏农村。正如一个堤岸，破坏者日益破坏，且不顾罅裂的扩大；修补者挑沙搬泥，自甘做精卫鸟填海的工作。这是美国三十年代乡村中矛盾的情况，也就是美国乡村人民之所以过着矛盾的生活的根源。

二　乡村学校的鸟瞰

美国教育制度，至今还未统一。所以要在这一小节中，把乡村教育说清楚，实在是一件不可能的事。现在择其要者约略一说。

1. 学区的变迁。美国教育行政管理权是不统一的，变迁很多，到现在已经有了四种：

（1）乡区制。在二三哩之内，设一学校，校有校董会，一切事均操于校董。但是此制弊病百出，效力毫无。

（2）市区制。就是把范围扩大，在人才和经济两方面都优越得多，所以各种教育效率也高。但是，各市区贫富不均依然会影响于学校。

（3）县区制。此制一面有董事会，另一面有教育局长，所以教育效率好得多。并且对于一县内的学校，可以有支配的全权，有时候可以集合各乡建设联合学校，所以施行此制者很多。

（4）省区制。此制与中国各省的教育厅相仿，不过内部组织稍稍复杂。在整个教育行政上，固然可以收一贯之效，在乡村教育方面，究竟是鞭长莫及，凡事依然要假手于县教育行政当局或市、乡董事。

2. 联合学校。这是美国乡村学校中最有效的改进方法，值得我们注意。美国从前乡村小学的校舍"小红屋"是一间如车箱的小木屋，如此校舍，设备的简陋可想而知。所以，有几省自从乡区制废掉之后，县区制便试行联合学校的办法。联合学校制度，是将每日的单级学校联合组成大规模的乡村学校。联合学校有好多种，下列两种为最著者：

（1）半联合学校。此种学校虽有全部计划，不过或因地方成见还没有完全消除，或因学生数还少，所以不能联合。但校舍大都建筑于适中地点，有运送学生等设备，通常聘用三四位教师，有农业、工艺等科目，比起单级学校当然要好得多。

（2）完全联合学校。这是极优良的多级学校，除小学八年之功课外，尚有中学二年以上的科目，通常有教师五六位，校舍必建筑在各村的中心点，又有运送学生的设备。不过也有数处只有部分的联合，如将中学班联合，年幼的班级仍在本区就学。在美国乡村中可以通汽车，此种学校当然可以减少许多困难，收到较大的效益。

美国昔日的乡村小学简陋得很，三十年代来已经渐渐有人注意，如办联合学校，可以使校舍、设备、师资等都有改进，这是一个在美国乡村环境中很好的方法。又有热心的教育者自己办出几个好的乡村学校，来提倡乡村教育，如保德学校的哈佛夫人，办好了一个极难办的保德学校，在全国影响很大。其他如教育制度的改良，也逐渐使乡村学校越办越好。但是，在美国现代社会组织之下，要想办好乡村教育，决非短期可以见效。正如古梅君批评美国乡村学校所说："校中若欲采用新教育新方法，则教师必须有相当之训练而后可，但乡村学校之待遇甚薄，其不能聘请优良之教师，当无待言。况自佃户制发达后，对于藐小之乡村小学，毫无兴趣，欲求其尽力维持设立，殊不可能，故不能不请求省款之补助。于是省教育当局乃主张改进乡村教育必须增加赋税，延长学期，修改校舍，购置适用器具，聘请优良教师。惟在他方面言之，是等佃户，均非久居其地之人，当不顾负纳税之义务，而地主又视学校如市场，与己毫不关痛痒，其不乐于维持，可无复疑。"（《乡村教育新论》，第 21 页）

第三节　苏联的农工教育

本节根据《大公报》《国闻周报》以及美国杜威、尼林、克柏屈克、华虚明等教育学者调查苏联教育的报告，摘取关于农工教育的一部分。分苏联农业生产、农工教育、儿童教育三部分讨论。

一　农业生产

苏联自从 1917 年大革命后，农业生产曾经有一度减削得很多，引起境内极大饥荒，这是全世界所共传的消息。但是自从新经济政策实行后，五年计划工作开始，农业生产大大发展。1931 年且有苏联抛出大批小麦，以扰乱欧洲市场的消息，以致美国的小麦出路，也受到影响。据说棉花收获还没有达到五年计划中的预期，但是俄国布匹已经销到中国，且价值极廉，也可以作为棉花产量进一步之一证。

据它的报告，在一九二九与一九三〇年的进步量如下：

一九二九年：

全国已耕地面积 120000000（海克他）；全国粮食产量 72000000（吨）；政府征获粮食 15000000（吨）。

一九三〇年：

全国已耕地面积 130000000（海克他）；全国粮食产量 86500000（吨）；政府征获粮食 25000000（吨）。

苏联农业生产所以能够有这样迅速的进步，是使用三种政策：（1）奖励集体农庄，以重税压迫私人农场，使之不易存在；（2）实行农业电气化，并以优异条件的贷款及机器农具种子肥料等供给集体农庄，促其发展；（3）竭力开发肥沃的荒地，以增加农产。

集体农庄有三种：（1）仅将土地合并耕种者；（2）土地、牲畜、农具均归公有，合力经营者；（3）除各人所需之衣服及起居必要之家具外，其余农具、房屋、厩舍等一律作为公有者。凡农民加入集体农庄者，把原有私人财产的百分之七十五登记，以百分之二十五载入国家资产账册，加入以后非有理由不得退出。退出时，可以拿这登记的百分之七十五，而没收其他百分之二十五。但加入之农人，因税率之低，政府帮助之多，是没有人想退出的。

集体农庄的工作量计算，系以工厂中之定额计算法为原则，所以农作工人每日工作，不计时间之久暂，而计成绩之多寡与优劣。计算方法，先就各种工作，设定每一"工作日"应有之成绩的单位，名为工作成绩单位，分四级：第一级轻易工作，如牧马及运输肥料、柴草等，每一工作单位依 0.75 计算。第二级普通工作，如耕田及收获马铃薯等，每一工作单位依 1.0 计算。第三级复杂工作，如管理牧群家禽及取乳采蜜等，每一工作单位依 1.25 计算。第四级专门工作，如拖拉机及运输卡车之驾驶与耕作机器之修理等，每一工作单位依 1.5 计算。此外还定有奖励与惩罚的条件，凡能超过预期成绩或有改良方法的发明者，都有奖励。若不能达到预期成绩或破坏工作者则惩罚之，惩罚律中有令其退出集体农庄的一条。也可见农人在集体农庄中的所得利益之厚。

集体农庄收入的分配，也按照各工账中所做工作单位计算。完成工作单位较多者，所得也较多；完成工作单位较少者，所得也少。并规定以农作收入百分之五及就其加入乳牛所得牛乳价值之全部，按照各人加入之存粮、农具等价值之高下，平均分配。政府并规定各农场设置特种基金，对于家庭人口较多之农民，予以特别救济，同时在可能范围以内，尽量予以工作机会。

一九三一年苏联全国集体农庄占已耕地面积百分之五十四，这就是苏联农业社会化政策预期在五年计划完成后可得的成绩。

二 农工教育

苏联自从采取社会主义的农业政策后，农人已经变为工人，他们不能靠着自耕即得食、自织即得衣，不过他做的是田里的工，农田是大工厂罢了，所以本节的农工教育，还是偏在农人，不是农人与工人并提讨论。

苏联因地理的限制，所以农人不能终年工作。据一九三〇年报告，集体农庄之农民，一年中服役于农作者，最多仅有一百一十日，最少者只五十日，即在乌克兰农业极发达之区域，集体农庄中农民劳动之使用也不过百分之三十八点九，农妇一年工作只有六十六日。因此有人提议利用农暇来做季工，农忙时回乡耕种，农暇便进工厂做工。

农民工作时间，在农忙时每天工作十小时，每年工资约可得八百六十卢布，每人生活费、膳费每月约十卢布，其他房屋农具政府均有贷款，贷后五年必须还清。所以苏联农民之生活已经不算苦。

俄国在革命前，全国人民识字者只有百分之二十二点三，不识字者有百分之七十七点七。当时农奴受经济的压迫、政治的束缚，得不到识字机会，所以不识字者几乎完全是农奴。据一九三〇年的报告，全国识字者已占百分之六十二点六，这许多识字者又大多是工人与农民。因为工人、农民是全国的主体，一切事都有优先权。其间有三事值得一谈。

1. 识字运动。识字运动是最有成绩的运动之一，这个运动有两个最重要的关键：

（1）工农团体的努力。苏联识字运动，完全是民众组织的团体起来推行的。关于文化事业的有俱乐部红角的设置，凡有俱乐部红角处，便有书报室、讲演会等，竞相铲除文盲。据说有几个区的工农分子中已经没有文盲了。

（2）文字改革。苏联文字本来是希腊文的流传，为世界上最难学的文字。艰难的文字是有闲阶级的专有品，不能使终日劳动者享受。因此苏联于一九二八年特设拉丁文推行委员会，使拉丁文字来代替原有的俄文，那就容易得多了。其次是允许各民族文字的流行，如鞑靼人依然可以用鞑靼文。苏联事事有限制，独于文字则允许各民族自由，这是因为各民族学习自己的文字比较容易，那么文盲也就比较容易铲除了。

2. 学校制度。苏联基本教育定为七年，但农村中可以缩短为四年；其上有职业教育，亦为七年，但农村子弟学习普通农作可以减少至三年或四年；又上为高等学校，入学者为学业优良之工人及合作农场之农人为最多，大都由政府机关及工厂农场选送，寻常农工子弟入学也容易，但大农

34

户、贵族或自由职业者子弟入学极难，有时侥幸录取，但收学费极贵。至于选送的工人农民，不但全部免费，并且照平时支薪，作为奖励。最上为大学，入学者也以农民工人及劳动者有优先权。教育制度如此，所以农民受教育的机会就很多了。

3. 农民会馆。在莫斯科有农民会馆，范围极大。其中分农产品陈列部、农具陈列部、农民手制品陈列部、书报室、俱乐部、医药室、剧场、食堂、法律指导部、卫生指导部、农事研究部、农民寄宿舍，等等。各部陈列均极周全，且有专员指导，有时且用幻灯说明。农民寄宿舍专招待该省农民至首都者，贫农完全免费，中等农民每天收食宿费零点一五卢布。其他参观陈列部，或请法律卫生部指导，或请求医药，或参加娱乐等，也均免费。但大农则视田地多寡而取费，价值极贵。

三　农村儿童教育

整个苏联的社会，对于儿童都非常重视。例如领取食物（苏联食物必须凭照国家发的小册子向指定商店领取），儿童所得最多，工人次之。甚至有许多食品，只有儿童才能领。关于儿童教育，已经采取强迫制度。兹分托儿所、幼稚园、小学三种，约略叙述。

1. 托儿所。"不做工，不得食"已经是苏联革命后的一种信条。自一九二八年实施五年计划后，加紧工作的声浪极高，农工妇女多数都进工厂或农场去工作，孩子们便不能在家里抚养，所以各地都组织有极大的托儿所。托儿所是专收三岁以下二月以上的婴儿，凡大工厂与集体农庄都有这种设施。母亲们不论日夜，到了上工时间先把孩子送托儿所，交给保育员，下工后领回。所中对于养护，竭尽科学卫生之能事，一切睡眠、饮食、医药、游戏和养成应有习惯，完全依照科学方法，有的托儿所比上等医院还讲究。纳费极廉，以家长的收入多寡为标准，每月自五卢布起至二十五卢布，但贫苦者可以完全免费。

（2）幼稚园。这也是各工厂、各集体农庄所必有的儿童教育机关，专收三岁以上八岁以下的儿童。儿童每天自早晨七时半到晚上七时半都是在幼稚园度过的，课程除注意睡眠与饮食外并不分配工作，一切都是自由活动，但老师常常带领儿童出外去，或赴农场，或去附近工厂，或去未入幼稚园的家庭去宣传。

3. 小学。小学教育是强迫的，所以最为普及。不过最近几年来，由于入学儿童的骤然增加，校舍不够分配，所以大都采取半日制，就是半天做工，半天进学校，这样一个乡村小学，常常可以容纳两个小学的儿童。又因为乡村小学生对于农田的经验较多，所以把许多可以在社会上得到的学科都删去，于是年限可以缩短，有的只要受基本教育四年，有的只要三年。

第四章　乡村社会与乡村教育

乡村人民大多数是务农的，商人与手工业者都是极少数。中国乡村调查虽无正式报告，但根据几位专家的调查，如江苏的金坛、昆山，广东的番禺，北平郊外等，在乡村中农民占百分之九十五以上。所以中国乡村社会，也可以说是农业社会。本章讨论的范围，以农民的一切为主体。

第一节　三十年代中国乡村社会的概况

三十年代中国农村的情况，真如夕阳流水，一天不如一天地衰落下去，这是不必讳言的，这是当时中国最大的危机。所以，近年来谈中国经济问题的，都极注意这个问题，因此研究农村社会、农村经济的书籍、论文，犹如雨后春笋，甚至外人来中国研究者也不乏人，其中以苏联、日本、美国三国人研究得最多。本节采摘各家论点，分三项讨论。

一　中国乡村衰落的征象

"乡村衰落"，大家都有这样的感觉。但是衰落到什么程度呢？这就非有数目字的统计证明不可。中国关于经济的统计数字，海关的报告比较可靠，政府公布的可以作为参考。其他就要凭着两只眼睛去看实地情形了。有四件事是可以证明乡村衰落的：

第一，生产量的减少。

中国主要农产品是米、麦、丝、棉。这四种农产物是逐年减少的，请看下面的统计表：

1. 粮食出入口表（海关报告）

年份	类别 出入口	米	麦	粉
一九二八年	入口	12657904 石	903088 石	6185402 石
	出口	29769 石	1801402 石	123421 石
	入超	12628135 石		
	出超		898314 石	
一九二九年	入口	10824065 石	5663613 石	12083552 石
	出口	28452 石	802185 石	62569 石
	入超	10795613 石	5261672 石	12020983 石

2. 衣棉出入口表（海关报告）

年份	类别 出入口	棉花（海关两）	棉织品（海关两）	总计（海关两）
一九二八年	入口	68548778	166581215	
	出口	35914857	14706261	
	入超	32623921	141874954	174508875
一九二九年	入口	92078105	167460496	
	出口	31722772	15639957	
	入超	60355333	151820539	212175872

3. 丝的输出表（海关报告）

年份	座缫白丝	座缫生丝	生丝总数
一九一九	4468	18669	165187
一九二〇	3248	13410	104315
一九二一	2248	13967	151064
一九二二	2593	14433	143478
一九二三	3111	12613	133428
一九二四	2928	11453	131245

第二，耕种技术的落后。

中国所有农具到现在还不能用机器，在最进步的江苏省无锡、常州一带，也只能利用打水机一种机器，其他一切都是人力。至于北方各省不但农具简单，往往是种的靠天田；南方如闽、桂、滇诸省，因气候适宜，靠天田也就越多。所以有人估计中国每个农民能耕种五十七亩。农产物如米、麦、玉蜀黍、棉等，中国每亩的产量平均只抵得美国的百分之二十。农村衰落，经济不裕，农民没有能力求进步，便影响到技术的不长进。

第三，人口减少。

农村人口减少是直接表现乡村衰落的征象。可惜中国没有一个比较准确的农村人口统计数目，但是事实很明显地放在眼前。昔日很兴旺的乡村，现在大都人烟稀少，南部因常常发生械斗，又有"去南洋"的吸引力，所以许多乡村是十室九空。北方因连年天灾战祸，富农进城去，贫农入匪伙，所以人口也年不如年地减少下去。前农商部估计农民户数，民国三年有 59592968 户，到了民国八年只有 59152401 户了。民国八年到现在，世界的经济怒潮，国内的战争，比以前还凶恶，又加以几次大水灾、大旱灾、大虫灾、大疫病，乡村人口的减少必更甚于前。

第四，荒地的增加。

这是与前条有连带关系的，乡村人口减少，耕种者也减少，荒地必定增加。所以民国三年到民国八年，荒地竟增加了四亿九千万亩。最近十余年来荒地增加的数目必定更多。

二　中国乡村衰落的原因

在大家自耕而食、自织而衣的时代，农业虽然不进步，也不至于十分衰落。但是只要有社会，便会造成兴旺或衰落的现象。造成中国乡村衰落的大原因有四：

第一，帝国主义的侵略。

中国近一百多年来受帝国主义的侵略，也是日甚一日。主要的侵略有下列五种：

1. 赔款。因为清政府的糊涂与不中用，被帝国主义打败了，便允许赔偿军费，先后合计，约有银十万万两。这许多都是要农民负担偿还的。

2. 外债。中国外债，大多数是由于国内军阀打仗，因此向各帝国主义

乡村教育

去借外债，买军火，杀国民。先后总计，已经超过银二十万万两。这些外债是不顾农民生死要农民负担偿还的。

3. 对外贸易的损失。中国对外贸易尽是入超，并且是原料输出，工业品输入。在民国十四年以前，中国每年已经要进贡给帝国主义者银十二万万两。现在是与年俱进的。

4. 农村副业的衰退。所谓自织而衣，便是农民副业的一种。自从舶来品输入，又因中国关税是保护外人的，所以农家手工的出产品，不能与它竞争，于是渐趋衰退而消灭。

5. 垄断金融，贱买农产品。农产物收获后必需出售。帝国主义者便用金融操纵的手段，使农产品跌价，于是可以用贱价买走，以致农人辛苦一年，不能糊口。以前东三省大豆跌价，农民在大熟年，因经济窘迫而自杀的不知凡几，都是日本人操纵东三省金融所致。

第二，政治的横暴黑暗。

二十年来的中国革命叠起，而政治依然不上轨道，人民依然受种种压迫。最凶毒的有下列六事：

1. 苛捐。为着平时赋税，不能满足挥霍的欲望，因此巧立若干名目，甚至军队可以就地抽捐。名义上取消厘金，实际上特别捐之多，比厘金超出数倍。这都是直接榨取农民的。

2. 预征钱粮。军阀解决财政困难的方法，最大的收入是预征钱粮，有些省分已经预征至十年、二十年以后的（如四川已经有预征至民国四十二年的）。更因军阀兴败无定，所以甲征收后，一旦败去，乙又来了，非但不承认前届预征，反而照例再加预征。

3. 勒种鸦片。这也是军阀解决财政困难的一个方法。在农民以为种鸦片比种粮食可以多卖些钱，也乐于承种。哪知大好农田，不长五谷而长罂粟，生计日苦。民国二十一年来，此种事实，几乎各省都有，年年都有。

4. 银行倒账。发行军用票与筹设无基金的银行，是中国军政人员筹款的妙法。许多不兑现的纸票，在平时可以在市面通行，不过在无形中票价日落，农民便日积月累地吃亏，一旦倒闭，那么一切都成废纸，商民有时还可用狡黠的手段，换得几许现款，农民却十足吃亏。

5. 战争的牺牲。中国近数十年来，几乎无时无地不发生战争。每次战争的损失，真是不可胜计。田园被践踏，屋宇被烧毁，壮丁被拉走，老幼被杀害，牲畜被抢掠。城市人民有时闻风逃命，不致全部损失；农民却直接受到一切的损失。

6. 官吏与土豪勾结的屠杀。乡村人民，因为无暇顾到世事，所以除受照例的剥削以外，对于官吏与土豪还要特别服从，不然便遭意外的屠杀，甚至全村屠尽的事也常常在报纸上可以见得到，这是逼着良民为匪的途径。同时，也就使稍有资产的人民不敢回乡村，不敢向乡村投资。

第三，地主的剥削。

这是全国性的土地问题。在民国十六年，浙江已初步解决，例如二五减租等办法。地主对农民的剥削有二：一是佃租，二是重利。地租是地主利用其土地所有权而得到的，重利是利用其经济优越权而获得的。

1. 田租举例。山西是地租最轻的地方，佃户可得七成。湖南、湖北、江西、安徽等省通行平分。浙江佃户得三成，地主得七成，江苏常熟每亩收米一石一斗。广东货币纳租每亩十五元至二十元。除去正项租以外，还有田脚租，就是佃农向自耕农每年要纳的田租。浙江绍兴田脚租每亩多至米六斗。又有小租，如鸡鸭羊猪等也是佃户要孝敬给地主的。因此农民弄得辛苦终年，不能糊口，哪里还有钱去施肥料、改良种子、研究新法、购买新式农具呢？生产量的减少，这是重要原因之一。

2. 重利举例。东三省有几处是年息六分。安徽滁县一带，贷洋十元，三个月还本，外加稻或麦一担，合利洋五元。江浙养蚕区域，借洋十元，四十天内还利一元。南通借洋一元，三个月还棉籽一担，值洋三元。江宁借洋一元，一年内还麦一担，下年还二担。苏州借三还四。广东佛山逋利桥借洋一元，每天利息一角。这样重的利息，农民也不得不借，因为他们每年大都是放下镰刀无余粮，又怎么能不借债过日呢？

第四，天灾。

天灾的种类很多，最重要的是水、旱、虫三种。例如民国二十年的水灾，几乎遍及全国。民国十八年的旱灾，民国十七年的蝗虫灾，江浙一带又每年有螟虫灾。每次天灾所及，地域极广，人民流离，财产损失至少千万，没有比这再厉害的了。但是有许多天灾都可以预防，例如虫灾，在别国几乎可以减少到零；只要治河得法，水灾可以防止；倘若有机器设备，旱灾也可减少。但是在中国却毫无办法。在长江边的江宁，民国十八年遭受旱灾，粒谷无收。如此情形，在别国恐不会发生。

乡村教育

以上是中国农村衰落的主要原因。其他如交通阻碍、农民知识浅薄、耕种方法不良等，也都是附带的原因。

三　今后的危机

中国以农立国，农村衰落到这样地步，危机当然四伏。下列几种都是难免会发生的：

第一，向都市跑。

农民受不了种种剥削，生活天天困难，只得离乡而去。见到城市比较容易找事，于是渐渐流向城市。但是中国工业不发达，一般进城市的失业农民，早到的还可以做拉车、抬重等工作，迟到的便得不到工作。因此，造成城市失业者日多，城市也不安定。

第二，游民增加，土匪蠡起。

失业者增多，就形成游民的增多，从而又形成土匪的增多，结果几乎遍地是匪。不但乡村多匪，农民不能安于耕种，城市也受乡匪的波及，难以安居。

第三，暴动。

农民因为受不了压迫，常常会暴动。近年来在报上时时见到农民聚众捣毁店铺、拒绝捐税等。农民暴动有时会引起战争，例如太平天国的运动，便是农民暴动而引起来的。忠王李秀成的自述，就是一个证据。

第四，有组织的反抗。

平时农民对于一切剥削，既存有切齿之恨，一旦有机可乘，便有组织地起来反抗剥削阶级。例如第二次奉直战争以后，河南、山东一带已被蹂躏得不堪，农民忍无可忍，于是红枪会就出现了。民国十四年吴佩孚再起，红枪会便乘机帮助吴佩孚攻打河南驻军，同年山东曹州有鲁军一师也曾经被红枪会两次攻陷。哪知以暴易暴，吴佩孚也是军阀，因而红枪会又与吴佩孚开战。国民军北伐，在湖南、江西、福建、浙江一带的农民，也因为受不了北洋军阀的压迫，起而协助国民军。

中国乡村社会现状已经到了这样地步，干乡村教育的人应该怎样？这是干乡村教育者应该急于自问的一件大事。本书当以教育立场，作简单的讨论。

第二节 乡村人民对待学校的态度及教师对待乡村的态度

中国乡村的现状，已如上节所述。乡村人民处在这样的社会中，日夕所切求的是什么呢？他们无论对待政府或亲友们，都是这样一个问题——怎样能够生活下去？所以农民对待学校，也就以这句话为中心态度。不过各人所取方式稍稍不同，归纳起来，可得下列六种。

一 以为学校无用的

这是事实逼迫他们不得不如此的。在乡村衰落到这般地步的时代，农民唯一希望就是子女能够早日谋生。但是目前大多数的乡村小学又怎样呢？不但不能促进儿童早日谋生，反而使能够帮助父兄谋生的子女，渐渐变成只会分利的游民。孩子进了几年学校，两手无力提重，背也驼了，眼也近视了，更养成了一套只图奢侈的习惯。对于家庭，不但不能帮助，并且一面鄙弃父母的苦耕为贱业，一面捏造种种方法，诈骗父母汗血所积的钱。父母半生辛苦，尽力培植儿女，到头来，毫无用处。长子如是，便再不敢令次子尝试；一家如是，邻里亲友都引以为戒。于是"学校无用"的论调遍布于乡村。这是学校脱离乡村实际的结果，不是乡村人民对学校先有成见。

二 怨恨学校的

当中国初废科举、兴办学校的时期，许多办新学者是受过教育的，可他们一面勾结官厅，一面贩卖洋货，不但欺骗乡人，并且鱼肉乡人。例如庚子八国联军攻破北京以后，河北诸省，凡是平民的田地，多被教士们和办学校者霸占去，于是造成人民怨恨学校的风气。以为办学校就是劫夺人民财产的新方法，于是稍有机会可乘，便做出捣毁学校、殴打教师等事。此等事，近年来在沿海诸省虽已逐渐减少，但在内地诸省还是很多的。从前学者都以为是乡民无知，以怨报德，其实乡民为着生活关系，相信过去的历史，怀有戒心，以直相报罢了。所以要想消泯乡民的怨恨，只有办学者与乡人做朋友，帮助乡人，切勿再摆学校架子，恫吓乡人。

三 讨厌学校的

这是乡村习惯与教师习惯不相同，所以讨厌学校。例如学校放寒暑假、星期假等，在乡人以为是无需要的；但是在农忙时，乡人实在需要儿女在家帮助工作，学校反而天天去催着来校。这样，学校与乡村便发生龃龉，乡人对学校就讨厌。还有教师的习惯与农家也不很相合，例如过分地注重卫生，闻到粪臭便掩鼻而过，对于饭粒不很珍惜，用字纸做便纸等，都会使乡人产生不满的情绪，于是一传二，二传四，便养成讨厌教师的风气了。乡人的勤苦是唯一的好习惯，但是许多教师，因为受了少爷式的教育，到乡村去也改不掉，颐指气使，好吃懒做，更使老实乡人看不惯。事实说明，从来没有一个勤苦的教师不受乡村欢迎的，这是一个很好的证据。男女界限，在乡人本身是不顶重要的，但是几千年来相传的"读书知礼识规矩"的成见，在乡人中也有很深印象，近来看到乡村学校也渐渐不分男女界限，少见多怪，于是捏造许多无据流言，乡村人便更讨厌学校了，他们以为学校是伤风败俗的地方。这是传统观念的错误，学校固然不必负责，到也不能完全责备乡村人民。

四 不问不闻的

这类乡人最多，他们日出而作，日入而息，只图一年辛苦，一年温饱，什么学校，什么政治，一概不问，也不去打听。乡村中如办了学校，在不是农忙时，便送孩子进学校去。学校中无论发生了什么事，都当作一件田头新闻，毫不去关心。他们并不反对学校，但是学校希望他们有什么帮助，也不容易做到。倘若有人反对学校了，他们怕得罪于邻人，便暂时不送孩子进学校；到了风潮平息后，又送孩子进学校去。这是中国人"各人自扫门前雪"的风气。但是"多管闲事多吃苦"，老实的乡人受到社会深刻的影响，必定是父教子、兄传弟地奉为家法之一。谈乡村教育的，往往认为这类乡人是最大的阻碍，因为一切事，遇到如此大多数人的不支持，便做不起来。例如改良种子，大家漠视学校，固守旧法，对提倡者一番热诚，毫无反应，更毫无结果。但是学校倘能真心为乡村做几件有真凭实据谋福利的事，这些占大多数的乡人，便能变成拥护学校的大多数民众。如果只守成法去教孩子，即使有十年、二十年的功夫，也不能使这些乡人关心学校。

五 从中渔利的

学校本身是消费者，还有什么利可以让给乡人呢？本项所谓渔利，是借着学校的招牌，剥削民众而渔利，不是直接取利于学校。二十世纪来，中国的学校在乡村是有其特殊地位的，官厅认为学校是知识分子，应该联络；乡人以为教师略识世务，别具眼光看待。于是狡黠者便借着学校的招牌，一面联络官厅，一面欺凌乡村，他便可以从中渔利。例如包揽讼事、分派学款、承捐赋税等等，都可以从中捞到钱的。这是渔利者之一相。还有许多财主，在乡村中不敢住，恐怕受乡人的报复，于是办一所学校，借此结识官厅，进可以剥削农民，退可以保得住自己的地位。这是渔利者之又一相。在南洋和闽、粤两省更有一种风气，就是能够办学校的人，在社会上的信用可以增高，所以最初是大家争先办学校，到后来大家抢着做校董。因为做了校董，不但可以安置私人做爪牙，并且可以在社会上有地位，树立信用，多做买卖。所以在闽、粤、南洋，竟有以办学而起家者，在名义上还可以得到"毁家兴学"的美名。这样渔利，更是新奇。与这个相仿佛而手段稍差的就是办了一所小学之后，四出募捐，捐得的款，大半入私囊，分出一小部分来办学校；或者以举办一事，向多方捐同样款子，于是私囊饱了，而社会还以为他能办学。这样渔利的方法，与和尚募捐装金身佛相仿佛。不论城市与乡村都很多。据有人调查，中国南部诸省很多，因为南洋华侨恨自己早年失学，所以对于捐款给学校的也比较涌跃，而学校渔利者也就特别多。此外风景区的乡村小学，也有同样效力，例如全国负盛名的乡村小学校长某某，在过去数年中即因此而发了财。至于乡人干此勾当的，大都是土豪之流。这种人以全国计算起，当然不少，若以乡为单位，当然占少数，因为多了以后，便会发生争夺风潮，学校就会根本动摇。这种人人数虽不多，而贻害教育，确实最大。

六 真心帮助学校的

这是最难得的乡人，但是不能说绝对没有。所谓难得，是乡人自动的真心帮助学校的难得，不是说乡人与学校完全绝缘。本节（四）所说的那类人，倘若学校真能做出为民众谋幸福的事来，他们便能成为真心帮助学校者。所以我们不希望多出武训之流，只希望多出真心办学的教师，多多感化乡人，乡村教育就可以增多几千万生力军。

乡村人民对待学校是如此，教师对待乡人又怎样呢？分析起来，也有三种：

一是庸庸碌碌，只知道听钟上课，捧着书本向儿童脑子里装，执着教育法令死做。他们为着生活而做教师，一切社会上的事都可以不问不闻，所谓做一日和尚撞一日钟，这样的教师占大多数。

二是与本节（五）的人站在一条战线上，帮助他们渔利，或自己渔利，他们以办学校为渔利的法门，所以一切唯利是图，装饰门面，勾结官厅土豪，同时欺骗儿童，欺骗民众。

三是为农民真正谋福利的，他们只问对于乡村是否有福利，不问是否得到土豪官厅的欢心。他们能够捧出赤心来爱儿童，能够拼着命为乡村出力，能够引用世界上最大的力量、最新的科学来改造乡村。遇到了挫折，也不灰心，甚至遇有性命的危险，也能置生命于度外。这是乡村教育的真同志，但是为数太少。

第五章 乡村小学

从本章起，便要分门讨论这一问题。乡村教育包含很多，即以学校而论，从幼稚园起到大学止都可以有的，也都应该有的。但是目前中国的乡村学校，以小学占大多数，所以先讨论小学。

第一节 结交小学朋友

倘若我们只凭空口漫谈，或从外国搬进许多资料来，那好比纸上谈兵，不要说听者得不到实际的好处，就是讲的人也会感觉到只做留声机。所以我们必须先来找寻小学做我们的朋友。各人可以找两位朋友——两个小学，一个是城市小学，另一个是乡村小学。倘能找到乡村单级小学，那就更好。

结交小学朋友，分下列两个步骤。

一　参观小学去

参观学校，可以说是学教育的第一步，好比学做木匠，徒弟先看师傅做，然后才动手。又如学化学，倘若没有看到教师实验，只凭书本上的原子符号，极不易懂。这次参观，至少要看四所小学，两所城市的，两所乡村的。参观学校应当有相当的准备，分述如下：

1. 参观的目标。参观应有确定的目标，然后才不会空跑一次。本次参观系普通参观，主要点在于城市小学与乡村小学的比较。

2. 参观的项目。本次参观只要得到一个最普通的概念，所以对于下列各项，应该都看到一些。至于精详的研究，当然要在将来。

（1）校舍。这是最容易看到的。我们应该注意，它的建筑是不是新的，还是旧屋改的？各室支配得当吗？整洁吗？有碍于卫生吗？

（2）设备。设备也极容易看到。我们可以分地段注意，如运动场、农场、课室三处的设备最重要，其次如厨房、厕所、公共走道，以及特殊设备，也应该留心。

（3）教师。初次参观的人，关于教师的好不好，是不容易看得出来的。这次只要看教师对待儿童的态度，做事是否敏捷，服装是否朴素。我们将来要找教师做朋友的，所以要特别留心。

（4）儿童。整个儿童的表现，就是教师工作的一面镜子。儿童不是很会作假的。这次只要注意儿童的活动力、出席数、服装、语言数项。倘能看中二三位儿童预备做你的小朋友，对于研究上可以得到许多便利。

（5）课程。小学课程大都张挂在壁上，一看就可以知道。这次只要注意有几科，怎样排列就够了。

（6）行政。这是一件极不容易看得出来的事。但是形式上的行政手续在几张表格上就可以一望而知。本次注意行政系统、办事手续、校长的态度与谈话。

（7）校风。这件事更难观察了。但是走进一个学校，必会使参观者有一种感觉，这就是校风的影响。有的是散漫无纪，有的诚朴勤劳。

（8）其他事业。除办小学外，该校是否办幼稚园，有没有社会活动等。倘若有的，应该都看一遍。

3. 参观的方法，分下列几个步骤：

（1）教师应该做的。带去参观的教师，事前对确定要去看的几个学校先去看一次，然后决定于某月某日午前或午后去参观。一面通知该校，另一面准备参观表格，并对同去参观者报告一个大略情形。倘若人数过多，必须分组去。

（2）怎样参观。先请该校长或负责者报告一个该校概况，然后带着看一遍，倘若还需特别注意某项，再来分头细看。看的时候，千万勿动手去玩弄，参加儿童活动也要看清机会，对任何事勿轻易发表意见。倘若有疑问，可以随时问该校教师，也不妨详问。

（3）事后的整理。每人把参观所得填写报告书，这是个人经验的整理，同时也可以作为教师指导的根据。

二　结交朋友

"结交朋友"是情绪互感的事,所以不是短时期可以成功的。前段所说的参观,好比是介绍,此后友谊的进行全在乎个人的努力。下列几个方法,都可以试用。

1. 认定一个乡村小学做你的朋友,然后探听其中一位你愿意结交的教师,请人介绍。不过那位教师必须肯虚心研究,又非自大与虚伪的人,才配做师范生的朋友。不然,表面上会说漂亮话的人,难免使师范生失望。

2. 在学术上做朋友,比起交普通的朋友来得容易。因为双方目标相同,又有客观的是非标准,更无利害得失的观念,不至于猜忌。但是,学术朋友要在学术上互相求长进,所以每次相遇,必须有切磋的问题,这些问题是抽丝剥茧的讨论,不是故意挑剔的责难,更不应该指桑骂槐的讥诮。

3. 乡村小学教师终日忙碌,哪有余闲来应酬师范生,这一点师范生应当特别原谅。师范生既然与他做了朋友,那么就应当尽力帮助他,这是朋友之道,也是互相有益的,报答他因应酬朋友而花去的时间与精力,同时师范生帮助小学教师做事,也就好比实习,得益很多。

4. 倘若你的朋友离得太远,不能常常去,至少也应该一月去一次。平时如有问题,可以写信去询问。但是远亲不如近邻,所以找朋友非不得已时,总以在一里路以内的为合宜。往访的时期以星期日或在课后去为好,晚上帮他做些工作,又可抵足谈个痛快,翌晨起个早回校,这样双方都得便利。

5. 只和教师发生关系,与儿童农民不发生关系,也不能算成功,所以每次往访,必须带着送给儿童的礼物去,这种礼物决不是要用钱去买的东西,应该多用你自己的能力制造出来的。你如喜欢生物,那么每次带些生物去;倘若喜欢玩科学把戏的,那么在学校里带些药品仪器去,做些科学把戏给儿童欣赏。其他如游戏、唱歌、讲故事等,都是很好的礼物。结交了小朋友,他们的教师当然把你看作他的朋友了。找农民做朋友就比较困难。因为农民忙于衣食,要找他们谈话,必须有适当的机会。城里人下乡,或外村人去访问,有时会引起农民的诧异,所以师范生千万勿冒失而行。至于有事要去找他们,如买种子、家禽等,最好请当地的教师作介绍，则比较有把握。

第二节　乡村小学的特征

诸位参观回来，或许有这样的感想："教育究竟是干什么事的？只教儿童吧！学校的好坏，应该从哪一点来评判？乡村小学在物质设备方面大都不及城市小学，那么乡村小学是否都不及城市小学吗？"

这些感想是人之常情，也可以说应该要发生的。但是我们倘若能够找到一个好的乡村小学做朋友，又细细考察它的事业与社会的关系，就可以解决这许多疑问。我们先谈一个大概，细微处还希望读者从事实上去体会出来。

第一，乡村小学与当地社会的关系。中国尊师的风气远没有完全消失，乡村小学教师又大都是比较有识见的，略识外界形势，又能写写文字，常常帮助乡村人民。所以乡村小学教师在乡村里，确实还能维持固有的地位，为当地社会所重视。倘若该校教师更能做些社会工作，与当地社会的关系更加密切，也可以成为当地社会的中心。

第二，乡村小学的校内工作。一个学校的校内工作，大部分是教育儿童的课程。乡村社会与城市社会的情况不同，所以乡村儿童应做的工作也与城市儿童不同。例如乡村小学对于农事特别注重，不但工作的内容不同，并且作息的时间也不同，如放假时期，乡村小学缩短暑假，或不放暑假，而放农忙假。又如早晚作息时间也不同，大都早上开始工作比城市小学早，晚上放学比城市小学迟。还有，儿童在校内的情形也和城市儿童不同。乡村儿童因为家庭经济情况不佳，大都超过学龄，他们来校的时候，大都是跣脚破衣，但是他们的刚强和耐劳则远远超过许多城市儿童，因此，对于许多纤弱文雅等工作都干得不精，对于劳动工作都能做得极好。同时乡村儿童对于教师大都是出自真诚的爱，这是受到乡村成人的影响，乡村教师决不致被儿童看作"无用的寄生物"。这种种情形，也都能够在表面上看得出来。

第三，乡村小学物质方面的设施。这是不可讳言的一件事，因为过去教育行政当局对于乡村小学的轻视，所以造成乡村小学的简陋与破败。目前没有一所乡村小学不是比城市小学来得简陋。有几个著名的乡村小学，大家以为很好了，但是比起邻近的城市小学，就不能说了。不过乡村小学用钱则比城市小学省得多，乡村小学教师薪金低、行政费少，设备费可以说没有，所以逼得他们不敢浪费，如不雇校工，省去铺张，利用自然界的或日常用过的废物，用的东西又能妥为保藏等等，都是乡村小学的特色。俭是美德，办学校也是如是。

第四，乡村小学的黑暗。这也是不必讳言的，在现代中国社会组织之下，乡村中大都以办小学做结交官厅的工具，所以校董、委员、校长等免不了有土豪劣绅。倘若校长是教育局委任的，那么校长聘请教师，不得不敷衍当地有势力者，于是土豪们的子侄便滥竽充数做教师。不但聘请教师如是，招收学生也如是。倘若学额有限，那么便收豪绅们的儿女，抛弃贫穷或无势力者的儿童。

由于校长要去应酬当地豪绅，万事不得不委曲求全，因此很难着手整顿。由于教师无特殊势力，所以无论怎样无用，儿童也只好吃亏。由于当地豪绅的荫庇，教育局有时也不能行使职权，于是造成大多数乡村小学无生气。由于乡村小学校长、校董有特殊的势力，于是有的借学校做收捐税的机关，有的勾结城市中恶劣官绅做敲剥乡民的机关。至于欺骗农民、欺骗儿童，更是极平常的事。

第五，乡村小学的光明路。乡村小学的地位与弱点与城市小学不同，所以要使它有希望能够达到乡村教育的目标，也与城市小学的改良有些不同：

1. 接近朴实的农民或到农民队伍里去，这是一件极容易的事。中国农民除非吃了士绅的亏，因此提防文人外，几乎没有一个农民不愿与小学教师接近，并且是极深挚的接近。能做到这层，校舍便是农民的俱乐部、会议场。凡是农民的儿女来入学，决不拒绝，平时对待儿童，一律平等。遇着村中有危急和纠纷，能够处处顾到真正的农民。对于当地豪绅，不但不谄媚，并且遇到相当机会，能加入农民队伍，为民除害。

2. 对于儿童工作，能按照当地情况，随时增加，不固执于学生只是读书的谬见，也不强迫儿童入学以妨碍农事。同时，能引导儿童做生产工作，帮助家庭，并练习生活技能。

3. 教师有改造乡村的决心，有改造乡村的身体与能力。在校内能合作，到社会上能领导农民、领导儿童。能用自己的力量把学校改造得整齐

乡村教育

清洁。能够与农民同谋乡村的改造，使全村道路渐辟，卫生清洁等渐能注意，更能够唤醒农民明了他们的地位，改造他们自己的生活。

4. 有了乡村小学作为改造全村的中心机关，于是与银行联络，举办信用合作社，借低利的种田资金，减轻高利的剥削；与农业研究机关联络，改良种子，改良方法，使生产量增加；与昆虫局联络，消灭害虫；与水利局联络，改良乡村水利；与卫生机关联络，共谋增进卫生的福利；与机器厂联络，共筹施用农业机器。总之，在中国农村组织下，必须有外界的助力，才有改进生活、增加生产的希望。乡村小学必须做农村与外界沟通联络的介绍者，然后才算做到费力少而成效多。

5. 中国生产之落伍，农民生活之不良，大半由于科学不到农村的缘故。农民们种植一切农作物，必须遵守祖传老法、祖传种子。例如安徽乌江的棉花，在从前确是很好，但是年远退化，远不及美国新种，而农民还不肯改换。其他如养蚕、种稻、种麦等，都是这样的。又如飞蝗成灾、传染病流行等，又以为是有鬼神作祟，于是打醮拜忏，不敢拍杀蝗蝻，不敢请医生诊治，到了灾象成啦，人死亡啦，还要归诸天命。这种种都是科学没有流入乡村的缘故。要想科学下乡，那就非得乡村小学努力不可。从儿童起就玩科学把戏，然后积年累月，社会上造成了相信科学的风气。这五条路就是今后中国乡村小学的光明之路。不然乡村小学数目越多，跟着来的害处也越多。

第六章　乡村小学的校舍与设备

乡村小学校舍与设备的简陋，几乎全世界都是这样的。中国的破庙古庵，与美国的单间木屋，情况相差无几。但是这样简陋的屋宇设备，得之也非易事，且乡村中得有如斯小学，已如天堂仙境。本章讨论怎样能够办到，怎样改造，怎样利用，并提出一个设备标准，作为实际上应用的参考。

第一节　乡村小学的校舍

本章讨论三个问题：
1. 怎样借用乡村中的公屋作校舍？
2. 怎样改造公屋，使它成为合用的校舍？
3. 倘若用巨款盖新屋，应该怎样？

一　借用公屋的步骤

乡村中公屋最多者为家庙、祠堂，其次是古寺、庵庙，也有少数的庄屋、学塾、书院等。这许多房屋平时当然任它圮败，屋内往往有神像祖牌，门外是旷地古木，有的尚有几许田产，于是留有看守者或住持人。倘若毫无产业，多无住者，即有之也系流离失所之孤苦老人。有时乡村有暴发户或有人想利用公屋者，必能使它焕然刷新，但是若二三年不修，复归原状。平时公屋多为堆积笨重农具之用，遇有祭祀或集会，也能暂时整理。对于神像祖牌，当然是唯一尊崇的东西，虽然平时弃之不顾，让虫蚀风吹雨打，但是偶有触犯的，必遭公怒。所有公屋之管理权，完全操诸一乡之领袖。这许多情形，应该完全明了，然后才可着手

乡村教育

借用。

当选择地点已经决定后,第一步就要找适当公屋,这时候就要找该乡的领袖。在现代中国乡村状况之下,找乡村领袖还不是难事,决不是侯门深如海,但是要使他们听你的话而动容,那就是千难万难。如果这所学校是他们自动发起要办的,那么借房屋毫无困难,不然就要设法找一个对于学校有相当信仰,同时又是那乡领袖所信任的人,经他介绍,大多数经过一二次磋谈以后,就可有头绪。

寻常乡村人民必提有借用条件,条件大都如下:

1. 指定某处可用,某处禁用。
2. 神像祖牌是最尊崇的,绝对不准有所动犯。
3. 修理亦有条件,如某年不能动土,某月不能动木,某处绝对不得改动。至于装置门窗、粉刷壁板等,亦有限制。
4. 住人是有限制的,有许多祠堂古庙,不许住女人的。
5. 春秋祭祀与全村有公共用途的时候,学校不得禁阻。
6. 风水迷信,有时也会提及。
7. 租金大都不提,即提及亦不多。
8. 原有住者,学校应当允许照常居住,有时也有津贴等要求。倘若学校需要他迁住,必有相当要求,如住屋费、生活费等。

以上八条如已经提出,则接洽者必需适当考虑。第1、4、5三条对于学校进行上无大妨碍,不必斤斤较量。第7条大都不会坚持,倘若能对他们说学校是地方上的、不是私人的等话,租金也就可以变为地方捐给学校的一笔款子。第8条应该承认,我们平心静气一想,飘流孤老,实在不应该逐出,使他无处安身,所以无论照常居住在内,或代他另找住处,都应该办到。第3、6二条,看起来似乎极小,但有时竟成为引起反对学校的导火线。所以这两点如已提及,应当设法解释,在没有完全解释清楚以前,切勿轻于动手。第2条是应坚持的一条,也就是乡村人民最怕学校严厉执行的一条。其实,我们倘若以为神像是迷信的,那么就应当着手破除深印在人民心上的神像与祖牌,不必斤斤于毁去泥偶木牌,致引起反感,或者使人民的迷信更深更坚。至于改善神龛祖堂,也可以作为教育儿童内容之一,所以在接洽的时候,切勿争执此点。

条件谈妥以后，有时会要求订立契约，此节当然可办。此种契约是双方共同负责的，并且也不过是形式的，所以教师们不必以为有损体面而不允许。

二　改造祠庙为校舍的例子

中国祠堂庙宇的建筑，全国相仿佛。举二例，图（甲）是最简单的，图（乙）是房屋比较多的。

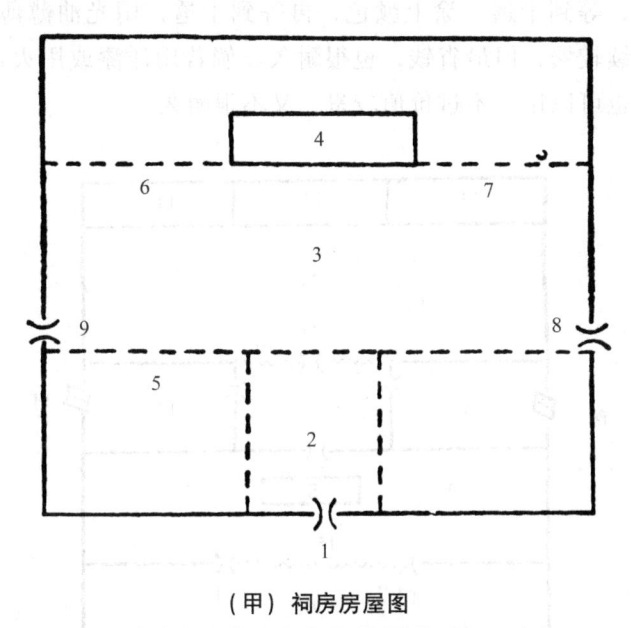

（甲）祠房房屋图

说明：1. 大门，大门前必有空场。2. 天井。3. 正厅或大殿。4. 神龛。5. 廊，无门窗之隔。6、7 与 4 是在一直线上，有门限。6、7 地位或有次要神龛。8、9 是偏门。

如图（甲）的祠堂几乎遍于中国。这样祠堂正厅很宽敞，天井也不小，做一个单级小学很适宜。改造手续也很简单，神龛处加一布幕，使神龛不与外面相见，幕上挂国旗和中山先生遗像。幕要做得能开阖的，以便民众有时来敬神祖。6、7 两处大可利用，所以应该做短的布幕（大约高八尺即可），或做竹篾屏风都可。5 是廊，没有门窗，学校非但无经费装门窗，有时乡村反对装门窗。倘若经济能力许可，可以做矮矮的布帘挡住强烈的光线。学校开门不宜太多，该屋只可以开一门，或关上大

乡村教育

门与偏门之一，或两偏门都关上。天井倘若是泥土，那么可以种花，种花不致招村民的反对，但要整洁。倘若备有树木，只应整理与保护，千万勿砍毁。

支配计划既定，那么教师自己动手做，如非大工程，不宜请工人做。粉刷墙壁也可以自己动手。墙壁颜色，应采用白色。如有破洞，先用谷壳混和的泥填满，然后再涂石灰，再用水粉一刷，便能显出洁白平滑。大门应该油漆。油漆也可以自己动手做，深蓝色比较容易做，也很雅观。先把门洗刷干净，等到干透，涂上颜色，再等到干透，用光油薄薄地擦上去。这种油漆手续较繁，但最省钱，也很耐久。倘若用洋漆或用火油颜色调和成的油漆，也可以用，不过价值较贵，又不很耐久。

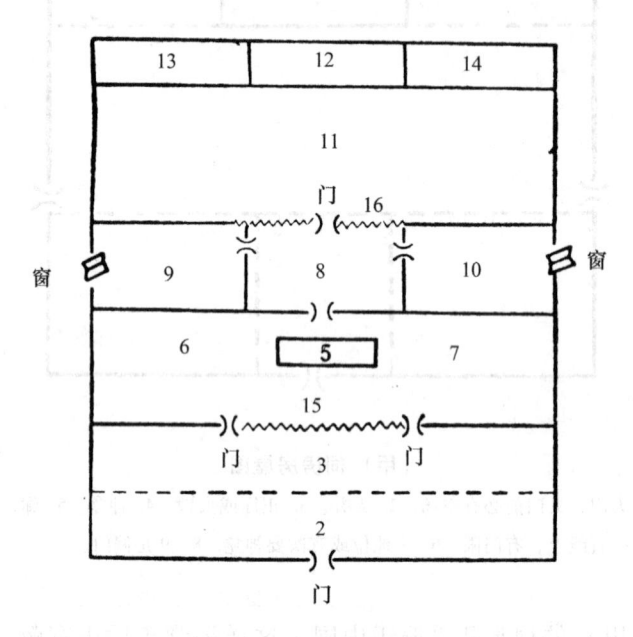

（乙）祠庙房屋图

说明：1. 大门，大门外必有空场。2. 进门的门厅。3. 天井以虚线为界。4. 大殿或正厅。5. 主要泥像。6、7. 附祭神像。8. 天井。9、10. 厢房。11. 后殿。12、13、14. 如系家庙就是主要的神主牌，若是寺庙，则是泥像。15、16. 大都是有槅子的门窗，此等门窗上下相联，大都可以利用。

图（乙）的祠堂庙宇为数较少。倘若找到一所，可以做复式小学用。

先支配各房间的用途。正厅与后厅都可以做课室，厢房若容积还大，可以做教师宿舍和厨房。大门的门厅大都是放着农具、寿器、戏台板等物，倘能移去，必须移去。此处也可利用。

次为迁移神座。图中 5、12 都不能移动的，大都只能如前例布幕的方法。6、7、13、14 是附祭的神，大都可以移动，或将 6、7 移至 13、14，或竟将 6、7、13、14 迁至别的庙里去，但须斟酌地方情形。

这样房屋的门窗，还比较合适，门窗相连，上半段用槅子的窗，光线也还能透过去。所以 4、11 两处不必再开窗子。9、10 二处若要利用，必须另开窗子。正厅前面的门，可以开两处，于儿童进出方便得多。但后面的门要开在 5 的背后。9、10 两处以不与 4 相通为适宜。

这样的房子倘若嫌太宽太高，应该用布帘做屏风隔起来，或在排列桌椅时稍稍留意，都可以减少太宽的异样感觉。太高的感觉，可用空中布置几条彩纸的方法，就可以使房子与儿童相称，消除过高的感觉。其他粉刷等与前例同。但 5、16 的门窗切忌用深蓝。若用浅蓝或赭黄等都能使光线不受影响。

庵庙寺宇式样很多，改造的时候要合下列五个条件：

1. 利用原有的式样，开始时不应大兴建筑，但须注意有否危险。
2. 利用神龛等，使阻碍物变为有用物。
3. 课室是主要屋子，应该优先支配，其余以课室为转移。
4. 注意方向、光线以及邻近的环境。
5. 粉刷油漆是必需的工作，教师应该着手做，并且以自己做为原则。

三　建筑新校舍的例子

乡村中建筑小学新校舍不是常有的事。现在举二例作为有机会者参考之用。

单级小学校舍图结构最难，下图勉强可以应用。全部长约 36 呎，阔约 14 呎，高约 8.5 呎（以檐至地为准），其他各室照图中比例计算。

门前必有大空场，作为游戏场，场中竖旗竿。厕所放于西北方，离去稍远，遇阴天可以另用木桶。3 室南窗用玻璃，但每块玻璃面积勿大于一方呎。北窗要装得高，若玻璃窗不上算，就用木窗。2、6、7 三室窗子倘能用玻璃更佳。每扇窗的面积约 11.25 方呎。门窗都要向外开，窗子式样用中国南部通行的半窗式，比较简单而耐久。窗沿各处不同，南窗窗沿在外，以便户外晒物等利用，东西窗窗沿在内，以便室内利用，北窗不必有沿。6、7沟通的穿门，如当地泥匠不能做，便做一个普通门框式样亦可。地板在中国是极难办到的，倘能用方砖很好，若因运输不便，可用三合土，只要基地高，混合得法，三合土不亚于水泥。天花板可以省去。建筑材料若砖瓦运输方便就用砖瓦，若当地通行草屋就用草屋，以合于当地情形为宜。

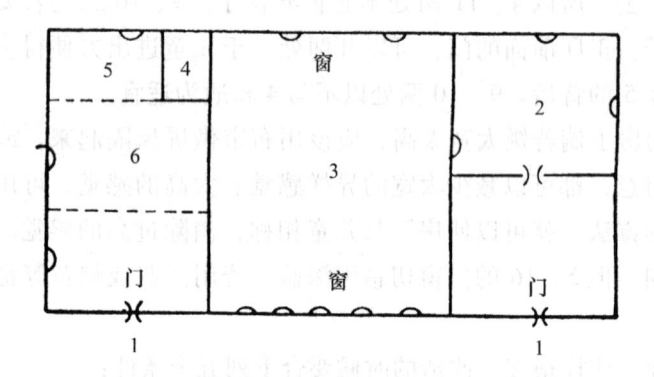

单级小学校舍平面图

说明：1. 进门间；2. 教师住室；3. 课室；4. 储藏室；5、6、7. 可以做图书室、实验室等。虚线用板隔或只有一个穿门，也可用半壁，无门槛只用布帘，以省经费。

倘若要建造两课室的复式小学校舍，可用前图建两幢，距离要稍远，两舍中间或做花园，或做运动场。

建筑四课室的校舍，也有一个平面图可以供参考。全部建筑平房，不必建楼房。每幢屋的高度与整个屋的式样相称，切勿拘泥于前段所说的尺数。地点应该建筑在村尾或村头，因为那里空地较多，一切条件较优。至于乡村儿童跑一二里路上学校不算什么一回事，不必顾到此点。后边两排小屋，根据需要建筑，不可拘泥，但是小屋千万勿占去正屋的地位。

房屋与树木有密切关系，所以如有钱造屋时，必须拨出一小部分经费做植树用，此点千万勿忽略过去。

第六章 乡村小学的校舍与设备

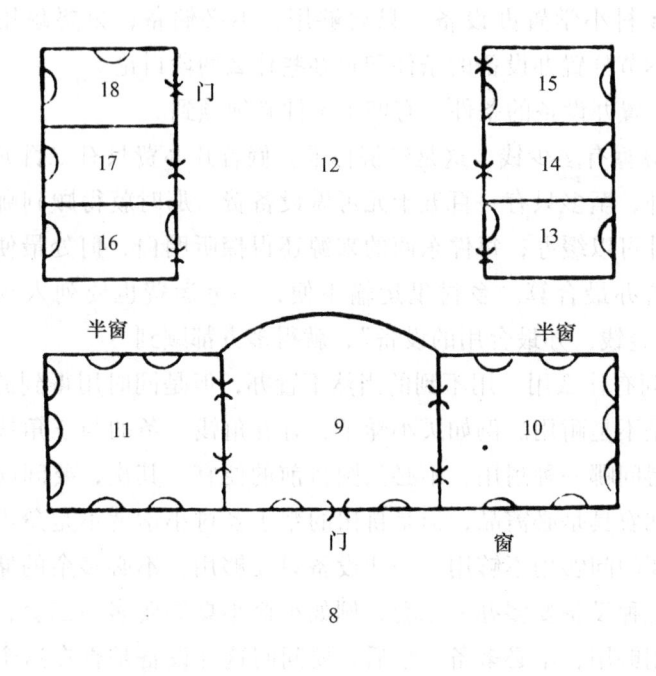

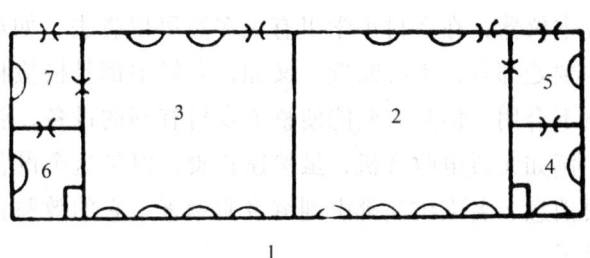

复式小学校舍平面图

说明：1、8、12是空场；2、3、10、11是课室；4、6是教师住室；5、7是图书室等；4、6的小凹是储藏室；9是会堂；18是厨房；13、14、15、16、17或做卧室或做其他用途；1、8两旁及12后方皆种树。

第二节　乡村小学的设备

乡村小学是最穷的小学，决没有多的钱置办精美而丰富的设备。倘若有了很多的购置费，在中国整个农村经济未发达以前，也应当把此费留作生产事业用，不应该完全作为一个小学内部的、享受的或不是急需的设备

59

费。所以乡村小学置办设备，只要够用，不必储备；只要耐用，不必精美。现在本节分置办设备的条件和置办些什么两段讨论。

第一，置办设备的条件。有四个条件必须顾到。

1. 先算算有多少钱，这是经济标准。倘若开办费只有二百元，那么除修理等费外，至多只有一百五十元可做设备费。那时就得顾到哪几件要先买，哪几件可以缓办，每件东西的来源还得探听明白，何处最便宜，用什么方法来置办最合算。乡村里运输不便，一笔运费也要列入预算。所谓"用最少的金钱，办最合用的设备"，就得多方都顾到。

2. 问问有什么用。用不到的当然不置办，但是同时用得到的，还要仔细考虑其是不是耐用。例如买小凳子，有五角钱一条的与三角钱一条的两种，那就得问哪一种耐用，不必只图目前的便宜。其次，要问问现在要不要用。例如农具是必需品，但是耕田的犁于乡村小学就不是急需品，可以缓办。还要问问够用不够用。一切设备只要够用，不必多余的储备。只有极少数的几种设备要多办一二套，例如小椅小桌等要多一二套，但是大多数只要刚刚够用，不必多备。最后，要问问这件设备是否在这个社会里用得着。例如标本仪器，在乡村小学里有大多数可以省去，如鸡、蛇、雀等标本，乡村中到处都有，不必购置。又如，乡村中都是极俭朴的，倘若置办奢侈品，就不合用。但是有些能使整个乡村有利的设备，就是多花经费也值得置办，例如无线电收音机，虽然还较贵，但是这个设备能把全国或全世界的重要消息、名人讲演都引到穷乡僻壤来，它的效益很大，就不能被视为消耗品了。

3. 多买工具与原料。工具与原料可以变成设备的。买现成的东西不但价钱贵，并且只给儿童享受，儿童没动手做过，所得的教育效果少。例如布置和装饰房子的用品，倘若买了纸和剪刀，找些农产品，教师与儿童做起来，不是比买了纸花来挂要有意义得多吗？又如学校中若能买了几件木工用具、油漆工具、泥水工用具，对于校内小物件的修理，教师与学生都可以自己动手做，不必找人帮助了。再如农具，在乡村小学是万万不能缺少的。所以无论怎样窘迫的小学，置办工具与原料费，必定要筹划到。

4. 多用本地土产代替。土货便宜，件件东西都是这样的。土货是儿童用惯的，用起来可以省去许多麻烦，这又是便利之一。从用土货的方面可以研究乡土的一切，又可以养成爱用国货的观念，所以有着特殊的意义。

第六章　乡村小学的校舍与设备

有不少中国学校都爱用舶来品，所以有许多批评学校的人说："中国办学校是为帝国主义做不花钱的广告。"的确，许多学生出身的人爱穿西装、吃洋食，开始是在学校里养成的。我们但愿乡村小学不要做帝国主义者深入乡村的虎伥。非万不得已，决不用舶来品。如有本地可以用的东西，决不到外地去买。这是乡村小学置办设备的最重要的一个条件。

第二，一个单级乡村小学，有教师二人，儿童五十人，应该置办些什么设备？在开办时，各种用具决不能一次置办完备，所以可分两期置办。

第七章　乡村教育的行政问题

本章讨论行政问题分小学的学校行政、地方教育行政二部分。关于行政问题，师范科课程中列有专科学程，本章只提出乡村学校应注意的诸点来讨论。

第一节　乡村小学的行政

中国小学都是县教育局直辖的，所以通常行政问题没有城乡之分。只要一个油印的命令，全县都会遵照办理。下列诸点是各校内部的问题，对于办事效率有些关系。

一　组织系统

中国小学内部组织的繁复，简直是一个衙门，或者可说是一副机器。在有教师二三十人的大规模的小学，不妨玩玩这套把戏。但是在乡村小学里，一来人手少，调不转来；二来乡村小学教师除上课外，还要抽出时间做社会活动，没有许多时间做不相干的承转迂回、因奉此等麻烦手续。所以只有一名教师的乡村小学，当然不必有什么行政组织，两名教师的小学也可以省去。就像在一个家庭里，决没有规定丈夫居于什么地位、做些什么，妻子居于什么地位、做些什么。至于有三名教师以上的乡村小学，在形式上，不妨分工，但是在实际上还是不应泾渭清楚，应该通力互助。

下列是一般有三位以上教师的乡村小学比较适用的组织系统表。

校长——校务会议——┌总务部
　　　　　　　　　├儿童部
　　　　　　　　　└社会部

这张表给国内许多小学专家批评起来或许以为太简陋，但是在实际上有时候还嫌太琐碎。一校只有三五名教师，饭后闲谈，什么事都可以讨论到，不必有什么形式的会议。儿童部或者较有意义，因为它是计划和考核儿童一切活动的，但是实行指导的仍是全体教师。社会部是对社会发生影响的，大都由校长出面，但是教师不认识当地社会，又怎能切实指导儿童呢？总务工作更是要全体教师共同动手做的，因为乡村小学规模不大，决没有特设的会计、庶务等专员。所以在形式上有会议、有分部，实际上还是大家一同干。至于部以下，当然不必再细分。

二　学校编制

在乡村小学中编级问题最难解决。因为乡村儿童超过学龄的很多，十岁以上的孩子还读一年级，必会产生许多障碍或不利于学习的事情。所以乡村小学的学级编制问题，不是编为复式单级或半日制等问题，而是把每个儿童怎样配制成一相当的集团。有人主张以年岁为根据，十岁以下为一团，十岁至十三岁为一团，十三岁至十六岁为一团，十六岁以上为一团。再以各科的活动能力作各人的学习单位。例如十四岁的儿童，如国语的能力还在读第二册国语教科书，国语就配在那一团。但是农事、算术、常识等科决不会在那一团，又可以配在别的团里。这个方法，有人认为困难很多，其实只要把"上课"二字的意义放宽，上课的方法变换一下，就会消灭一切困难。

三　成绩报告

近年来许多乡村小学也学着城市小学的式样，每逢学期终了，发一张成绩报告单。单上填着什么操行成绩、卫生成绩、学期成绩、旷课等等。在乡村中，父兄们能看得懂这些专门记载吗？看不懂。教师能够逐条去解释给全校儿童的家庭听吗？事实上都是做不到的。不如在相当时期（不一定是学期终了，最好是农暇期中）开一个家长座谈会，当场用积极的方法，让儿童把成绩表现出来给家长看，家长们倘若看到自己儿女有好成绩表现出来，可以受到更多鼓舞。倘若见不到自己儿女好的成绩表现，便能帮助学校催促儿童努力学习，这样不是比发书面报告要好得多吗？

乡村教育

四　学历

小学学历大都是教育部颁布的。但是教育部不能城乡兼顾，所以往往留有伸缩余地。乡村小学的上课日期，儿童什么时候可以到校，什么时候有一部分儿童必须在田间或家庭中，这些都与城市大不相同，所以必须另订学历。放假日期的详细情形，在本书后数章再讨论。

五　门禁

乡村小学是社会的公共机关之一，决不是衙门，所以一切门禁决不应该有。门口的禁牌，或类似禁牌的人物，都应该完全废去。门房也不应存在，乡村人民到校来走走是应当的，教师应当招待的，决不应该要门房通报、核准才可以放进去。

六　规则

"我们希望养成儿童能过集团生活，能够自立，决不希望他绝对服从某种规程。"这是一个最重要的关键。许多教师都爱能服从命令的儿童。但是只会服从的儿童，将来变成一个绝对服从的国民，听天由命，或甘心做奴隶等习惯都会由此养成，这是使农业社会的保守性得到巩固的恶教育，在乡村中决不应该再犯。因此，许多规则应该从儿童集团中自己产生出来，学校不必遍贴规则，或者强调儿童绝对服从。至于其他古奥的格言，或不相干的格言周（如诚实周、谦让周等），在教育效率上是得不到真实的成绩的，不如不用。要儿童能够正当地向上长，只有"教师的人格感化"与"儿童集团的互相促进"这两条路才有实效，决不是空洞的格言和几张规则能达到的。

七　整洁

这是小学行政中最微末的一件事，寻常小学都把这件事委托工役做的。乡村小学倘若也是这样做，决没有好结果。所以必须教师与学生共同做（注意不是监督学生做，而是共同做），使全校整洁，使学校附近的道路整洁。这不是行政手续，而是正项的功课。

八　工役

处置工役在小学行政上已经成为重要事项之一，这是很难怪的，因为在寻常的小学里，一切食（厨房、水房）、衣（洗衣等）、住（整洁环境或整理床铺）、交通（送信传呼）等生活上的重要工作，完全是工役做的。所以不但每年在经费预算上另立一条工役工资支出，并且校长或事务主任必须操心和指导工役工作。在乡村小学中倒可以免去这笔经费，也可以不必操这种无谓的心计。乡村小学教师烧饭、打扫、洗衣等劳作，这种风气近年来已经渐渐养成，"教师受人服待的旧观念"已逐渐打破。省去工役，把这笔经费移作学校建设费，或作为教师的酬金，这是不无小补的举动，废除工役，师生共同做全校的事，这是极公平的事。万一有许多事教师做不来，如垒灶、修门窗等，可以雇请工匠来做。有时候校事太忙，如种田季节中又夹着来了蚕汛，可以雇请短期工人来帮助。

九　教师的住宅

在目前中国乡村小学里，对于教师住宅还能完全供给，就是一二位教师的家眷住宅有时也能供给，这点与外国大不相同。以后也应当把这一制度永远保留下来，并且要能够完全供给教师家眷的住宅，这样，教师才能视学校如家庭，不会分心。同时，教师的家眷，或能替学校做些事，或能邀请乡村妇女到学校里来，成为改良乡村家庭的一个好机会。所以，学校中如有屋子，必须划出一部分给教师的家属用，倘若没有余屋，那么应当每年在预算上列入教师家庭租屋费。这是一件所费有限而所得极大的事。

十　毕业生指导

乡村小学毕业生大多数是就业的，如跟着父亲耕田，或学做工匠，或学经商，升学的只占极少数。乡村儿童就业大都是根据环境的许可，至于"顾到儿童志愿与能力"等原理，则很难应用。教师对于儿童择业，也只能与其父母在闲谈中提及。因为教师本身在社会上的力量，也不是一定能够做得到帮助儿童择业的，这是实际的情形，不必自夸。不过儿童既然在该校毕业，对于旧日教师多少有些感情，从这些师生情感上去指导此后谋生的路途、处世的方法，那是应该做，而且可以做得到的。目前中国乡村小学还没有商业化，毕业生人数也不多，还不至于像工厂的货物那样出厂完事。其实乡村小学的发展，毕业生倒是一个极大的助力，教师加以指导，毕业生对学校会有贡献的。

十一　联络邻近乡村小学

乡村小学由于交通不便利，或者囿于地域观念，往往彼此不相往来，有时且互相损害。这对于学校、乡村和儿童都不是好现象。乡村小学行政事项中，应该列入联络邻近乡村小学这一项。在教导研究方面，固然可以互相切磋。在举办社会事业方面，如改良种子，或联络自卫等工作，有了学校平时的联系，就是乡村人民不常往来，也能共同合作。中国乡村的界限很严，常常两姓居两村，平时不相往来，稍有触犯，便发生械斗、打官司等事（南方多械斗，北方多控告打官司），儿童也会受到这种影响，虽在同一学校，也有乡的界限，常常发生纠纷。学校方面，倘若做到互相联络，在儿童方面则可不再发生乡与乡的隔阂，时日稍久，便能使整个乡村都消除界限的观念。

十二　移交与保管

在中国教育行政制度如此疏漏之下，乡村小学的校具几乎便是校长的私有物。例如全国闻名的某乡村小学，当该著名校长被当地农民控告而撤换的时候，交给后任的，除几十条破凳子、破桌子外，其余校具，雇了两艘头号帆船装载回家去，同时还把募捐建筑的房屋，也出卖给别人开茶馆店。有人问他，他说："这都是我个人供给学校的，现在我去了，当然带去。"教育局因为平时无清册，也无可奈何。这类现象，全国不知有多少。不过那位校长的行为，也就因为平时的著名，所以这次的丑行，也就同样地显扬出去。其他校长的搬运学校物件，或者更甚于此。从这点看来，乡村人民便应该在平时监督学校，教师也应该监督校长，使全校校具平时就保管好，并且件件列入簿册，作为移交时的根据。侵吞校具这件事虽然在金钱方面为数不多，但是从另一方面说来，就是贪污的表现，办学校如是，办地方事也就如是，倘若执政的时候更不必说了。

十三 有饭大家吃，有事大家做

这条办事原则虽然一切小学都用得到，但是在乡村小学里因为行政范围不大，同事不多，更应该做到，也更容易做到。例如烹饪，在乡村小学里，已经渐渐有自烧自吃，不假手于工人的情形了。但是怎样烧呢？怎样管理饭钱呢？这是一个关键。最好组织一个膳食会，性质如消费合作社，并且是轮流管柴米账，轮流担任烧饭、烧菜等工作。这样，大家都能够力求用最少的钱吃最好的饭了。倘若把管钱与烧菜分为两批人做，管钱的不烧饭，烧饭的不管钱，那么管钱的人不知烧饭的辛苦，天天怨饭菜的恶劣；烧饭的也感觉到自己每天如是辛苦，又讨人厌，因而便埋怨管钱人的糊涂，甚至发生查账等意外事情。结果，非弄到雇人烧饭，大家吃包饭不可。吃饭问题如是，其他事情也是这样。一切事校长不必自己独揽，也不可全不管。校长应把自己看作这个团体中的一员，除根据方针提出适当计划指导全体教师外，一切工作都应该让全体教师参加，了解实情。不然，校长便有从中渔利的嫌疑，教师与校长便会发生敌对的念头，校事只好由校长唱独角戏了。这样，不但工作效率低，并且会给乡村与儿童极其不好的印象。

十四 全校无废物、无闲人

这也是行政原则之一。在乡村小学中事情特别忙，经费特别少，这条原则也就特别重要。校长是实行这条原则的主要人，由他来提倡。要励行节约，设法利用废物。对于每天的时间，要支配得每分钟都有正当活动。同时，要戒绝严劣的嗜好，如不吸烟、不喝酒、不打牌等。对于教师，不仅要进行人格的感化，而且要作友谊的劝告，进而大家共同订立约言，使大家都过着有意义的生活，这样，不仅能人人无闲空时间，而且不会出现百无聊赖的情况了。至于利用废物，要有一定的目标，最好是利用废物给儿童玩科学把戏。其次是教师都要能够动手做，正如一个匠人看到材料又有做的要求，而不肯轻易抛弃材料那样。所以教师不但肯做，并且要会做。当然，这件事不是一时能做到的，但是需要校长带头先做起来，然后才能在全校普及。

第二节　教育局对于乡村小学应注意的几点

老实说，中国大多数的教育局都轻视乡村小学，偏重城市或乡镇小学。这是教育界中最不好的现象，倘若不谋改革，将来会发生极大的危险。本节提出几点来讨论。

一　支配经费

中国每县的教育经费有限。据民国十九年的报告，最多的近三十万元，如江苏如皋县；最少的不到一万元，如浙江南田县。而教育局的办公费占去很多，如福建教育局办公费，由省方规定每县每月五百元，每年就是六千元。因此，在县教育经费项下，有的只能办县立小学一所，有的竟一所也不能办，全数只能作为各小学补助费。例如福建永春县，每年有县教育经费七万余元，全县没有一所小学是完全县立的。这里最大的问题是经费的经管与支配。这个大问题不但在教育行政书上被讨论到，在许多谈社会问题的书上也有所提及。我们只提出几个标准，使乡村人民不致于完全替城市儿童负担教育经费。

1. 关于经管的。照目前情形，县教育经费大都由教育经费管理委员会保管与筹措。在实际上是否真能把教育款项公开？是否能够把所有的教育款项保管好，不给别人移用？这都是不能追问的。委员的人选，在法令上虽然有规定，但是实际是否能照章办理？是否仍属豪绅们把持？也是一个不可猜的谜。不过我们倘若一想到教育经费的来源，便应该有农民代表直接参加教育经费委员会，至于人数的多少，应以该县人民职业的比例数为标准。有人以为农民的能力做不了这种事，这是完全不合理的梦呓。英国的工党议员，苏联的农工代表，不是都做得极有成绩吗！所以与其说农民不会干事，不如说农民没有机会干事，所以不能显出他的能力来。

2. 关于支配的。近年来对于支配教育经费，已经有人提到乡村教育，但是所提出的支配标准，则要根据"儿童出席数"，此事不很公平。目前中国的乡村，主要是缺少乡村小学，更缺少好的乡村小学。倘若有了小学，又有了好的中学，学生当然会到校。所以第一步先要有学校。至于乡村儿童自有他的重要工作，帮助父亲种田，帮助母亲烧饭，不是极重要的工作吗？所以乡村儿童由于农忙而不进学校的时日必定很多，决不能如城市儿童无需帮助家庭工作，可以减少儿童缺勤次数。因此，教育经费的支配，必须以人口的多寡为标准。这样，乡村才有开办小学的希望，也才能维持已经开办的乡村小学。

3. 发放经费。县教育经费除办县立学校外，其余学校已得补助费者，其补助费的支配标准应与前项所谈的同样。但是许多教育局对于发放补助费，可说是摆尽官架子。星期日不开门办公，乡村小学非特别抽出时间进城不可。发放日期更无规定。对于有势力的小学，校长到局便可得到支票，不然，三五次只能领到过期支票，或一月的数成。由于故意刁难，使领款者不得不设法奉承，这是中国旧式官厅的恶习气，自命清高的教育局也会发生这种情况。民国十九年冬，常熟乡村中有某女校长因几次领不到经费，身染重疾，带病上课，终至穷病而死，此事在沪报刊登，轰动一时。这也是教育局借掌管经济的威权杀害乡村小学教师的一例。所以一切经费，必须规定日期发放，这是行政中重要事项之一。

4. 关于预算的。大多数乡村小学的经费预算，除教师薪水外，每课室再给办公费若干，无所谓预算。办公费有少至二元者，因此逼得小学教师不得不向学生索取许多额外费用，如节费、杂费等。此后编造预算，除薪金外，必须有购置费、维持费、预备费三项。最低标准，该三项应占全部百分之二十。

二 视察与指导

关于乡村小学指导问题，本书另有讨论。现在提出分区视察与毕业会考二事来讨论：

1. 分区视察。视察不是顶好的制度，大都提倡废止，但是在乡村中连这个不好的方法都没有做到。所以教育局了解的情况，只凭着各校长的书面报告，这当然是最不足信的。例如教育部颁布的小学课程究竟有哪几个小学试验呢？实在是一件不可知的事。有几个乡村小学对我说，在二十年呈报课程时，照实在情形填上去，教育局发还重填，因为教育厅规定要填写教育部颁布的课程的。其他只凭书面的事，当然很多。所以乡村小学只希望每学期有省、县的指导员到校来视察一二次，就已经要好得多了。在最没有办法中，教育厅与教育局的许多指导员也应该分区去跑跑乡村，或者可以了解些实际情况。

2. 毕业会考。这个办法渐渐成为各省各县的教育制度了。会考的本义是否有益,姑且不谈,不过以此作为督促各校努力的途径,实在有些不合理。会考的范围大都是某某几种教科书,那么小学毕业应有的人生本领就只要那几本教科书吗?教育局督促各校不从积极指导着手,而从消极制裁下工夫,各校教师对于小学生又怎样呢?也说不定为着"荣誉"起见,如玩马戏者训练小孩子练工夫那么残酷。况且会考时期在寒暑假,地点又大都在城里,儿童往返跋涉,饭食睡眠等都存在问题,离城较远的乡村,又要加上一笔经费。这种种都是实际上的困难问题。倘若以为会考是决不可废的制度,那么应该为乡村小学着想,提出好的办法,使因会考而发生的问题减少。倘若以为会考可以修改的,那么急需设法修改,因为乡村小学每学期都要吃这个制度的亏,至少每年也要吃一次亏。

此外,如调解校与校间的纠纷,也是县教育行政最麻烦的事。寻常往往设一督学专理此事。不过与其这样专理,不如分学区由校长会议去分理。详细办法在"乡村小学指导"章里再讨论。

第八章　乡村小学的课程

第一节　乡村小学应有特殊课程的理由

我国中小学课程标准，已经由教育部颁布，在素来各自为政的中国，得到这样一个标准，可以说是很不容易。不过对于乡村小学，似乎不能适用，这里有两个理由。

一　现行小学课程，与乡村生活有很多不符合的地方

课程应该与社会的生活符合，应当适合社会需要，这是制定课程原则之一。中国近年来大都市的生活，如上海、南京、广州、天津、汉口等处，与欧美的都市生活差不多，处处能够显出工业化、商业化的生活。从现代中国小学里培养出来的儿童，或者能适合于那些都市生活，可是很不适宜于乡村生活。下列三点是很明显的。

1. 中国农村组织与以工商业为中心的都市组织，完全不同。在中国农村组织中有两点是很重要的，没有显明的分工与家族制的依然存在。由于没有明显的分工，不但同一事业不分工，就是农工商三者也不分。在三十年前，甚至士子们在乡村中也不另成为独立的事业。由于家族制的存留，所以许多风俗习惯都带着古风；对于劳力的买卖，并没有像工商业社会那样有精微的计算，雇主与受雇者往往均不计较。但是现行的课程标准在分工方面可谓应有尽有，科目的细分与完备真像工厂中的专艺。但在农村中则不必如是。至于花费劳力的计算，每科上课多少分钟的计算，真是算得太精。倘若做教师的也像那样斤斤较量于分钟的多少，决难久处于农村；倘若培养儿童也斤斤计较于时间与花费劳力的多少，将来这些孩子也不容易在农村中生活。

乡村教育

2. 因为中国农村还没有达到利用机器耕种的条件，生产力非常低下。儿童到了十岁左右，在农家就可以成为帮助生产的一员。但是按照现行课程标准，决不能使进小学的儿童获得生产的技能，帮助家庭。甚至教师稍不留心，墨守成法，简直会养成永远不能劳动生产的瘫痪人。有人以为这是整个乡村教育的破产，其实只要课程能改善，就可以挽回大半。

3. 制定小学课程本有两派不同的主张：一派以为应该完备，凡人生所需要的，都应该放进去；一派以为应该精炼，所以许多事情不必预先学习。厘订乡村小学的课程，应该采取后者的主张。依照乡村社会的现状和经济能力，我们估计起来，是否凡是世界上所有的事物，在乡村中都会应有尽有呢？这是断乎做不到的。例如笔算中的分数，在乡村社会中是遇不着的。又如走路的交通条例，乡村中也用不到。所以用乡村社会的需要来衡量现行小学课程标准，实在有许多可以省去或改变的内容。

二　现行小学课程与乡村儿童生活，有很多不符合的地方

"小学课程应适应儿童的需要"，这个原则无论如何是不会错的。但是现行小学课程对于乡村儿童的需要不很顾到。

1. 乡村儿童需要什么？儿童的需要除去关于身体的发育外，多半是受到周围环境的影响。乡村儿童的周围环境是些什么？他们所接触到的是大自然界的四季变化，父母们的终岁勤劳，所以干农事、生物知识、日用品的科学以及日常的工作等，是他们最需要的。他们也需要游戏，但是不一定是球类与田径赛；他们也需要唱歌，但是不一定是五线谱与风琴；他们更需要算术，但是不需要分数、复利等。至于国语是极需要的，不过绝不需要古文与呈文、公函等应用文。我们细细察查现行的小学课程，实在犯了"急其所缓，缓其所急"的病症。

2. 乡村小学的儿童百分之九十以上是不升学的。厘订课程的内容，应当注意到儿童升学与否。乡村儿童升学数，有人说只占百分之五六。有许多课程在儿童毕业以后，只有升学者才需要继续学习，这些实在应该废去。同时，对于出校后急需应用的课程，应该充分增加。例如笔算，除非要升学，在中学、大学里打算研究高深的科学外，日常生活中难得遇到。而心算、珠算呢，则常常会遇到，所以我们应当注重心算、珠算。又如历史科，照现行的课程，至多不过是谈掌故性质的，那么我们何不老实不客

气地注重时事呢？指导儿童注意眼前的事与世界潮流为因果，使儿童明了自己的地位，不是更有效吗？城市小学教育为了儿童预备升学，已经是错误的，倘若乡村小学也跟着城市小学的步调，那更是错上加错。这个错误的结果是很显然的，就是培养出来的儿童是小书呆子，只会读书，只会到城市里去读书，不会在乡村里做一个农民。

3. 乡村小学儿童往往超过相当的学龄。儿童学习的乐趣与他的年龄很有关系。十岁以上的儿童决不愿学五六岁儿童学习的材料。倘若依着现行课程标准，那么就会发生这个现象。儿童学习无味，父母看到这种材料与科目的无用，结果便是失去对学校的信仰。即使儿童勉强入学，所得到的效果也决不会圆满。

总之，在中国乡村组织和农民经济状况没有大变动以前，现行的小学课程标准，必须再加斟酌，有重行厘订的必要。至于怎样斟酌厘订，希望小学课程的学程中有详细的讨论。

第二节　乡村小学应有的课程

本节是一个集合南京、无锡、厦门、杭州等处几个乡村小学试行过的课程作为讨论的根据，也可以说是一个比较具体的建议，分大纲与达到相当的程度两项讨论。

一　乡村小学应有的课程大纲甲

本大纲分经纬两项组织而成。所谓纬的各项与经的各项直接或间接发生关系；同理，经的各项与纬的各项也有同样的关系。至于经的各项或纬的各项，有时可以单独进行。

第一，关于经的方面的，又可分为五大纲：

1. 健康的体魄。含有下列四项：
（1）技击（或竞赛）；（2）团体游戏；（3）卫生和医药常识、常能；（4）休息和睡眠。

2. 劳动的身手。含有下列三项：
（1）干农事；（2）修理工具；（3）运送物件。

3. 科学的头脑。含有下列四项：

（1）认识生物；（2）了解自然现象；（3）了解日常用品的原理；（4）应用科学的推理。

4. 艺术的兴趣。含有下列六项：

（1）整洁事项；（2）烹调食物；（3）裁缝；（4）书画；（5）奏乐、唱歌；（6）演戏。

5. 改造社会的精神。至少含有下列六项：

（1）交朋友；（2）团体自治；（3）努力于家庭改造；（4）努力于本村改造；（5）努力于中华革命；（6）为人类幸福努力。

第二，关于纬方面的，这是几种人生生活的工具，包含下列四项：

（1）谈话；（2）用书报；（3）用数；（4）写日记。

二　乡村小学应有的课程大纲乙

本大纲系按照教育部颁布的小学课程标准而得的，列表如下：

科目	十岁以下的儿童应有的	十一岁以上的儿童应有的
干农事	5%	5%
生物	5%	5%
日用科学	5%	10%
日用工艺	5%	5%
社会常识	5%	10%
日常操作	10%	10%
国语谈话	10%	5%
阅读	10%	10%
写字	5%	5%
日记	5%	5%
算术	10%	10%
体育游戏	12%	10%
美术	5%	5%
音乐	8%	5%
总计	100%	100%

这张表虽然不及大纲甲，但是比较与教育部颁布的接近些，因此容易

做到。

三　小学生应该达到的程度

这是一个乡村小学教育比较具体的标准,当然,每个小学生决不能逐条完全做到,倘若专用某条标准来说,有时也会有超过预定标准的可能。

1. 会松土、浇水、戽水、施肥、除草、捕虫等简单农田工作。
2. 会种当地最普通的菜蔬、庄稼,得到当地水平线以上的收获。
3. 会安装、修理简单的农具,如装锄柄等。
4. 会挑五十斤重的担子。
5. 能步行十里路,中途不需经常休息。
6. 认识环境中所有的生物百种。
7. 会饲养家禽、家畜、益虫。
8. 能研究昆虫三种以上,完全了解它们的生活史。
9. 会栽观赏花一种以上。
10. 会捉蛇,扑灭害虫。
11. 熟悉天气变化和农事的粗浅因果。
12. 略识土壤与种植的关系。
13. 略知自然现象的因果,并对于人生的关系。
14. 对于日常用品,能用极粗浅的科学原理来解释。
15. 会玩科学把戏,范围如《儿童科学丛书》。
16. 能修理日常应用物件。
17. 能做简单的玩具。
18. 能煮饭,烧日常菜蔬。
19. 能缝补衣服。
20. 会布置一间房子,不使人讨厌。
21. 会应用简单的色彩,并明了光暗远近等作用。
22. 能欣赏简单图案和最著名的画。
23. 会画表达思想的画。
24. 会做简单的测量图。
25. 会唱当地歌谣及国歌等。
26. 会辨别音阶、音调和音色。

乡村教育

27. 会使用乐器一种。

28. 会表演故事。

29. 会演儿童戏剧，并能明了舞台的情况。

30. 会处理自己沐浴、洗衣、剪指甲、擦刷衣服鞋帽等清洁工作。

31. 有日常卫生习惯，如不随地吐痰、早起等。

32. 有日常卫生常识、常能，如预防疫病传染、医癣疥、疟疾、伤风等。

33. 会几种最重要的急救法，如北方的中煤气、江河的淹溺，南方的中暑和平常的止血等。

34. 会游泳、爬山、快跑。

35. 会拳术，并能放枪打靶（倘若有练习的机会）。

36. 会做当地的儿童游戏。

37. 能参加集会，做主席，发表意见和选举等。

38. 会组织儿童集团，并能遵守团体的纪律与决议案。

39. 明了中国的大势和现状。

40. 明了中国乡村衰落和帝国主义压迫等浅近因果。

41. 能看日报的重要消息。

42. 能画简要的旅行地图，以及本村的详细地图。

43. 知道最重要的事物发明史。

44. 知道对于人类最有贡献的伟人事略。

45. 能听浅近的国语演说。

46. 能用国语谈话、演说。

47. 能读日常文字，程度与《木偶奇遇记》《小朋友》相仿佛。

48. 能运用国音字典。

49. 能和人通信。

50. 会用文字发表自己的意见。

51. 有写日记的习惯。

52. 会做简要的记录。

53. 会写日常应用字，写得不讨厌，速度在标准水平以上。

54. 会运用算术四则，算出日常用度的账目，敏捷而正确。

55. 会写简单的账目。

56. 认识当地商店所开的发票。

57. 能写普通契约、会单，并知道当地的习俗。

58. 有当地人民的特殊技能，如江村驶船、捕鱼、山乡打猎、骑马，平原驾车等。

59. 有遇事追问究竟的习惯，并能设法解决问题。

60. 不拒绝新事物，也没有部落观念等。

61. 有做事不怕失败，更不怕强暴压迫的精神。

62. 平时能找事做，又能与同伴共同做。

第三节　关于课程的三个重要问题

课程决不是一个大纲就可以了事的，跟着来的便是怎样支配每天的工作？用什么材料？要用教科书吗？

一　怎样支配每天的工作

寻常小学支配工作表，大都是从每天上课开始（大都在上午八时半）到放学止（大都在下午四时），这是一件极不合理的事。这样支配，就是暗示教师对于儿童只负教室内的责任，其他一切概不闻问。拟订乡村小学日课表，至少要了解下列三个原则。

1. 要做到全天二十四小时都支配。

2. 要师生共同依照这张表做事。

3. 乡村小学大都是单级小学，可以用分团的方法，现在举一例如下：

某乡村小学一天生活表

上午六时，起床。

六时—六时半，整理床铺，盥洗，早操。

六时半—七时，洒扫，准备当天的工作。

七时，早餐。

七时四十分—八时二十分，朝会。

八时半—十一时半，团体活动，分团活动或个人活动——大都属于阅读、谈话、算术、日用科学、音乐等。

十一时半—十二时半，午餐及日常工作。

十二时半—下午一时，休息。

一时—四时，团体活动，分团活动或个人活动——大都属于日用工艺、农事、生物、集会、美术等。

四时—五时，写日记，整理工作室及场地。

五时—六时，休息。

六时，晚餐。

六时四十分—九时半，整理当天工作，准备明天工作。

九时半—十时，休息。

十时—睡觉（儿童睡觉提早一小时）。

附注：

（1）该表春分、秋分前后适用，夏季与冬季另换。

（2）通学的儿童斟酌社会当时情形，变换时刻与工作。

（3）每天确定做什么工作，每天由个人自由规定，但导师负指导之责，儿童在相当时期内，对于某科必须达到相当的程度。

（4）每七天休息半天，这天上午照常工作。

（5）体育不列入表内，但每天至少要有三次集合操，就是上午一次，下午一次，晚上一次，每次时间至少十五分钟。

二　怎样找材料

与其说找材料，不如说是做些什么事。例如农事，没有材料可言，实际情况中种些什么？今天翻土呢，还是施肥？到了讨论农事的时候，也是根据干过的工作来讨论，所以不必找材料，而是找工作做。又如日常科学，材料很多，倘若要找，那就如在大海里捞海藻。捞些什么呢？当然应该抓住今天是什么天气，周围环境中发生了什么问题，然后动手来实验，根据事实来讨论。至于几件每天必须做的工作，如清扫、烹饪、整理等，更为明显。要讨论也就是根据当天所见到的事实，议论怎样进行，然后大家再来动手做。

在乡村中周围环境极丰富，每天都有实际问题发生，导师只要抓住这些问题，不放过去，便是很好的材料。有时要解决这些问题，也不必导师单方面动手，要指导儿童共同去解决，养成儿童解决问题的习惯，比给予儿童解决问题的材料或代替儿童解决问题都来得更有意义。

三　怎样用教科书

今日的乡村小学，还不能做到废除儿童教科书。这是因为社会上留存着的"读书必有书"的观念，逼着学校买儿童教科书。实际上，教师自己编读物，时间与经济都不允许，所以教科书是要用的。问题是应该讨论怎样用教科书。

1. 照平常习惯，初小买教科书三本——国语、算术、常识。高小买六本——国语、算术、自然、社会、历史、地理。实际上国语、算术二科，还可以勉强编成全国通用的教科书，至于常识、自然、社会等科要想全国通用，实在很难。所以不如把购买这几本书的钱省下来，买同等程度的国语教科书。

2. 教科书不是宗教的圣经，所以不必逐课逐字教。每本书编的时候虽有种种原则，但是有许多地方，实在可以不必顾到。生字的多少与某生字出现的先后，虽然有些许影响，但是决不能阻止内容有趣味的整课课文。所以教师不必拘泥于课文的先后次序，并且不必拘泥于每次一课，只要儿童兴趣好，阅读能力强，可以让他阅读下去，不必限制他。

3. 有人以为教科书影响儿童最大，其实教师平时的言论影响最大，所以无论这本教科书怎样不重视农民，倘若教师能够作有力的校正，教科书便能变为教师的工具。所以选择教科书虽然重要，但是运用教科书更重要，教师不必太依靠教科书。

第九章　乡村儿童

儿童是教育的重要对象之一，也就是我们民族的小主人翁。儿童究竟是怎样的，到现在虽然还没有确切的答案，但是他们的前程和社会对他们的期望、待遇，那是很明显地放在成人们前面的。本章讨论乡村儿童的特质和所谓"儿童自治"的问题。

第一节　乡村儿童的特质及其成因

"乡下孩子""野孩子"，从这些骂孩子的话里，就可以知道一般人们看不起乡村儿童。乡村儿童真的不及城市儿童吗？体力比城市儿童怎样？智力又怎样？关于乡村儿童体力的强健、能够耐劳耐苦等，是一般人所知道的，那么他们的智力怎样呢？据美国纽约调查乡村儿童的智力报告，他们的智力大都在普通智力以上。试看下表：

级别 智力商数	第一组	第二组
65—69	1	
70—74	3	1
75—79	1	1
80—84	7	1
85—89	14	5
90—94	28	6
95—99	24	4

续表

级别 智力商数	第一组	第二组
100—104	22	7
105—109	24	13
110—114	20	11
115—119	15	11
120—124	10	8
125—129	11	8
130—134	10	3
135—139	7	3
140—144	3	7
145—149		7
150—154		1
155—159		
160—164		3
总数	200	101
中数	105	115

该表载在 *Rural School Survey of N. Y. Educational Achievement*，p. 166。

按普通智力的商数是九十分到一百一十分，所以这两组儿童大都是及格的。不过美国儿童如是，中国的乡村儿童是否如是却是一个问题。但据著者经验所得，乡村儿童不见得比城市儿童愚笨。其他能力，如料理自己的生活事项、帮父母做事、发表能力等，乡村儿童怎样呢？这件事也没有人统计过。但是，乡村环境逼着儿童料理自己的生活，逼着儿童帮父母做事，这是必然的事。所以关于这两种能力，乡村儿童必定优于城市儿童。不过乡村儿童穿得不漂亮，衣服也不常洗，又经常在日光中曝晒，所以骤然看到，不见得怎样可爱，那也是实在情形。但是乡村儿童举动、语言的诚实，对待教师情感的深挚，在现代"教师商品化"的都市中，也不容易得到。这种现象，都是后天的习惯，不是先天带来的，下面是几个极显著的理由。

乡村教育

1. 经济的窘迫。乡村经济不及城市，这是无论哪一国都是如此的。在乡村中地主极少，小康之家也不多，自耕农较多，半自耕农、佃农与雇农更多。自耕农的经济已经只够维持最低的生活，有时还要靠副业收入的补助。其他雇农等生活状况更不必说了，有许多雇农到了三十岁以上，借了债娶妻，不到二年儿子出世，夫妻一面劳苦挣扎生活费，一面多方设法还结婚债。在这种经济状况之下，对于儿童的教养，还能够讲究合理不合理吗？大多数的乡村儿童，便是在这种情况下长大起来的。

2. 社会的恶习。儿童在成人社会里本无任何地位，城乡一辙。例如家庭中无儿童的设备，街道上无儿童的地位，法律保证儿童也不很周密等等。乡村中更加上许多恶习，例如姑媳的不和，这是封建制度遗毒之一；又因农家经济不裕，姑对于媳特别虐待，于是对待媳的儿女也就不顶好，做母亲的处于积威之下，不能多多顾到儿女。所以许多乡村婴儿，往往因饮食不调，以致发育不良。还有许多祖传的迷信，例如婴儿初生，必裹以厚絮，又信算命之言，配娶童养媳。所谓童养媳也是儿童，在男孩子方面暂时无多大影响，在女孩子方面，那真是受尽虐待。虐待受了太久，身体、习惯、性情都会因之大变。

3. 疾病死亡的机会。中国乡村人民的生死从来没有统计，儿童的生死更没有人问到。但是乡村中因受穷困的压迫，公共卫生和医药设备的缺乏，社会上迷信鬼神等风俗等原因，个人不病则已，一病便听其死活；一乡不发疫病则已，疫病既发便不能遏止。从这些情形推算起来，乡村人民的死亡率，必定大于城市人民。

4. 子女增多，生产量不增多。多子多孙是全国的最重要风气之一，比不得欧美人节制生育。有人以为这是中国人保种的美德。其实，我们仔细研究，多生儿女，便会无形中减少生产量。何日平先生在《中华教育界》十九卷三期《中华民族之出路与中国教育之出路》一文里，估计了一位有三十亩熟地的老农的家境变化表（见下页），这张表指出，在贫穷的乡村里，多生了儿女，在社会方面是生产量受到影响，在儿童方面便是得不到充分的教育、充分的养护。中国有三十亩地的自耕农为数极少，只有十亩五亩的自耕农，以及无寸土的雇农，那么他们的儿女又怎样呢？苦况是可想而知了。正如在试管里的果蝇，食物有限，子蝇增多，结果，夭死的居多，偶而活着的，也不能得到正常的发育。

三十亩老农家境变化表

家中人数	每人亩数	状态
3	10.00 亩	可受中等教育
4	7.50 亩	可受初等教育
5	6.00 亩	无力受教育
6	5.00 亩	衣不暖
7	4.33 亩	食不饱

5. 交通不便见闻不广。三十年代全国交通都不便，都市与都市的交通也极不便利，乡村更是如此。近十年来，国人大力提倡修建长途汽车路，但是一来里数不长，二来价目太贵，如全国最便宜的浙江公路，每十华里车票也需二角，在福建竟有贵至每十华里索价至大洋一元的，更有许多地方有过路税。如此行路价值，决非寻常乡民所能随便走动，更谈不到其他的运送（据福建许多汽车公司惯例，行李一担，即以一人乘车论价）。这样情况之下，乡村人民的见闻怎样会广呢？于是影响于儿童成为见识浅薄、不问世事、发表能力不强等。

只要稍稍了解一下社会的背景，就可以明白乡村儿童之所以有许多方面不及城市儿童，也有许多方面优于城市儿童的缘由。遗传学虽然于人类有影响，但是决不会使同一民族有大不同的显著征象。我们总不应该相信许多自以为优秀国民者的主张，以为乡村儿童都是不中用的，或者以为城市儿童都是不中用的。

第二节 乡村儿童应有的平等待遇

在整个社会与经济情况没有达到平等的境界以前，儿童要想单独获得平等的待遇那是做不到的事。但是在儿童队伍里，他们是已经有了平等的。除非富农儿女关在房子里养大，不放到外面来，他不加入儿童队伍里去，所以无所谓平等与不平等。倘若同是在草地上、田野间玩耍的儿童，都有相当的平等。

1. 只要身体不受疾病的侵袭，他们对于大自然的享受是平等的。山水

乡村教育

草木、虫鱼鸟兽、四时变化，都是无条件可以供给他们游玩的。由于环境太丰富，所以也不很会发生抢夺等事。

2. 他们组织了游戏队，在游戏的时候是极平等的。他们推举能力高强者做领袖，听他的指挥，大家在平等待遇下游戏着。

3. 在城市中成人们限制儿童行动的东西太多了，马路上是不允许儿童随便通过的，许多店家也不欢迎寻常儿童进去，甚至游戏场中也没有儿童的地位，还有许多专做拐骗儿童勾当的歹人，也是城市中最多。但乡村儿童的环境比较自由，也少有限制，这或者也可以算得是环境给予他们的平等。

4. 一切平等是争出来的。但是乡村儿童得到的平等待遇不是争出来的，如自然界、社会限制等，还没有人去剥夺。至于儿童与儿童之间的平等，当然有争执，这是否是争出来的平等，那就不能断定了。

除以上几种以外，乡村儿童受到不平等的待遇很多，约略列举几件。

1. 贫富的不平等。富贵儿童到处受欢迎，贫家子女则人人加以白眼。因为父母的贫富，孩子们不独在养护上受到不平等的待遇，就是在公共场所、进学校、交小朋友等，也都处处受到不平等的待遇。

2. 男女的不平等。重男轻女的风气也是全国普遍的，男孩子处处占便宜，女孩子无事不落后。所以同一父母养的儿女，兄妹或姊弟之间时时有不平等。有许多地方还有溺女的恶风气，还有许多地方生下女儿，随便送给别人，至于卖做婢女等风气在许多地方也很通行。

3. 嫡庶的不平等。乡村中一夫多妻制还不多见，但是长子与次子，或长房的儿女与次房的儿女，在待遇上事事显出不平等。吃的不平等，穿的不平等，分财产也不平等。

4. 强弱的不平等。乡村中两姓之间分强姓与弱姓。同姓中又分强房与弱房。强弱之间的不平等，真如强弱两国的国民。儿童们之间因受到这个影响也就不平等了，有时互相打起来，引起父母们的械斗。所以在同一学校里，强姓的儿童往往会欺侮弱姓的儿童。

5. 教育不平等。乡村教育与城市教育比较起来，乡村吃亏。同是乡村，富的与强的乡村可以办学校，贫的与弱的乡村吃亏。同一个乡村里，办了一个学校，有钱有势的儿童拿得出学费，儿童又有时间可以进学校；而无钱无势的儿童，要帮着父母谋生活，没机会进学校。同是进了学校，教师还会发生许多偏心，因此在学校里的儿童还会受到不平等地对待。

6. 工作不平等。禁止童工已经在全世界通行了，可在中国有时还不适用这个条例。工厂里的童工，大部分是从乡村里去的。在乡村中为着农家生活的关系，不成年的孩子挑重担和做劳动量过度的工作，也是常事。所以有许多乡村儿童便发育不完全，甚至有因工作过度而残废的。

除上述六种以外，还有医生对待农家儿女的不负责任，以致发生不应该夭亡而夭亡的现象。法律对待乡村儿童几乎毫无保证，杀死乡村儿童，除父母出面交涉外，法律是不会来直接干涉的。乡村儿童连应得的平等待遇都得不到，还谈得到用科学方法保育吗？用新教育方法教育吗？

第三节　儿童自治

"儿童自治"已经是现代中国小学里最时髦的制度。城市小学固然组织了什么像局、厅、科等近似官厅政府的机关，乡村小学也有什么类似村公所、村政府等组织。于是儿童与儿童的纠纷，渐渐归到自治机关去办；儿童的课外活动，也由指导儿童自治的教师担任；学校中添设站岗的学生警察，维持学校的秩序，镇压儿童的纠纷。有许多小学还收了儿童自治会会费，作为培养儿童自治的能力，这是谁也不会反对的。但是像现代小学的自治是否能训练儿童自治还存在很大的疑问。

先讨论儿童自治的组织。所有小学的自治，大都仿照当地的自治机关或政府机关的组织，例如在特别市里的小学，办了儿童自治，便有市长、局长、科长等职员，又分为某某局、某某科等。各局各科的规程又大都是仿照当地政府的局科等规程。主张这样办法的理由是："学校即社会，在学校中应该布置社会环境，使儿童从小就练习起来。"但是，事实上儿童对于这些组织，常常存在着一个极大的怀疑，或者竟会把社会上一切组织都误解起来，以为社会上的公安局也如学校里的公安局。这样，不但不能培养儿童自治的观念，并且使儿童错认了社会。

在乡村中压迫人民最厉害的是土豪。社会上对于土豪都是侧目的，有机会便会铲除他们。小学儿童自治机关成立后，所有职员都是比较优秀的儿童，也是平时的小领袖。小领袖对待小朋友很不客气，这是反对小学采取领袖制的人的根据。现代儿童自治制度，是让优秀儿童做小领袖，也或者可以说间接地培养"土豪"。倘若真的做到那样，那么乡村教育的效果又会怎样呢？

其次是许多形式方面也值得讨论。例如儿童警察站岗是否应该有的？若说是模仿社会，那么乡村中并没有站岗的警察。乡镇上的警察又大都是含有特种意味的。那种意味，为着社会福利起见，无论如何不希望儿童模仿。此外如审判、刑罚、选举等，都有极大的矛盾意味。因为在现实的社会中决不是如此的，那种种办法都是理想国里的情形。

依照现有的儿童自治组织的效能，充其量不过可以做到几分消极的工作，所谓防止儿童不守秩序，使儿童静肃。不过人民自治的意味决不止于此。人民自治是要拿到人民应得的权力，要能够改造团体的生活。就是说："要有改造社会的精神，才能自治；有改造社会的事业，才算自治；全体人民能够都起来做，都能够运用自己的权力，才算达到自治的境界。决不是在人民中间，抽出一部分来治人，而大多数人受少数的支配管理，就算自治。"

乡村小学应该有儿童自治的组织，不过不是模仿社会上通行的政府机关组织，不是选出少数优秀儿童帮助教师做训管大多数儿童的勾当，而是依照着应做的事，分头去进行的；同时，每个小集团里订有各团员应守的规约，应努力去做。

乡村小学儿童自治事业，可以分全校儿童为若干队，每队可以按地域来分，如东村、西村等。每队儿童由教师指导，用普选的方法，先选出一两位队长，暂时不必有什么组织。从要做的事业里产生出工作人员，不是先有了职员而找寻事情去做。

儿童自治应做的事可分两方面，一方面是促进儿童努力工作，维持团体生活的纪律；另一方面是伸出小手来做几件改造社会的小事业。属于前者，如各队出席人数的检查，各种清洁卫生的比赛，学校中各种公共事业的比赛，以及各种学业比赛等。属于后者，如打扫各队经过的道路或村庄，开展各村的植树，推广农业新种子，募集必需的款项（如十九路军抗日捐）等。并以各队为单位，开展竞赛；或以各集团为单位，开展竞赛。每个儿童都站在平等的立足点上，从事业上培养出儿童做事的能力，并从实际工作中培养出儿童真正的自治能力。

教师指导儿童自治，不是站在儿童之上指导，他加入了某一队，便是那个队的队员。他与儿童共同做应做的事,与儿童共同遵守应守的纪律。例如扫道路,教师也可以加入;劝儿童不喝酒、不抽烟,教师也绝对不喝酒、不抽烟。他的能力如比儿童高强,便做儿童的领袖。但是教师的能力决不是每件事都比儿童高强的,那么就应当诚恳地跟着儿童学。"虚伪欺骗"是团体生活中最要不得的行为,教师千万注意这点。

改造生活的总钥匙是每事先问个究竟。"这是什么?为什么要这样?改一下可以吗?怎样才合理?……"都是每事必须问个彻底明白的总诀。乡村中许多事都是经不起一问的。也有许多事以为不必问而是当然的,这便是乡村自治最大的阻力。我们倘若能够培养得儿童对于环境每事必问的精神,也就是培养儿童自治能力的基本工作。

儿童自治决不是变相压迫儿童的好听名词,它是培养每个儿童自治能力的一种制度。要从事业上培养儿童具有积极的工作态度,于社会的实际事业上培养儿童将来能掌握人民自治的能力。乡村教育倘若是改造乡村的事业,那么对于未来的乡村主人翁,便应当加强培养他们的自治能力,切不可做培养土豪的预备工作。

第十章 乡村教师

第一节 乡村教师的使命

本节最重要的诸点，已于第五章第二节"乡村小学的特征"约略地讨论过。那些特征，除学校与社会联系诸点外，其余各点都是教师应做的。本节将乡村教师应有的工作、使命，作一个总体的讨论。分下列四点。

一 对儿童的使命

教师的工作对象是儿童，这是千古一辙，乡村教师当然不能例外。寻常教师对于儿童所负的责任只是"知识的传授，人格的修养"，这两项责任乡村教师当然应有。除此而外，更需注意于儿童的生产技能的培养，以及使农村儿童认识他们所处的地位。因此，乡村教师不应当强迫儿童只做书生，要指导儿童帮助父母做农事和家事，并发展儿童的特长，与父母合作，培养他们的生产技能。同时，教师要极力使乡村儿童觉悟到自己所处的地位，使他们认识自己之所以落到这般地步的缘由。我们若要使全国农村好起来，首先，必须设法使全国农村儿童有所觉悟，以此作为永久奋斗的基础。

二 对当地社会的使命

乡村教师终朝忙碌，在时间上难有空闲去干社会工作。但是，现实逼着他非干社会工作不可。这是乡村学校在乡村中所处地位造成的，也就是乡村教师的重要使命之一。例如，在乡村中遇到兵匪非常之变，乡村教师是逃走，还是与村民联合起来，作抵抗救济等工作呢？又如一个乡村，遇着荒年，要想组织信用合作社，教师就非做当然的指导者不可。乡村教师在乡村中就是村民之一，并且因为略识外界情形，又是为全村民众共同注意的人物，所以他对于全村的公共事项必须负起责任来。不但对于消极的排解纠纷，或者是村民主动请他帮助做的事项应该要做以外，并且对于改进全村的计划、改进农业生产等，教师也应负责。

三　对于农民运动的使命

除非中国从此不想长进，保持落后状态，否则，最重要工作是农民运动。干农民运动最好是农民自己动手。但是，当农民自己还不会组织起来的时候，必须有人去帮助他们。好比烟煤是火力最强的燃料，它在未燃以前，必须有引火材料。乡村教师就是农民运动的"引火材料"。中国农民受到种种直接的剥削，如苛捐、土豪地主的敲剥、官厅的横行等。这些农民们是知道的，但是敢怒而不敢言。农民们所受的间接剥削，如农产品的低廉、洋货的充斥、帝国主义者的剥削，而农民大多数是不清楚的，不过在事实上他们是身受其害的。此外，因为剥削者的苛暴，使农民们买不起良种，得不到好的农具，因此不能改良生产，使产量减少，农村没落，这些农民更是不会直接感觉到的，但是事实上是与年俱进的。这种种都有赖于干初期农民运动者的努力，使农民觉悟起来。这些工作，只有当地教师干起来，才有很大的效果。

四　对于农民教育的使命

农民教育是农民运动的一部分。不过在中国过去的事实，是有片面性的。有的干了农民运动的某部分，便忽略了教育的部分；有的只干农民教育，把其他各部分忽略掉。例如浙江二五减租运动，可算是很有成绩。但是农民遇到螟虫的灾害，依然只去求神，不肯依照昆虫局的办法去灭虫，这是只有农民运动而不进行农民教育的弊病。又如近年来的农民教育馆，大部分工作只干农民教育，而忽略了农民运动。乡村教师对于农民教育工作，比较容易做得到，例如办农民学校、壁报等。有人以为这些工作是迂缓的。我们也承认只干这些工作是迂缓的，但是没有这些工作，实在不能把农民固有的旧习惯去掉，也难以灌输新的思想和采用新的方法。况且在特殊环境之下，有时很难开展真正的农民运动。那么小学教师干些农民教育，对于农村也可以说不无小补，同时可以撒下农民运动的种子，使农民

乡村教育

将来能够自动起来谋幸福。

第二节 乡村教师应有的本领

本节讨论教师的职业分析。中国对于各种职业分析，都没有进行。小学教师应有的本领，年来虽时时在杂志上或研究报告上看到，但大都是估计的，不是由精密的试验分析得来的。现在摘录作者与当年同志分析的一表，作为讨论的根据。至于教师能否完全做到，则不敢武断。不过此表或者可以作教师修养的指示，或者可以作衡量教师能力的依据。学习者对于本表不必强记，更不必以为它是必然规律，而只作为一种研究材料。倘有认为做不到的或遗漏的，尽可多多修正。在数年后，我们希望有精确的"教师职业分析"的材料出来。

乡村小学教师应有的本领表

第一组，改造社会的本领：

（1）会开茶馆店；（2）会办民众学校；（3）会医小病，懂得卫生医药常识；（4）会做账房先生，懂得当地的应酬习俗；（5）会算钱粮、算账、算利息等，并且会量地、算地价、过户等；（6）会看当票、发票、钱粮票、捐票、契据、公文以及俗体字；（7）会写对联、婚帖、会单、契据信条等；（8）会说笑话、说书、通俗讲演等；（9）会做和事佬，遇不得已时能写公文状子；（10）会编贴壁报；（11）会几套武术，并能联合民众办自卫团；（12）会变戏法、演通俗戏、口技、双簧等；（13）会指导组织合作社；（14）会布置学校变为民众的公园；（15）会主持民众集会；（16）明了世界大势；（17）明了本国现状；（18）熟悉本地社会经济现状；（19）熟悉本地故事与大事；（20）懂得当地礼节；（21）有当地职业的常识，并能相机介绍改良的方法。

第二组，教育儿童的本领：

（1）会和儿童做朋友；（2）会用国语对儿童讲故事、报告时事；（3）能听懂儿童的话；（4）会回答儿童的问话，还能引起儿童更深刻地想问题；（5）会指导儿童阅读，找各种参考材料；（6）会主持学校纪念周，指导儿童的集会；（7）会指导儿童发表意见，如作文、说话、画图、制做工艺品等；（8）会发现儿童许多不良习惯，并设法改善；（9）会当儿童工作的领袖，如扫地、整理房屋等；（10）熟悉当地儿歌一部分；（11）会做当地儿童游戏的一部分；（12）懂得六岁以上的儿童心理；（13）懂得几种教育实验方法，有几种教育实验的基本技能，如测验、统计图表等；（14）留心看最近风行的教育书报，并且懂得新教育的原理和方法。

第三组，干农事的本领：

（1）会锄地（倘能耕地更佳，因耕地不但是技术问题，还有会用力的问题）；（2）会浇水和施肥；（3）会锄菜地、豆地的草；（4）会戽水、开沟、做畦；（5）会整理农具，如装锄头把子、粪桶柄、镰刀柄、打草绳等；（6）会做苗圃（菜蔬圃及草木苗圃）；（7）会种蔬菜（以当地的菜蔬为准）；（8）会修剪果木竹林（以当地果木为准，如北方没有竹，南方难种苹果等）；（9）会种普通花卉；（10）会养蚕；（11）会养蜂；（12）会养鸡、鸭、鸽子等；（13）会养羊、猪、牛等；（14）会砍柴、掘笋、采野果等；（15）会养鱼（缸鱼和池鱼，在海边还应该会拾贝类等）；（16）懂得土壤的性质；（17）会看农业书报；（18）结交重要农业机关和老农；（19）熟悉当地气候与农产品；（20）知道当地重要农谚。

第四组，科学的常识、常能：

（1）会采集当地著名的植物做成标本；（2）会捕捉当地著名的昆虫，做成标本，如捉蛇、做蝴蝶标本等；（3）会打猎；（4）会做鸟兽标本；（5）会做简单的解剖，并做成标本；（6）认识当地最普通的害虫，明了它的生活史；（7）认识当地的候鸟，明了它的生活现状；（8）会用做简单标本的药品和用具，知道它的来源，并会修理或制造；（9）认识当地的矿物，明了本地的地质；（10）会测量气候与雨量，明了气候变化与节期的意义；（11）认识最普通的星座；（12）明了日常食物的成份，如米、麦、蔬菜、盐等；（13）明了日常佐料的

乡村教育

制造。如酱油、豆油、茶、盐；（14）明了日常用品的化学作用；（15）明了日常用品的物理作用；（16）明了最浅近的机器；（17）会修理日常用的机械用品，如钟表等；（18）会利用最普通的电机，如无线电收音机；（19）会利用科学方法做幻术；（20）能阅读粗浅的科学书报。

第五组，医药卫生的本领：

（1）明了人体的构造；（2）有卫生习惯。如注意吐痰、喷嚏、食物卫生等；（3）会检查体格；（4）会种牛痘；（5）会医治沙眼、疥疮、秃头疮；（6）会医疟疾、伤风、便闭、肠寄生虫病；（7）会包扎伤口止血；（8）会治小疮热疖；（9）知道最常用药物的性质与用法，如金鸡纳霜、阿斯匹林、蓖麻油、碘酒、硼酸膏水、枸橼酸铜、软膏等；（10）会施用急救法，如人工呼吸、火灼、水淹、中暑等；（11）知道公共卫生的要点；（12）明了儿童发育状态；（13）明了食物的成分，衣食住的卫生要点；（14）熟悉童子军的教练法；（15）会几套中国拳术；（16）会几种健身操或球类；（17）会游泳、爬山、上树；（18）会阅读浅近医药书。

第六组，艺术的本领：

（1）会唱和谐的歌曲—注重儿童的；（2）会演奏一、二种乐器，而且会开留声机；（3）会欣赏世界名曲，懂得音韵节奏；（4）会跳普通的舞蹈；（5）会简单的写生；（6）会临摹简单的画；（7）会欣赏名画，领略画意；（8）会装饰一间房屋，布置一个会场；（9）会用纸、麦杆、豆、野果、红叶等做装饰品或日用品；（10）会修理桌椅门窗等；（11）会扫地、抹桌、擦窗子等工作。（12）会做袜底或衣服，会用绒线做衣服帽子。（13）会装订书籍，画应用图表；（14）会油漆门窗用具，并且会粉刷墙壁。（15）会设计壁画，如壁上图案、壁上挂图等事；（16）会布置小花园，利用天然物布置园景；（17）会写一体或二体的字，写得不讨厌。（18）会做简单的印刷工作；（19）会烧小锅饭、小锅粥；（20）会烧菜，烧得合味；（21）会做点心，做得合味；（22）会整理厨房用具；（23）会整洁自己的身体、用具，毫无名士派的习气，但是也没有浪子的纨袴习气；（24）会训练一般儿童知道整洁自己的身体与用具；（25）会欣赏有艺术意味的作品，如书法、雕刻、照相、刺绣、磁器、电影等；（26）会指导或表演戏剧，并且能欣赏别人的表演。

第七组，杂物：

（1）会新式簿记；（2）会造预算、决算，并且会做经济报告书；（3）会购置日常用品并熟悉市情；（4）会保管学校用品；（5）会登记物件；（6）会监督校工，训练新来工人；（7）会购置图书，管理图书；（8）会寄发信件；（9）会编辑书报或其他刊物；（10）会招待客人及指导员等；（11）会做儿童成绩报告书；（12）会主持展览会，庆祝会、恳亲会等；（13）会拟全年计划、每月划计；（14）会主持研究会、讨论会；（15）会联络邻校共同兴办事业；（16）会办学校应用公文；（17）知道最近教育法令；（18）会与教育行政人员磋商校事。

第三节　乡村教师的待遇

一　乡村教师不能乐业的大原因

谈到乡村教师待遇的菲薄，就会使许多有志乡村工作者退缩。我们不必谈乡村教师责任的重大、工作的繁忙，只要承认他是做工的一分子，那么他就应当得到生活的必需品——食、衣、住、医药、交际、书籍等，在现代社会组织下还要有儿女的教养费、父母的养老费。这种种费用，只要一家五口，就非每月有四十元的收入不可（此数是按照民国二十一年无锡及厦门等处生活程度的估计）。但是在事实上月薪有低至八元者，甚至连此区区八元还不能按月领到。有几处地方，就是按月领到，也还要受到大洋与小洋的兑换、纸币贬值等影响。这样，不但不能维持一家生活，就是个人生活，也很不容易支持。同时，眼看得旧时同伴，从事他种职业者，丰衣足食，安得不改途而去。有人以为乡村教师在精神上很愉快，可以补薄俸之不足。但是在饥寒交迫、妻子儿女号啼的困苦境况中，别方面的精神安慰又有什么用呢？所以要想乡村教育的发展，对于教师待遇必须改善。

二 乡村教师应得的待遇

在社会组织重心没有移到农村以前，在全国人民没有真正注意教育以前，一切改善教师待遇的提议都是难以完全实现的。本项所提各事，也不过使读者知道乡村教师应得这些待遇，或者可以作将来实行改善的参考。

1. 当地应得的生活费。中国生活程度各处不同，内地与沿江、沿海相差很多。现在以三人为标准，做一个百分比的标准，然后以饭食价目为根据，依比例计算。我们平常的生活费的百分数如下：饮食费约占百分之四十，住宿百分之五，衣服百分之十五，交际杂用百分之二十，儿女教育费百分之十，医药百分之五，储蓄百分之五。例如该地每人饭食费平均每月需洋六元，三人每月的饭食费十八元，那么该地教师薪金至少要四十五元。倘学校能供给住宅与医药，那么至少要四十元才能过活。

2. 住宅与医药。学校供给教师住宅是不费什么劲的。教师自己找住宅所费手续及经济极大，医药更是这样。况且教师倘能住在校内，不独教师不致分心顾家，他的家人也可以帮助学校做事。至于医药倘若是学校中有现成的，当然不费什么手续了。

3. 年功加俸。年功加俸不是羁绊教师的软政策，而是教师在事实上必须有的。因为在初级教师时，有的尚未结婚，有的尚无子女，有的子女数尚少，倘若做了三年，结婚了，有儿女了，儿女多了，那么一切用途增加，收入当然要增加。所以年功加俸是应该以个人工作时期为单位，不应以个人在某校工作时期为单位。例如全国规定三年为加俸期，那么这位教师无论在什么学校做事，都能受到同样待遇。如果以学校为单位，那么狡黠的行政当局，便以加俸来恫吓教师、羁绊教师，它的结果是弄得教师受了压迫还不敢说话。这是教育危机之一。

4. 生产分红。此后乡村学校应当从事生产工作，教师对于各种生产，当然有分红的权利。倘若学校能够设法划出一部分经费作为养蚕、养鸡、养蜂、养鱼或种蔬菜等资本，教师分出一部分时间来从事这些工作，所得盈余，除去还本金及最低利金外，余者应当分为两份，一份作为兴办校中公共事业，或各种生产事业的资金；另一份就分给工作人员，作为红利。倘能经营得法，每年收入也很可观，对于教师生计，也不无小补。

5. 补助进修。教师应当有继续进修的机会，学校便应有补助他的时间或用费。这件事可以与年功加俸并行，就是当了几年教师以后，自己倘有相当能力与储蓄，学校应该给他机会去进修。补助的多少，可以该教员的工作成绩和能力做标准。补助办法，在其进修时期内可以支薪；或学校贷予适当金额，将来无利还本，作为第二批教师进修的补助。

  以上所提五种办法决不是尽善，也有不列入之处，如养老金、抚恤金等。但是此等办法是整个社会的政策，不是只有教师独享的权利。至于近来大家提倡的教师子女免收学用费一事，也属太偏。教师的子女教育费若可以免去，那么全国人民应享有同等权利，不应当只优待教师，使社会以为教师是特殊阶级。总之，教师也是劳工，乡村教师与农民同样，他应当享受农民所享受的一切权利，决不应该自命清高而受特殊的寒苦，也决不应该享受特殊的利益。这是全国乡村教师应有的觉悟，也就是全国乡村教师应该力争的一件重要事情。

第十一章　乡村师范与乡村教育的指导

第一节　乡村师范的比较观

前章已将乡村小学教师应有的本领提出讨论，本章就讨论怎样培养这样的师资。中国新订的师范科课程纲要，还没有把乡村师范的课程详细订出来，现在我们可以引作比较的有三种学校。

一　县立师范学校

县立师范的性质与乡村最相近，也就是中国师范学校制度的唯一绵延品。当新学制改革之初，各处省立师范几乎完全停办，然而在另一方面为着义务教育推行的缘故，又虑师资不足，所以各县大多设立师范，其性质皆顾到乡村。现在摘录要点如下：

1. 入学资格。具有下列资格之一者得受入学试验：

（1）毕业于完全小学者；（2）与完全小学校同等之学校毕业者；（3）曾任初小学校教员未经受许可状者。

2. 修业年限。暂定三年。

3. 课程。暂定如下：

第十一章　乡村师范与乡村教育的指导

县立师范学校课程表

学程	第一学年 第一学期 次数	学分	第一学年 第二学期 次数	学分	第二学年 第一学期 次数	学分	第二学年 第二学期 次数	学分	第三学年 第一学期 次数	学分	第三学年 第二学期 次数	学分
公民	1	0.5	1	0.5	1	0.5	1	0.5				
国语	8	4	7	3.5	6	3	6	3	6	6		
算术	5	2.5	5	2.5	3	1.5	3	1.5				
代数					2	1	2	1				
几何大意									2	1		
教育原理					1	0.5						
心理	1	0.5	1	0.5								
儿童学									1	0.5		
教育史			1	0.5								
论理			2	1								
学校行政及组织					2	1	2	1				
教学法									4	2		
各种测验									1	0.5		
自然	4	2	2	1	2	1	3	1.5	4	2		
农业	2	1	4	2	4	2	3	1.5	2	1		
乡村社会研究									2	1		
历史	2	1	2	1	2	1	2	1	2	1		
地理	2	1	2	1	2	1	2	1	2	1		
体育	3	0.75	3	0.75	3	0.75	3	0.75	3	0.75		
图画	2	0.5	2	0.5	2	0.5	2	0.5	2	0.5		
手工	2	0.5	2	0.5	2	0.5	2	0.5	2	0.5		

本学期只用于参观、实习、农村小学教材研究及补充学程四项。

续表

	第一学年				第二学年				第三学年		
学程	第一学期		第二学期		第一学期		第二学期		第一学期		第二学期
	次数	学分	次数	学分	次数	学分	次数	学分	次数	学分	次数	学分
唱歌	2	0.5	2	0.5	2	0.5	2	0.5	2	0.5		
合计	34	14.75	34	14.75	35	15.25	34	14.75	35	18.25		

说明：

（1）各学科纲要另订之。

（2）每学年分二学期，每学期以二十周计算，每周教授一次，满一学年作一学分，其无须预习之学程减半计算。

（3）第一、第二学年除国语教育外，其余各学程至少须得十六学分；第三学年除国语教育外，其余各学程至少须得十三学分，方能升级或毕业。

（4）教育史、心理学、儿童学、伦理学、教育原理、教学法、各种测验、学校行政及组织、教育实习各学程，皆属教育范围。

（5）自然科包括生理卫生、动物、植物、矿物、化学及植物、动物、矿物之观察，并物理、化学之实验。

（6）农业包括农事大要、园艺、蚕桑、养蜂、畜牧、农场设施、农事实习等。

（7）体育除普通操外，加授童子军课。

（8）算术学程内于第一学年第一学期加授珠算，冀与小学衔接。

（9）农村调查于假期内行之，至农事实习时间，于课外行之。

二　省立中学乡村师范科

从前的师范虽然不标明都市师范，但是大都设在都市中。所以有人提议在乡村中设农村分校。后来新学制实行，便改为乡村师范科。民国十八年后，全国乡村教育的声浪陡然增高，所以各省另设乡村师范学校，如浙江、江西、湖北、广东、福建、河南等省，都先后试办。其中有两种程度，一种是专收初中毕业以上的学生，课程与高中师范科课程相仿佛；另一种是初中程度，办法很有出入，现在摘录一例如下：

1. 入学资格。年龄在十六岁以上，曾在新制六年小学毕业，或旧制高小毕业。

2. 修业年限。限定为三年。

3. 课程。列表如下：

省立中学乡村师范科课程表

学年/学期 科目	第一学年 上学期	第一学年 每周时数	第一学年 下学期	第一学年 时数	第二学年 上学期	第二学年 时数	第二学年 下学期	第二学年 时数	第三学年 上学期	第三学年 时数	第三学年 下学期	第三学年 时数
公民	公民要旨	1	同前	1	同前	1	同前	1	同前	1	乡村小学实施法实习	10
教育					教育心理	3	教育心理教学法	4	教学法乡村小学实施法学习	6		8
国文	读、作文、习字、国语练习	10	同前	10	读、作文、国语练习、文字学大要	10	读、作文、语言文字学大要	9	读、作文	7	读、作文、儿童读书研究	3
数学	算术珠算	4	算术	4	混合数学、简易簿记	4	同前	4	混合数学	3	混合数学、小学应用教材及教学法研究	6
农业	农业大意实习	4	同前	4	同前	4	同前	4	农业大意、乡村社会学实习	3	乡村社会学、农场设施法、农业教学法实习	3
体育	体操游戏	3	同前	3	同前	3	同前	3	体操、游戏、体育原理	3	同前	1
历史	历史大要	2	同前	2	同前	2	同前	2	同前	1	同前	1
地理	地理大要	2	同前	2	同前	2	同前	2	同前	1	同前	1
理科	混合理科	4	同前	4	同前	4	同前	4	同前	4	同前	2
图画	写生画、写意画	2	同前	2	同前	2	同前	2	同前	2	写生、写意画、黑板练习	2
手工	实习手工	2	同前	2	同前	2	同前	2	同前	2	同前	2
乐歌	普通歌曲	2	同前	2	同前	2	同前	2	普通歌曲、乐理	2	普通歌曲、风琴练习	2
合计		36		36		39		39		38		38

三　民国十六年度的晓庄试验乡村师范

晓庄学校，创办于民国十六年（一九二七年）春季，初为试验师范，其后事业增加，范围扩大，各种工作进程，变化极快。它对于乡村教育之贡献，虽不尽如世人所毁誉，但是它能因此引起国人注意乡村教育，确是一件不可磨灭的事绩。现在摘录民国十六年度的师范院的办法如下：

1. 入学资格。本院招收下列各种程度之学生培养之：
（1）初中第三年学生之有农事经验者。
（2）高中第三年学生之有农事经验者。
（3）大学第三年学生之有农事经验者。
（4）在职之教育行政人员及教职员之具有上列各项相当程度者。

2. 修业年限。本院修业年限暂定为一年。

3. 毕业。本院修业期满，如学生成绩及格，先予修业证明书，俟服务半年，经过考查，确能依据本校精神办学者，各得毕业证明书如下：
（1）初中程度给予初小教师证书。
（2）高中程度给予高小教师证书。
（3）大学程度给予师范教师证书。
（4）各级教师证书之外，得依特殊才能之表现，加给校长及乡村教育辅导员证书。

4. 课程。本院现设课程如下：
（1）中心学校活动教学做，共三十学分。
（2）中心学校行政教学做，共三十学分。
（3）分任院务教学做，共六学分。
（4）征服自然环境教学做，共十六学分。
（5）改进社会环境教学做，共五学分。

5. 操作。本院只用校工一名，担任挑水烧锅事务，其余一切操作，皆为正课，由学生躬亲办理。

以上三种乡村师范的办法，可以作为近年来全国乡村师范的代表。此外还有一年制的师范或其他师资养成所等，其办法也均大同小异。所以教育部虽未颁布乡师办法，而民间已产生相当办法了。

第二节　乡村师范与学园制

本节讨论过去师范制度的不良，并且提议一个具体的办法，作为今后办乡村师范的途径。

一　过去师范制度的流弊

教师是有技艺的职业，必须熟练，更须有长时期的修养。在社会上各种职业，都有自己能动手做的师傅，只有从师范学校里培植出来的教师，没有经过什么师傅的传授，所以流弊很多，甚至在校数年，完全与出校服务无关系，推其原因，有三大缺点：

1. 学了不相干的学科。师范学校课程应该以教师应有的本领为根据，这是谁也不能否认的。但是我们仔细分析一下，许多学科都是与小学教师应有的本领无甚关系。再考虑其内容，更不堪问。许多从大学里抄来的专门材料，例如国文的文学史、文字学、诗学源流、词赋学等；数学的代数、几何、三角、复利息等；自然的分类学；历史的一家一朝兴亡史；地理的外国地名，以及唱歌的外国歌等。这许多学问各有它的专门独到处，但是要在短短的三年中，使小学毕业的学生学习，实在有些勉为其难。并且这许多专门学问在小学里没有什么用的，除非小学教师也做一个贩子，贩卖师范教员的材料给小学生。否则，不需要的材料可以不必放在师范学校的课程里。

2. 得不到真正的学习的境地。师范学校中有许多教育学、教育原理、教学法、小学组织等教育学程。这些学程都是在课堂里学的，教师只有凭着书讲，学生也就凭着书听，这不是真正的学习境地。好比学习游泳，在陆地看游泳书，听游泳讲解，到了水里，依然是手足无措。所以师范生学习教育，必须在小学里实地去做，才能得到真正的本领。并且指导者必须有实地经验，不但能够动手做，还得是此中老手。师范生倘能这样学习，才是真学习，才能认识儿童，才能明了小学是怎么一回事。

3. 实习的流弊。过去师范学校于最后的一学期有实习一学程，大约每星期有六小时或十小时的实习时间，或者规定一个月为实习时期。学生到时就跟着实习教师到小学里去，先有参观，然后依照预定教案，分班分级实习，平时每个师范生得与儿童接触四次或五次，在这种实习制度之下，至少会发生下列三方面坏影响：

（1）儿童荒废学业或养成不良习惯。当师范生去实习时，虽事前有级任教师的谆谆嘱咐，但是儿童决不能适应新教师的教学，这是会影响学业的一点。同时师范生初做教师，虽有很好的基本学问，或者是教师天才，但是不能即刻适应儿童，这也是不可避免的事情。有许多顽童知道实习生是可欺的，于是故意做出种种使实习生难以处理的事情，积久以后，种种不良习惯便从此养成。

（2）增加小学教师的困难。有了以上的坏现象，当实习生满期而去，教师再去继续，真是一件极不容易的事。必须再废去许多时日，许多精力，才能恢复原状。

（3）师范生得不到实在的学习。只有四次或五次的学习机会，就是一个天才也不见得能够有所得益。况且指导者，或者是毫无小学教师经验的人，或者因为师范生同时实习的人数太多，无从着手指导。至于学校原有的小学教师更不会负指导责任，甚至实习生与小学教师发生冲突，互相攻讦。倘若实习小学行政，更属不易，因为小学行政有其一贯的方法，不是一时可以上手做的。许多实习生在实习行政时，只做到几件极机械的工作，其中巧妙处一点也得不到，与课堂上读了一本小学行政教科书的效力几乎相等。

以上所述诸项大多是为事实所造成的，不只是人的问题。有时候倘若遇到刻薄的小学教师，或跛扈的师范生，那就会弄得更加不成样子，使实习教员左右为难。

二　今后改革之路

今后师范教育必须做到下列三件事，才不会贻害小学。

1. 师范应以小学为中心。小学是师范的实验室，也就是师范的唯一工作场。师范生除学习办小学、做小学教师外，还有什么事呢？所以小学就是师范的中心，师范生就到小学里去学，师范就办在小学里。师范没有好坏，只有小学有好坏。好的小学便会产生好的师范，决没有好的师范有不好的中心小学。所以应该把从前附属小学的观念打破，或者竟可以成立附属师范的新观念。

2. 师范生应以小学生为"爱人"。小学教师不是一件可以获得丰衣美食的职业，只是可以获得另一种快乐的职业。这个快乐是从小学生方面得来的。以小学生为"爱人"，那么便有乐于从事的趋向，又能深入儿童队伍里去，可以熟悉儿童的一切，又能练习对待儿童的方法与态度。好比生长在海边的人，从小就以海为唯一对象，久而久之，当然会乐于海洋生活了。

3. 指导者必须是有经验、有学识又能实地指导的人。社会从来没有某种职业的师傅只会空谈、不会实地做的。但是，师范学校的教育教员，大都是初从大学里毕业出来的，毫无实地经验，更不能实地指导。倘若师范是办在小学里的，那么指导员起码要能够办得起一所小学，能够与一群孩子做伴，才可以收徒弟，才能随时随地指导。倘若指导者因能力有限，不妨少收徒弟。

三　学园制的特点

这是已经有人试验过的方法，对于上段所述各节，都能顾到几件。现在把它的大要说明如下。

1. 性质。学园制就是在小学里办师范，也可以说会办小学稍具识见的小学教师收徒弟。此制的最后目的，就是一群师范生在指导员领导之下，共同试验小学的行政、方法、应用的材料，与社会发生关系等诸项活动。

2. 组织。以一个小学或合并两个以上小学为一学园，每学园有园长一人、老师若干人，师范生的数目与专任指导员的数目成比例，大约每位指导员可以收师范生十二人。园长主持全园，与师范生共同办小学，并指导师范生日常生活及做人应有的修养，他如一家的父亲。不但上述诸项应尽力指导，而且对师范生的兴趣与能力也要事事留意观察，以决定指导方针。老师是巡回去学园的，如音乐、科学、工艺、美术等，专科都有导师。

3. 校长办事处。这可以说是师范部，它的权限不过是收纳新生，支配新生，并集中训练师范生。它在全校行政系统上的地位，虽然高于各学园，但是关于指导方面，事事要求得学园的同意，或依据学园的意志而襄助学园。

4. 师范生。师范生大多数是在学园里的，他进校以后，可以有短时期的观察，但须征得校长办事处与学园的同意，然后到各学园去。师范生在校园中有下列几条必须做到：

（1）与园长共同过着有计划的生活。

（2）在约定时期内必须找到儿童做朋友、找到农民做朋友。

（3）认定小学活动之一或二，拟定计划，逐步试验，到了约定时期报告。

（4）在园学习用书，应以所在小学教学活动为主要内容。

（5）对于校长办事处，全校议决案，本园议决案，必须履行。

（6）每星期必须出席讨论会。

5. 考核。学园制最大缺点是散漫或园长太顾面情，于是必须有两种考核。校长办事处考核园长，园长考核师范生。考核范围只限于工作是否努力，是否依计划进行。至于全校纪律，另有大众选出的纪律部来维持，不必由校长或园长代劳。

6. 研究机关。全校有全体的研究机关二个：一是讨论会，二是各处研究所。

（1）讨论会。每星期集合全校师生，开全体讨论会一次。又有分组讨论会若干组，也是至少每星期一次。

（2）研究所。全校设有总的图书馆、工场、科学馆、艺术馆、农艺馆等，供全校师生研究用。例如在上生物课时遇到一个困难问题，园长不能回答，可以提到生物研究所里去。倘若生物研究所还不能回答，则必须设法询问校外合作机关，务求得到一个相当答复为止。

总说起来，学园制就是在小学里办师范，这个师范就是小学的有活力的集合体。并且在经济原则上又是师范与小学同时并举，可以省去一倍的钱，收两倍的效力，在中国乡村教育经费如此拮据的时期中，试行此制，获益更多。

第三节　中心学区与乡村小学指导问题

由于乡村小学指导问题没有得到适当的办法解决，所以近几年来渐渐有人提倡设立"中心学区"。中心学区的最大用意有二：一是希望中心学校的校长、教师，可以指导本区各校；二是可以仿照部分联合学校的办法，节省教育经费。因此有两种不同的实施情形。现在分别讨论如下。

一 希望中心学校的校长、教师可以指导本区各校

这个办法在中国是有其历史渊源的。从前县教育局除设视察员以外，还有学务委员。学务委员是分区的，他的职务是：分发本区各校经费，改进本区学务，调解纠纷，调查学龄儿童，并做县教育局与乡村小学的承转人员。自从视察制度改变后，学务委员大都改为指导员。指导员的性质便不同了，虽然有许多指导员还是依照旧章进行，但是大部分的行政事项，如调解纠纷等事已经归督学去办理了。一个指导员，要想指导周围数十里的乡村小学，各乡交通又是这样不方便，在事实上困难是极多的。民国十六年以后，国内掀起了一个教育行政学术化的风浪，许多都市中都划出实验区作为各区指导机关，因此便影响到县教育指导机关，于是开办中心小学或实验小学作为指导本区小学的方法。当时江苏省各县实行八分亩捐，县教育经费骤然增多，于是各县有改进各校内部与增多小学数量两种主张。前者便尽力帮助平时以为优良的小学，或就直接改为实验小学。实验小学不但有实验工作，并负有指导本区各小学的责任。浙江省也有数县应声而起仿效的，但名称小有不同，改称中心小学。近闻福建、安徽也都在进行中。这个方法，本意是极好的，既可免去只有空口说的指导，又可联合本区小学做种种实验。但是几年来发生的弊病也不少，最大的是实验小学经费较多，容易聘请较好的教师，又因行政费多，所以比较容易办得出色，因此其他各小学便产生妒嫉，甚至从中破坏。这样，中心小学校长办自己的一个学校已经是四面楚歌，哪里还能去指导其他各小学呢？所以近来各实验小学中心小学能够收到预期效果的很少。

二 仿照部分联合学校

联合学校的利益，已于讨论美国乡村教育时谈及。中国中心学区的办法，也有人提议如此办理，但系部分的联合，不是完全的联合。其办法如下图。

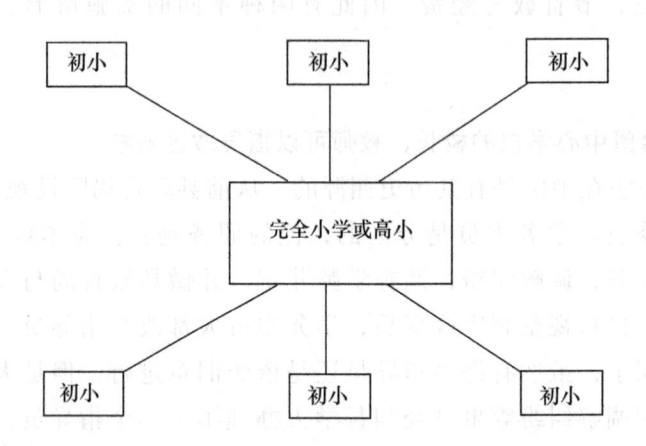

```
        初小        初小         初小
           \        |         /
            \       |        /
             完全小学或高小
            /       |        \
           /        |         \
        初小        初小         初小
```

　　在本学期内的中心地点办一完全小学，或单独办高小，这样各初小可以免去办高小，于经济、人才、设施等方面都可以得到便利。但是，这个高小对于其他初小不负任何指导责任，有时开讨论会等活动也不过是友谊性质的磋商，不是必须的集合。这个办法，广东省已经有试验的倡议，将来所得效果，或者能比前法好些。但是要想让邻近的初小出费帮助中心小学，或者会发生相当的困难。此外或者会发生中心小学所在地便为大乡，其他便是小乡等现象，于是未办之先，各乡争办；既办以后，或者会有大乡欺侮小乡等恶现象。

三　怎样指导乡村小学

　　从视察员、学务委员改为督学指导员，对于指导乡村小学的实际效果，大家已经觉到没有多大效益。办中心学区的效果如何，虽然还不敢断言，但是，也应该有相当的条件。下面要谈到的分区与指导员两个问题最为重要，特提出来讨论。

　　1. 关于分区应注意的问题。这是县教育局行政问题，有的一县中先划出某区来试办，有的便全县同时分区举行。应注意下列五事：

　　（1）划分学区以事权集中为原则。因为事权集中不但行政上感到便利，事业亦易于措施，所以一县的学区，数目不宜过多，以免精力分散。

　　（2）划区标准不应以地域的大小来分，应根据当地的事业分，例如农田、工业范围等；也要考虑原有的政治区划、社会沿革和宗教事业等，如中国西北回教徒若与基督教徒混在一块儿，因教义习俗不同，就会发生问题。在同一区内，事业既同，习尚又同，那么便能互相发生密切的关系。

（3）每学区必须分为若干小区。各小区应一律平等，不能有所不同，所以教育局要有平等对待的态度，要保持严正，做到经济的分配与发放要平等，成绩的评判要平等，给予试验的机会要平等。

（4）各小区暂勿指定有中心学区，经过相当时期，由教育局依照相关标准，提出几个小区为候选的中心区，然后召集各小区社会领袖与教育局人员共同讨论决定，某小区当选为中心学区。

（5）中心学区决定后，再开始讨论应该采取何种办法。做实验小学呢，还是做部分的联合学校？

2. 关于指导员的。不论教育局特设指导员或中心小学校长担任指导员，都应该注意下列各条件：

（1）做指导员的对于小学教育要有专长，同时对于世界大势、教育常识都要明了。

（2）要熟悉本区及本县的一切情形。

（3）指导员与教师是朋友，不是上官与下民，并且是学术上的朋友，不是酒肉应酬的朋友。

（4）指导员对于教师要公平。

（5）常常去看教师工作，遇有机会就直接帮助教师去做事。

（6）能化除区与区的意见，遇有特别事变，能联合各乡做种种有效工作。如遇天灾设法防御；遇有改良生产之事，设法组织合作社等互相帮助；遇有匪警，联村自卫等。

（7）在可能范围内组织研究会、展览会等，但以有补于实际的为限。

（8）指导员于人格的修养上与教师同样重要。最重要的是朴素、勤劳、廉洁。至于遇有临时变故，尤应勇敢与不灰心。

末了有一句消极的话，就是乡村小学指导员是在乡村里工作的，不是居城市或躲在衙门里的。倘若犯了这条，那么以上各条完全是废话，没有一条是做得到的，并且还会因此生出许多恶事来。

第十二章 乡村幼稚园

第一节 幼稚园的来历及其任务

诸位或者已经知道幼稚园的大概情形。倘若能够找一所幼稚园去参观一次，对于学习本节可以得到很多的帮助。

一 幼稚园的来历

幼稚园（Kindergarten）在一百五十年以前是没有的，它是一个德国人福禄贝尔（F. W. A. Froebel）所发明的。福氏是裴斯泰洛齐的短期学生，对于教育有特殊的嗜好。所以当他退伍回来，便开始从事他的儿童教育事业。最初创办的一所学校，只有儿童五人、草屋三间，还不叫幼稚园。有一天，他与友人散步，忽然想到 Kindergarten 一字，就狂呼起来。这字是德文，全世界通用，原义是"儿童的乐园"。从此以后，福氏研究越努力，反对他的人也越多，所以他有一个很长的时期是在逃亡流离中度过的。他著的书到了死后十年政府才允许印行。他对于幼稚教育不但发明其名，并且有极深邃的学理，有极有趣的玩物，有极可爱的母歌，又能根据儿童的特点来确立幼稚园应有的工作。所以可以说幼稚园是从福氏开端的。

福氏晚年主张幼稚教师应当请女子担任，但是并未实现。到了他去世后数十年有意大利的女医生蒙德梭利（Maria Montessori）出来提倡幼稚教育。她是精神病的医生，曾得罗马大学第一个女博士的称号。但是她专心于办儿童教育，并且都在极穷的区域里办教育。她的贡献是引起世人注意幼稚儿童，说明幼稚儿童的生理与心理，创造训练儿童的用具，并且到处鼓吹办幼稚园。但是她也不见容于本国，所以跑到美国去，到了一九二九年才回祖国。蒙氏可以说是幼稚教育的建设人才。

有了福、蒙二氏的提倡，经过许多人的努力，于是幼稚园遍布全世界。中国也于三十年前设立幼稚园，近来各城市小学几乎都着手办附设的幼稚园了。

二　幼稚园的任务

幼稚园的主要任务有二：一是培养儿童，二是帮助母亲。其实这两个任务合起来只有一个，因为幼稚园的第二项任务是帮助母亲培养儿童。

在现代中国社会组织之下，有的母亲要管家事，要做工，又要管小孩子；有的母亲只要管家事，管小孩子；有的母亲不管家事，也不管小孩子。幼稚教师应该帮助第一种母亲，应该注意教育第一种母亲的儿女。这是什么缘故呢？

1. 因为第一种母亲整天忙碌，决没有时间去教育儿女，其中许多孩子是国家社会的新分子，决不应该任他失教失养。幼稚园倘若是社会事业，是替社会谋福利的，那么就应该教育这些没有受教育机会的儿童。

2. 我们再想第一种母亲是哪些人呢？当然是工厂里的女工，乡村里的农妇。中国机器工业虽然不很发达，但是农民的数量可说占全国人口百分之八十，就是说农村的儿童也占全国儿童数百分之八十。这许多儿童平时怎样呢？他们因为年纪太小，不能帮助家庭做事，母亲又不能照顾他们，所以有的关锁在家里，有的带去田头，任他在田头踯躅。其中许多儿童都是幼稚园该负责去教育的。

3. 在中国目前的社会里，有部分做母亲的把孩子交给奶妈喂、佣人带领，而她自己呢？不是去交际，就是去作恶。论她有空闲吗？她整天干些不正当的事，所以可说是整天空闲的。幼稚园倘若再替这些母亲带孩子，那么实在太不应该。

总之，幼稚园倘若办在农村里或工厂附近才是最正当的，才配称真的帮助母亲，真的教育儿童，真的为国家社会服务。

三　应该办怎样的幼稚园

依照上段的理由，幼稚园不是富贵社会的附属品，是乡村的重要教育事业。那么乡村幼稚园应该办得怎样呢？

1. 应该中国农村化。中国现代许多幼稚园太洋化了，这是不可掩盖的事实。钢琴、风琴、外国积木，甚至一个窗帘布、一顿点心，都非外国货不可。这些享受，农村中不但做不到，也不应该做。还有它的内容，唱些不相干的歌，跑些不相干的圈子，放着乡村中最丰富的自然界不用。至于平时对待儿童，更是温柔怯弱，倘若到乡村里去也是这样，那就会使乡村儿童已经养成的勤劳勇敢等习惯渐次消失。倘若要办一所真能为乡村谋福利的幼稚园，那它的一切都是利用乡村固有的；它对于儿童，也着重培养他们具有勤劳、勇敢、奋斗等好习惯；它又是本村农妇的聚谈处，幼稚园教师便是本村农妇的领导者。

2. 应该省钱。中国农村经济的临近破产是谁都承认的。教育儿童应当使他们认识生产的重要性，避免产生浪费与享受的欲望。所以，乡村幼稚园至少要办到与农家同等的俭省，这是应该省钱的理由之一。其次是农村经济既然如此衰落，决不能拿出更多的钱来办奢侈的幼稚园，倘若能够用极省钱的办法，一个乡村小学里大概可以勉强附设一所幼稚园。

3. 应该办母亲教育。农妇虽然忙碌，但是最忙碌的时期是农忙时节，平时还有比较闲暇的时间。幼稚园倘若能够得到她们的信任，那么幼稚园教师就是她们的好朋友，就可以做些农妇教育工作。一来使农妇学些教育儿女的方法，二来灌输一些农村妇女运动的常识。这样，幼稚园必可收事半功倍之效。

乡村幼稚园正在萌芽时代，尤其应该认清目标干。这三条原则，或许就是办乡村幼稚园的大路。

第二节　办乡村幼稚园的几种常识

乡村幼稚园大都与乡村小学合办，有许多事情幼稚园不必单独办理，例如行政事项，幼稚园便可省去。所以本节只摘谈重要诸点。

一　关于设备的

幼稚园设备可以与小学通用的很多，教师用具、日用家具等都不必另行置备。下列诸项或者值得注意：

1. 房屋。倘能找到一间宗祠的大厅就够用了。其中设备可以布置成一个寻常工作室，一部分放桌椅，一部分放玩具。空中要有布置，因为房子高了会与矮小的儿童不相称的。在房子的一角（最好有一间小房子）布置一间清洁室，放小马桶、洗脸盆、手巾、肥皂等用品。倘若大厅很大，可以用矮矮的布幕隔起来，但是在乡村中很少有需要用布幕隔起来的大厅房子。

2. 儿童用具。幼稚园儿童用具与小学稍稍有些不同，它们是很矮小的、轻便的。乡村幼稚园的桌椅应该用本地材料，如江南多竹，便买竹做的，又便宜又轻巧。在旷地掘一个大沙池，挑满了沙，放些破洋铁罐、破铁铲等进去，儿童便自己去玩。积木可以用许多废木头做，倘若经费有余不妨定做一套，尺寸参考中华书局出版高中师范科用书张宗麟著的《幼稚教育》一书中所开示的。其他用具，最要紧的是清洁用具，如小脸盆、手巾、小铁桶、小扫帚、抹布、簸箕等。工作用具很要紧，如小剪刀、浆糊、缝纫用具、小农具、花盆、昆虫饲养器等。倘若有些余款，应该买小锣、小鼓、小钹等音乐用具，留声机比风琴更重要，也可以备一架。儿童玩具除皮球等外，以教师与儿童合作做成的为最好的玩具。例如玩偶，价值很贵，不如用旧袜子破布做成来得好。其他如毽子、绳圈等都可以自己做，不必花钱去卖。儿童用书近来出版的很多，必须选购几种。同时教师应当指导儿童留心收集旧报纸、旧杂志来共同做剪贴工作，装订成册，或悬挂在壁上。自己做的东西自己玩，不但省钱，并且更有意义。

3. 其他。办幼稚园最花钱的是设备，我们要省钱不是减少设备，而是另找新路。这里有三条新路：第一，利用废物如破布、破衣、竹子、木头、玉蜀黍的核、鱼骨、碎麦秆、旧报纸、旧杂志等。第二，利用本地货，如环绕乡村的自然界，应时生长而成熟的农产品，都是最好的设备，只要教师肯带着儿童共同动手做，没有一件不是上等的设备。第三，小学高年级儿童做了给幼稚园用。小学的劳作科，应该做日常有用的东西，尤其应该做些可以送给幼稚园儿童一齐玩的东西，这样，双方都得到好处。有了这三个大来源，幼稚园教师又肯动手做，幼稚园的设备就很丰富了，何必花很多的钱去买外国货呢？

二　关于课程的

在最近十年内，乡村幼稚教师必定难得的。在极不容易聘请到一位幼稚教师时，要求全面地干起来是一件更难的事。所以有人说乡村幼稚园的课程能够做到教育部颁布的标准，已经要算最上乘了。但是那个标准，实在不是根据乡村情形拟的，所以乡村幼稚园不容易件件做到，只可以当作一个重要参考。现在再来谈几件，作为另一参考资料。

1. 用当地的事物做中心活动。中心活动的工作时期可长可短，例如在三四月时，江南乡村家家养蚕，那么该处乡村幼稚园即以养蚕作为中心活动。这个活动可以延长到一个多月，但是并不十分紧张，每天只要分出一部分时间来实地喂叶、去沙和讨论就够了。又例如幼稚园忽然来了客人，那么幼稚园可以做一个招待客人的中心活动。在乡村中来客是难得的事，并且可以用中国待客的传统厚道来教育儿童，这个活动可以在一天或半天内结束，也可以延长，例如与客人通信等。

中心活动哪里来的？有五个大来源：

（1）自然界的变化。如天气、候鸟、花草鱼虫等，四季不息地变化着，就是四季给幼稚园最好的中心活动。

（2）农事的开始与收获。这是各乡村当地最重要的工作。幼稚园不必谈什么改良种子等，只要使幼稚生明了当地农事，又能帮着做些农事工作，就很够啦。

（3）卫生疾病。这也是依时节而来的，例如伤风、种痘等，几乎是在一定时节发生的。至于日常卫生，倘若希望儿童特别注重某种卫生习惯，就可以把那件事来作一个中心活动。

（4）社会习俗。中国有许多习俗是各地同样的，如中秋吃月饼，清明扫墓等；有许多事又是各地不同的，或者各处对同一节日各有不同的举动，如重阳、端午、新年等；还有只有政府提倡而民间不受多大影响的，如某某纪念日等。这三种社会节期，幼稚园都可以设法利用来作中心活动。

（5）偶然的事项。如突然来客，儿童的母亲生了一个小妹妹、幼稚园里死了一只鸡等，都是极好的偶发事项，都会引起儿童注意，可以作中心活动。

做中心活动大家以为极困难，其实只要能够活用下列几句话就可以省力得多："只预备儿童要用的原料品，不给儿童现成的材料。不拘泥于各科联络，弄得找不到相当材料，勉强硬凑。中心活动不要每个都先预定好和做到底，临时遇到更有趣味的事项，可以中途暂告结束，经过一段时候，再来继续。"

2. 与乡村小学作息不同的时间表。乡村小学是要放农忙假的，乡村幼稚园只可以放农闲假，而不能放农忙假。因为在农忙的时候，正是农妇们没工夫管孩子的时期，也正是幼稚园真正为乡村服务的机会。所以在农忙的时候，幼稚园开门要很早，中午放学要配合农家吃午饭的钟点。如南京有几个乡村在农忙时是上午十时吃中饭的。晚上应该迟些让他们回家。至于洗脸、洗澡等工作，都可以在幼稚园里做，切勿责备儿童为什么不在家弄干净再来园。

到了农暇，农妇们空闲了，幼稚教师倘若能够吸引农妇们来幼稚园，很可以办一个母子园。这个时候，教师可以向农妇们学些本领，更可以教农妇许多教育孩子的本领。总之，在农暇时，农妇们有时间管孩子了，幼稚园对于农村儿童的担子可以轻了许多。如果进行农村妇女教育，对于儿童也有间接影响。

3. 多干生产工作，少做享受活动。乡村儿童没一个不会做事的，也没一个不会做生产工作的。例如除掉几种农业上的害虫，如蚱蜢等，是间接有助于生产的，三四岁的儿童也都会做的。种一畦菜，儿童可以担任浇水、锄草等工作；养一群鸡，儿童可以担任喂食的工作；其他如养蚕、种花等都可以做得。这些工作是有利的工作，也是最合乎乡村儿童兴趣的工作。至于唱歌跳舞、玩皮球等，我们也不愿说完全不要，不过总以少做为妙。

第三节 夫妻学校与乡村幼稚教育

本节讨论乡村幼稚园的教师问题。幼稚园教师本无性别之分，女子可以做，男子也可以做。但是大多数男子的性情都不很适宜于干幼稚园工作，所以福禄贝尔晚年也主张幼稚园教师请女子做。我们既然知道幼稚园的主要地点在乡村和工厂附近，但是这两处的环境与物质供给都不是中国现代大多数女学生所能过得来的。在著者个人经验中遇到了不少的事实，在聘请的时候，费了不知多少周折，好容易答应下乡去了，没有几天，便因过不惯乡村生活，有的病了，有的怠工，有的竟不顾一切地弃职而去。当初大家都很奇怪，后来猜出了原因，也就不奇怪了。什么原因呢？

乡村教育

1. 中国教育不普及，女子受教育的很少，受中等教育的更少。

2. 由于在中国现代社会组织之下，受教育是一件不容易的事，使女子受中等教育更难，除礼教束缚外，还有经济的大困难。照上海、天津、厦门的情况，每个女子中学生每年至少花三百元。她们花了钱是将本求利的，是预定将来可以得到比较更舒适的生活的，哪里肯去找苦吃呢？至于有决心、有主张为社会为儿童而奋斗的女学生究竟是少数。

3. 在社会方面对于女性的工作人员，又是极时髦的事情，所以在大多数情况之下，知识阶层的女子，其报酬比任何人都优厚。这样已经减少了女子在教育界服务的数量，尤其是城市与乡村的经济状况的悬殊，女子又怎么肯下乡去呢？

4. 在中国，幼稚教育是从来没人注意到的。近年来教育部当它是教育阶段之一，又有几位喜欢干幼稚教育的人到处宣传，所以大家都有些注意了，于是骤然需要多量的幼稚教师了。需要既多，当然教师以报酬的多寡为去与不去的条件了，这也是乡村幼稚园得不到教师的一大原因。

照那样说来，乡村幼稚园还得停十年二十年再办吗？不是的，只要能够办成夫妻学校，就可以把这个困难完全克服掉。先来谈夫妻学校的利益。

1. 在现代中国社会情况之下，大多数女子住在家里靠着男子养活。男子呢，终年在外工作，又时时恋着家庭。这样不但不能互助，反而互害。倘若能同在一块儿，便可以互助。

2. 由于男子或女子在两处常常互相思念，于是便产生"不如早些做到期限"的念头，对于工作便不能下功夫干。倘若学校就是他们的家庭，乡村就是他们的家乡，便可以做到校事即自己的事，不再敷衍了。

3. 在中国乡村中，礼教的束缚还是极深的，男教师不能到农民家里去，女教师也不到田头去。所以有许多深入民间的工作，决非男女共同去干不可。

4. 乡村小学有时固然可以找到一两位女教师，男女分头去做工作。但是站在同事的地位，有许多事便不能深刻地互相探讨，况且在重重礼教束缚之下，又有许多顾忌。倘若是夫妻，就方便多了。

5. 乡村物质供给的艰苦，固然会使青年远远离去，不过倘若有了爱情的维系，便能互相鼓励，互相提携，对于物质的艰苦，或者也会淡然不顾的。

做到同志结合，谈何容易。现在再谈创造夫妻学校应注意的诸点：

1. 除男女双方互相有真挚的爱情外，对于事业还要是真的同志，就是都下了决心干乡村教育。

2. 倘若男的或女的已经下了决心干乡村教育工作，那么找同志的伴侣也是重要工作之一。在找伴侣时，千万勿再炫惑于资格、财产等问题，便可减少许多阻碍。

3. 物质舒适的引诱，虽然有真挚的爱情可以战胜，但是儿女的牵累，也能使双方感到不能满足事业的痛苦，所以在夫妻学校里必须节制生育。

4. 夫妻学校是互助的，所以在农村时，小学工作减轻了，幼稚园工作加多了，男的必须帮助女的。在农暇时小学工作忙了，倘若幼稚园工作可以减轻，女的必须帮助男的。平时遇有事情，也都是这样。

5. 夫妻学校是平等的，所以对于什么家事、校事，都应该各尽其能努力做去，决不是男的可以压迫女的，也不是女的可以压迫男的。

倘若中国乡村小学教师或准备从事乡村教育事业的青年，都能够下决心组织夫妻学校，将来的结果，不但乡村幼稚教育得到新生，并且乡村小学和一切乡村社会活动也都可以得到进步。

第十三章　乡村社会教育运动

中国近年来各地社会教育运动，在制度上确是很努力，如教育行政机关，必须专员办理"社会教育"（或称"扩充教育"）。同时，各城市镇也都设有民众教育馆、农民教育馆等。许多大学也很注重民众教育的学程，并且有特设专系专校的。有许多省份还特设民众教育的捐税。素来没有人注意的民众，近五六年来，确有很多人做这个工作了。乡村中虽然比较偏僻，也有人过问了。不过由于种种关系，不十分发达，这也是实在情形。本章不能把各种社会教育完全加以叙述，只将最引人注意的三种活动——识字运动、农民娱乐、联村自卫——约略讨论。

第一节　识字运动

本节分下列数项叙述。

一　识字运动

这是一九二七年至一九三二年教育界最时髦的一件工作。教育行政机关中管理社会教育的一部分人员，对于举行这个运动往往有几个月的筹备。到了日期，便约定本机关的全体人员或邻近机关，如国民党党部等进行一天大规模的宣传。宣传人员手执旗子，用军乐队做先导，在墙上遍贴标语，逢人便讲"扫除文盲为救国要务"等类的宣传话。有时还在会堂上开识字运动大会，请当地名人、长官讲演。又出版识字运动专号，印着许多名人题辞，各国各地识字运动的成绩，和怎样施行的条例等，分送各机关和研究民众教育的名人与团体。当宣传员走过的地点，还特约摄影者留纪念，这是近来举行识字运动的大概情形，成效如何？据举行者或看到报告而代为誉扬的学者说，某处识字运动成效很好很好。不过这个运动因为社会教育经费有限，所以宣传员还不能坐车船到乡村里去，以致乡村中所得到的，大都是县教育局、县党部发给村公所和乡村小学的公文和标语。村公所和小学也限于经费与人员，只得雇工人去贴贴标语就算完事。所以在乡村中所得到的识字运动，只有红绿纸的标语。既没有名人讲演、没有机关人员执旗宣传，也没有印刷识字运动专号向国外文人们宣传，更没有摄影留纪念或登报宣传。

二 民众学校

今日的民众学校，就是民国十三年的平民学校。中国平民教育的发动者是晏阳初、陶行知等，他们的出发点不问城市乡村，凡是平民，都应该受最低限度的平民教育——四个月的时间，读完四本平民千字课本。但是在民国十五年以前，终究由于社会上注意此事者不多，尽他们的力量，也只在几个大都市里进行了几次轰轰烈烈的运动。民国十五年以后，他们都感觉到乡村比城市更重要，所以晏先生到河北定县去试验，陶先生到南京一个小村庄名叫晓庄（原名小庄）去试验。七八年来，他们都有新的发展。昔日的平民学校，也就由专办社会教育者专业办理，并由许多民众教育专家去指导。这是中国办民众学校的简短历史。近年来出版了许多关于办民众学校的书籍、杂志，就是平民千字课本也出了许多种，内容确也改良了许多。乡村中民众学校虽不多见，但试行者也偶能遇到。现在总括来叙述乡村民众学校的一切：

1. 目的。以训练乡村民众，使其具有极普通的知识，补充生活上应有的技能，以期完成国民的资格。

2. 课程。依照目的分为三方面，即文字教育、生计教育、公民教育。科目便包含基本阅读书写、实用算术、农业改良、公民常识。

3. 入学资格。凡是本村人民年在十六岁以上都可以进校，不分男女，没有阶级。

4. 修学日期。大都定为四个月毕业。修满后发给证书。

5. 上课时间。每天二小时，或二小时以上，大都在晚上，若不是农忙，日间也可上课，若农活很紧，那就得停课。

6. 校舍。借用乡村小学。

乡村教育

7. 设备。大多数借用乡村小学的，只需另备油灯、课本、笔墨等。倘经费稍裕，可买娱乐、游戏、运动等用品。

8. 教师。请小学教师兼任，另聘请者也有。但乡村中男女界限极严，此处要留心。

9. 课本与教材。民众学校课本各书局均有，但都不是完美的，所以教师都要随时加以选择。其他教材应以时事为主要材料。所以最好有无线电收音机的设置，至少教师应该每天看报。

10. 经费。大都由县教育局社会教育经费项下拨付。倘若不够，可以向本村募捐。大约有学生四十人，每月十元就够。

据著者所知，乡村民众学校开学时学生极踊跃，不到一星期便逐渐减少，能够读满四个月的很少很少。关于这点，值得贡献给民众教育者研究。

三　阅报处

大都附设在小学里。在大门附近开一间屋子，订本地报和各大埠日报数种，陈列架上，供给本村识字民众阅读。另购通俗书籍若干种，供给民众们借阅。这个设置，在都市上很多了，乡镇上也渐渐有了，乡村中还不多见。一来经费无着，小学本身也大都没有订报。二来乡村中识字民众不多，有了这个设备，也没什么人来利用，所以为了使乡村民众明了国内外形势，倒不如装置无线电收音机。不过费用稍贵，管理也比较不容易。

四　壁报

与阅报处相仿佛的是壁报。壁报是小学教师摘录重要新闻、张贴在通衢墙上的东西。有的是剪下报纸，重贴在纸上，有的另行抄录。后法较优。其注意点如下：

1. 每个字要写得如铜元大，清楚，不潦草。

2. 每篇文字至多不得超过百字，篇中用日常看得到的字，句子要用语体文，不得用文言。

3. 有时最好用画图代替文字，更易明了。

4. 除国内外重要新闻外，还要加入本村新闻和有趣的歌谣等。

5. 每张大小以一张新闻纸为限。每次至多贴三天。

壁报胜于日报，就是由于简单，扼要，容易看得懂。

五　问字处和代笔处

这是乡村小学教师应有的任务之一，所以这件事在乡村里，没有特设的必要。乡村人民接到一封信，就会拿到小学里来请教师代看。要想写一封信，也是这样的。平时会算账、买卖农产品、还租谷等，也常常会来请教师帮助的。只要教师肯帮忙，在乡村中这个工作是极有用的，并且也是干乡村社会活动入手方法之一。

第二节　农民娱乐

农民一天忙到晚，一年忙到头，很少娱乐。文人们以为农民处于大自然的怀抱中，在最新鲜的空气中工作，快乐已经够了，不必再有娱乐。但是，农民的生活决不如文人们所幻想的那么快乐。不要说他们受了生活的压迫，不能欣赏大自然的美，就是能够欣赏，那么长久相处，也会生厌的。所以，他们就需要有娱乐活动。他们的娱乐活动，平时以进茶馆喝茶、听评书为最多；有时拉一两个朋友，打几角钱酒，在田头棚下，喝个痛快，也算是一种娱乐；有的就以赌钱为娱乐；到了什么菩萨诞辰，什么会节，就邀集亲友，演戏作乐，这是全村最普遍能够得到的娱乐。此外，由生活环境逼出来的如技击、武术等，也有许多地方已经成为娱乐的一种了。

以上各种娱乐，以另一种眼光看起来，都有些不很正当，但是，处于农民地位又有什么更好的娱乐呢？

因此，乡村教育的内容上，便产生如何改进农民娱乐这一问题。以下是比较最通行的方法。

一　改良茶园

茶园除福建南部、广东东部外，几乎到处通行。无论任何穷乡小村，每隔二三里必有茶园，村镇上茶园更多，因为它不但是乡民入镇的休息所，也是乡民各种买卖的交易所，并且偶而发生纠纷，茶园就是乡村的评事场。所以茶园在乡村中地位很重要，茶园主人和侍者，也就有茶博士的

乡村教育

雅号。不过茶园的积习太多，必须改良。下列数点是最重要的：

1. 赌博。这是茶园主人生活费的源泉。因为茶园向例有"早茶不过午，晚茶不起更"的话，一碗茶可以占去一个座位的半天时光，每碗茶价又极便宜（大都六铜元或四铜元），所以虽然满座都是客，但是所入决不会多。倘若有了一二场赌，便可以抽头，生活费就够了。所以大多数茶园几乎都以抽头为目的，卖茶是广告，对于只喝茶不赌钱的顾客也招待得不很殷勤。这是积习之一，必须法设去掉。

2. 不正当的买卖。茶园的客人很多，人品最杂，什么不正当的买卖都可以做得，例如贩卖鸦片、贩卖人口、私盐、偷卖贼赃等，都能在茶园里干的。因为茶园向例，这些不正当的勾当，客人各自负责。其实茶博士又何尝真的不预闻呢？因此警察或地痞们便从中取利，有时就在茶园中做成圈套，欺害良民。这也是积习之一。

3. 不卫生。旧式茶园的不清洁、不卫生，真是许多人都想不到的。茶杯的积垢，屋子的低湿，满地的痰涕，满柱的鼻涕渍，满屋的灰尘，门口便是小便桶或厕所等，都是最普遍的现象。只有一件事是全国通行而最合乎卫生的，就是茶水必须煮沸过的，这是我国普通人民的习惯，宁可吃河水，不喝半生不沸的茶。

但是茶园毕竟是乡村中最重要的一个娱乐场所，并且还可以作为种种有用的集会所。所以只能改良，不能废弃，下列数条是改良的途径：

1. 禁止赌博。茶园主人与侍者倘若只靠卖茶，不能维持生活，那么应当另筹维持他们生活的方法，如津贴生活费等。乡村中如有一个好茶园，效力比什么民众教育机关都要来得大。

2. 改良设备。此事必须有相当津贴，县教育局应当设法拨款。至少要开几个窗子，代买几张桌子与椅子，倘能置备音乐用具，如锣鼓、胡琴等，那就更佳。棋盘、桌球等设备，可以代替赌博，也很有教育意味，同时费钱也不多。一个讲台，可以作为说书用，有的旧式茶园也有此物，可以稍加改良，以便应用。

3. 订立禁条。有许多事必须禁止的，如赌钱、喝酒、抽鸦片三事。有许多可以劝戒的，如抽纸烟、骂人等。这件工作，就得先与主人约定，由主人执行起来要有效得多。

4. 改良说书。听书是农民最喜爱的事。平时茶园说书者大都是不长进的书生，但是很能吸引听众。学校教师骤然去讲演，农民未必爱听。所以教师如愿意担任说书工作，必须学老说书者的本领，如声调的缓急，形容的手势，材料的选择，以及怎样起头，怎样结尾，用的词句等，都有相当分寸。用老的方法，加上新思想的材料，听众便会爱听，又有教育的意味了。

乡村茶园如办得好，可做全村一切事业的中心，经济的中心、娱乐的中心、改良农事的中心、集会的中心，还可以做民众教育的中心，如张贴壁报、附设阅报处、陈列所等，也可以借茶园办民众学校。不过办茶园的人，必须借重于当地原有的茶园主人与小学教师的合作，决不应该由小学教师单独去办。

二 民众运动场

这是新兴事业，是一件轻而易举的民众娱乐事业。在乡村中找一块空旷的场地是极容易的。在空地上稍稍加工，做成比较平坦的空场。倘若有大树，那就可以挂起绳子，做一个秋千架。砍两根现成的树木，架成一个铁杠架，是乡民最爱玩的游戏。石担、石锁等都是中国北方民众最通行爱玩的器具，费钱不多，是鼓励民众锻炼体力的游戏。此外，如本村有人会武术的，可以特约他做指导者，指导青年民众学许多应用的武术。倘若经济做得到，可以再置办球类游戏，篮球、足球比较容易引起兴趣。

娱乐机关越是大都市越完备。乡村中迫于经济困难便只得不娱乐，但是没有正当的娱乐，便会发生极不妥当的事情。倘若按照经济能力以及最急的需要，当然以锻炼体力为第一。至于游艺场、戏园等，在乡村中决难做到。所以本节除民众茶园外，只提到办民众运动场，就是这个意思。

第三节 乡村自卫团

乡村自卫团是村自治的一部分。但是整个村自治是政治组织的单位，是政治学的讨论范围。自卫团有时不一定属于村自治范围，没有村自治的乡村，成立自卫团的很多。在三十年代的中国，乡民自卫已经成为不可缺少的要素，所以本节特提出讨论。

民国十八年江苏省民政厅长缪斌巡视江北，最令他惊奇的是江北民众有

乡村教育

散枪十万支,他便引以为大忧。北方人民自备枪械也是如此。南方呢?更多。福建南部与广东,乡村人民几乎家家有枪,村村有炮楼。他们能够抵御土匪,也能抗拒不良的军队。永春湖阳一乡能与福建省防军抵御两月之久。惠安北乡乡民,民国二十年拒缴鸦片捐,与军队开战,半年不息。民国二十一年春漳州国民党围剿中共的军队全军覆没,而处于战事中心的适中一乡(在南清与龙岩之间)竟能保持,不许败军进乡扰乱,因此引起福建人的重视。所谓救乡军,就是人民自卫团。人民有这样强有力的组织,是环境逼出来的。乡民倘若没有团结与抵抗,就受不了不良军队的敲诈与劫戮。因此怎样组织自卫团,便成为中国乡村教育中重要部分之一了。

全国的乡村自卫团,平时组织都不很严密,枪械是各家单独购买的,长短新旧不一。携带枪械,在本乡以内也极自由。乡民对于买卖枪械,携带枪械,因为政府能力管不到,已经成为惯例,并无秘密了。遇有必要时,由村长(是一族的族长,不是官厅委任的村长)召集全村人民,集款、集人力建筑防御工程,购买大批枪械,这也已经成为惯例。村长是全村维持治安者,也是紧急时的指挥者。

中国乡村除极少数的几县,如上海附近等县以外,大都还是聚族而居,每乡一姓,一姓之中又分为若干房,分居若干小村。每姓有家长,每房有房长。这个民族组织,便是自卫团的军事组织。

自卫团完全是征兵制度,先调查每家有壮丁若干,大都是三丁抽一,作为常备队,其余作为后备队。无论富家与贫民,都一律看待。在实际上富家如不进城市躲避,他们的壮丁也肯出力,甚至专聘了教练练习射击、兵法等。为了要保护一家的关系,所以自卫团团员个个都很勇敢,往往能够用少数的人战胜多数的敌人。

"军事纪律"是最重要的事。自卫团虽系不识字的乡民组织,但是很有纪律。最重要的有:"人不犯我,我不侵人","绝对服从领袖的命令,临阵不得退却","穷敌不追,夺获的战利品归公","通敌者死,害本团范围内人命者死","有危急先救妇孺,战时妇女也须服役"等。

自卫团的号令,有明号与暗号两种。如鸣锣集会、闻警放炮等都是明号。暗号是各村不同,有手势、服饰、暗语三种。暗号的来历是从许多秘密结社里来的,如北方的红枪会、大刀会,南方的三点会、哥老会等。其实呢,这许多秘密结社在乡村中势力很大,自卫团的中坚人物也往往是他们的会众。我们知道中国自从明末以来，秘密结社的势力很大，他们可以左右军队的行动，可以屈服军事领袖，如左宗棠与大龙头的逸事，在军队中不知有多少呢！他们既为同社的会众，就非常着重侠义，患难相救，生死与共，并且他们的组织力极强，虽还隔南北，在无形中也有极强的组织。

抗敌时，全村动员；遇有伤亡，全村共同抚恤；有时全村打败，也就全村离去。那时候，伤亡最多的是壮丁，能够逃命的大都是老年人、妇女、小孩。这种情形，在全国也时时可以听到或在报上见到。

自卫团还能联合几个乡村，共同御敌。联合的途径有三条。一是氏族的联合。例如林姓的乡村办了自卫团，但与邻乡林姓的联合起来，依家谱排长幼，编制队数，推举领袖，共同立约。二是因秘密结社而联合的。如几个乡村的自卫团都是三点会领导，那么只要党魁邀集那几村家长开一次谈话会，约定几件事，就联合成功。三是因特种关系的联合。如村自治的单位，照向来所划村里民团等相沿之习例，或由学校等团体发起联合，等等。这些是特殊的，不及前两种的联合来得自然。

第十四章 乡村教育中急需解决的三个问题

谁都知道倘若中国乡村经济没有转机，中国乡村教育便会困难特多。所以使乡村经济有转机是乡村教育的先决问题。至于乡村教育本身问题的复杂，本书以前各章已经大略谈过，现在再提出三个问题，是急需解决的，就是乡村卫生、乡村私塾、乡村学校放假问题。

第一节 乡村卫生

乡村中自然环境的适宜于卫生，是无论任何城市所做不到的。但是中国乡村，由于经济衰落，政治腐败，因此乡村人民的一切衣食住等极不卫生。现在分述如下。

一 不卫生的生活

这是直接与乡村经济有关系的。虽然农村是一切生活资料的供给处，但是农民生活依然不卫生。

1. 食。一切食物都是出于农人，但是农人得不到好食品吃。北方乡民吃的小米粥、窝窝头，南方农民吃的番薯、米糠，都是极通行的食物。菜蔬也极少。近城的菜蔬是城市居民独有的。乡里的田地因缺乏肥料，很少种菜，所以在乡村中平时很少有菜蔬吃，客人来了才杀鸡、买豆腐。至于由于工作的忙碌，无暇顾到烹调的方法，那更是末节了。多吃米麦的皮层是合乎卫生的，但是食物种类太单调，就不合卫生了。有很多很多乡村，连单调的食物还得不到，只吃草根、树皮。

2. 衣。从前中国还有手织的土布、土绸，农民有时还能自织而衣。自从机织布畅销以来，农民种棉养蚕无衣穿是当然的事。因为从前掠夺农民的只有恶官凶吏，现在是最公开的经济剥削了。所以农民们每人所有的衣服是一套棉衣、一套单衣，不是穿棉的，就是穿单的，夹衣是没有的。只有两套衣服替换，还谈得到洗涤吗？因此生长虱子，垢泥积得满衣。当阳扪虱，也几乎成为乡村的点缀了。

3. 住。中国农民的住处更不堪问了。在陕甘一带，穴居的、土居的还很多。南方的苗瑶仍然有很多是巢居的。在寻常较富裕的乡村，如江南两湖，也是草屋居多。每家草屋内，确是六畜同居，卧室、厨房、厕所合在一室。在北方更因结构不严密，冬日受寒冷的侵袭，更属难当。如是居屋，还谈得到空气流通、阳光充足、调节温度等事吗？

二 不卫生的习惯

人们许多卫生习惯都跟着经济富裕与窘迫而转移的。农民们要想维持最低限度的生活都不很容易，哪里还谈得到讲究卫生，培养卫生习惯呢？例举几件如下：

1. 不常洗澡。洗澡习惯，在中国极南部的人民还有几分，他们从春末到冬初都要冲凉。因为在闷热的地带里，一天不冲凉便会很不舒服的，所以这个习惯是被逼着做的。中部、北部乡村人民很少洗澡。到了秋季以后，便有八九个月不洗澡，因此身上不但积了垢泥，还长了虱子等。至于问他为什么不洗澡呢？主要是没有相应设备。天气冷了到水塘里去洗澡是不行的，家里又无力置备大浴盆。

2. 随处大小便与厕所林立。随处大小便南北统统如是，并且城市中也如是。号称首都的南京居民，也还如是，北方更不必说了。在北方用干肥料，所以到处晒粪。在南方用水肥料，所以厕所林立。普通农家，每家有粪窖或粪缸两个以上。这不但使空气不清洁，而且也是孳生苍蝇传染疫病的极大源泉。但是粪的肥料是不用花钱可以得到的，若没有这样的肥料，又怎能种植呢？

与粪相类似的是垃圾和人造肥料。垃圾也是肥料之一，农民也很宝贵。塘泥、水草、草皮等堆积起来都可以做肥料。但是那种种肥料若以卫生眼光批评起来，是不卫生之至。又有近海边的贝壳等，可以烧灰用，当腐烂的时候，真是不可向迩，并且产生极多的苍蝇。这些与农民经济直接

乡村教育

有关，有什么办法可以改掉呢？

三　没有公共卫生设备

这不尽是乡村经济衰落的缘故，还有社会和政治的关系。兹举三事如下：

1. 沟渠不通，死水不去。蚊子的危害是最普通的，它们的发生处便是沟渠与死水塘。通沟渠不是方便事，是费钱费时的。从初夏到秋末是农民最忙的时候，又哪里有余力来通沟渠呢？有许多死水是留着要灌溉用的，因此也只好由它不卫生了。

2. 疾病的治疗与死亡。疾病的患者是否乡村人民最多，不能确说。但是患病以后的死亡率，乡村确实是比较多的。由于一切卫生设备不完备，所以传染来得快。这是原因之一。患病以后，乡间无良好医生，于是只好求神签，吃土方，死的机会便更多了。这是原因之二。病死者又有许多迷信与传说，如停尸若干日、葬处不远离等，所以有传染病者死后还在传染。这是原因之三（火葬是极卫生的，可惜这个风气极不通行）。

常常听到人说乡民不知卫生，是教育程度低，没有知识，这些话是对的。那么，我们来问问医生，他们个个都受过最高等的教育，卫生知识也最充足，又口口声声说替人类服务，为什么不肯到乡村里去，替最多数的人类服务呢？不但如此，有时乡民进城看病，医生们不是故意揶揄，便是毫不用心的草菅人命呢？医生不肯下乡，医生不肯用心医乡民的病，乡民患病以后，除自然治疗，靠天运痊愈而外，只有死去的一条路。试问这个责任也应该乡民负责吗？

四　谁来顾及乡村的卫生

医生由于赚不到钱，所以不肯到乡村里去，还可借词推诿。至于国家呢，有这样设备吗？卫生部卫生署是应该顾到全国人民的卫生的，但是他们也迫于经济的穷困，所以只好在南京汤山等名胜区办一所乡村治疗所，其余便非能力所及了。民国十八年国民政府卫生部司长金宝善曾发表一文（原文载《乡教丛讯》三卷十三期），其中有一段论预防疟疾的说："预防疟疾之大规模灭蚊，需费极大，每人每年至少须出资大洋两角，此今日国内经济状况所不许也。"国家对于每人大洋两角的预防费也不能花，还谈得到其他吗？

有了上述两种情形，在乡村小学每天教儿童背诵卫生信条，检查卫生，甚至每天有教师逼着儿童洗脸、洗手、刷牙等，它的效果是否可以持久，是否于乡村卫生有实际影响，都将成为极大的疑问。在乡村小学中这样用力干，还不可靠，到乡村里去贴贴卫生标语，编辑几本乡村卫生的小册子等工作，对于实际的乡村卫生，更是不可靠了。画饼骗孩子，但是孩子的肚子依然饿着、依然哭着，纸上的饼有什么用呢。

第二节 乡村私塾

"取缔私塾"与"改良私塾"两种提议，各处都有。我们平心一想，私塾的贡献是什么？学校是否优于私塾？私塾的缺点在什么地方？弄清这些问题，就可以知道它在乡村教育里的地位了。

一 私塾有贡献吗？

若以扫除文盲论，中国私塾的贡献比学校大。民国十六年，南京市教育局调查南京市私塾数共有一千二百余所，学童数在二万以上。同时学校的学童，市立学校约五千，省立与私立的合计约三千，总计起来，不及私塾学童三分之一。又南京环绕中山陵四十里路的乡村，在民国十八年以前，没有一所乡村小学，但是各村都办有一所私塾。南京是首都，是教育人才荟萃之区（如中央大学、金陵大学等），教育经费又特别多（教育局长月薪五百元，科长三人每人月薪三百二十元，全局每月办公费三千余元，其他用费可以照此类推），捐给南京办教育者更多（如民国十七年戴季陶为建设首都教育发起捐款，民国十八年林森为中山陵四十里路乡村捐款兴学，其他如许多要人名人捐给燕子矶等小学的款子，每年也不下万元），督促兴办南京教育者尤多（教育部、教育局固然是直接督促，其他各衙门的官吏子女也要进学校，所以也去间接督促）。但是学校数与私塾数的比较还是如此。那么其他各小城、小镇以及穷乡更不必说了。这个现象显然是学校数不多，人民只得送子女进私塾去。所以在这样青黄不接的时代，私塾确有贡献，最低限度的贡献可以代替学校教儿童识字、写字、学算术。

二　学校比私塾优良吗？

有人说学校如邮局，私塾如民信局。倘若这个比喻是对的，那么私塾必须淘汰取缔。但是在事实上学校于人民的贡献，并没有如邮局。在实际上无论学校与私塾，都不能教儿童生产技能，都在那里历行读算写的形式陶冶，这是通病。学校还要搬许多舶来品进乡村去，做帝国主义的无报酬的广告者。这一点私塾或可少犯。私塾教师与社会很能接近，他也很能替社会做些事。这一点学校教师大都做不到。因为学校与社会的界限还是分明的，不能很好地联系起来。有人说，私塾教师严，用体罚。学校教师也不见得不严，不要说乡村小学用体罚是常事，就是大都市的小学教师，又何尝放弃鞭打儿童的威权呢？在事实上学校与私塾的不同只有三点：

1. 学校用教科书，私塾不能完全用教科书，有时还用"四书"、《千字文》等书。但是许多文言教科书的难读，与《千字文》《三字经》等，也不过是五十步笑百步。

2. 设备方面，学校虽比私塾稍优，但是乡村小学的设备也着实不讲究，桌椅的高低也不很适合于儿童；房子的空气与光线，本来是民房，所以也与私塾差不了多少；只有黑板等设备，在私塾中不备。

3. 教师的资格，学校教师大都是师范或其他学校的毕业生，私塾教师大都是前清书生，或商店失业伙计。学校毕业生见解方面或者会优于其他伙计等。但是在中国乡村小学教师中不合格的教师也很不少。况且学校毕业生未必个个优良，懒惰奢侈的习惯，或者会比普通人多些。私塾教师在社会上已经是比较懒惰的人，但是需要他人供养的学校教师又怎样呢？

4. 私塾的缺点是什么呢？

（1）私塾教师的头脑大都是冬烘的，不知世界潮流、国家大事，有的还正在那里颂扬皇清恩典，提创文言八股，这是应该设法纠正之一。

（2）私塾的积习不良，如收节金、进塾礼、学金等，都不是一般贫农所能负担的。还有在私塾的儿童替塾师做一切不相干的工作，甚至强迫为他抱孩子等，也不应当。

（3）书本材料，私塾中多用《三字经》《百家姓》等，无论如何是要不得的。无论怎样不良的教科书，再不至于坏到《三字经》一流。这也是不良之一。

（4）塾师教儿童的方法，优点是个别教，缺点是只知道强教，不知道改进。例如朗读，只是盲目背诵，不知道讲解等，这与逼着儿童读无意义的字母相仿。这一点是最大的缺点，应该与前条共同力改。

（5）由于塾师头脑冬烘，所以往往养成学童许多不良的习惯与态度，如迂腐的神情、驼背、近视眼等。弄得好好的一个儿童，变成半残废人。

以上各种缺点，急需改正。改良私塾的方法应该是什么呢？

三　怎样改良乡村私塾？

"私塾不应该取缔，只应该改良"，这件事在三十年代的中国，尚需存在。下列是几个改良私塾的方法：

1. 乡村师范应该负改良私塾的责任。因为乡村师范的责任是造就师资，已有的师资尤其应该使它改良。况且乡师人才较多，咨询也较易，指导起来更为容易。

2. 改良的方法。近来多主张集中私塾教师，训练一二年。但是私塾教师有生计问题，本身进学校一二年，虽然一切免费，但是他的家庭也是要生活的。还有，私塾教师一旦离开这个乡村，那村或另聘私塾教师，或停办这所私塾。另聘的教师是否合格呢？停办更属失策，就是变相的取缔。况且私塾教师经过集中训练以后，便成为师范特科毕业生，就不再做私塾教师，改良私塾的目的依然达不到，反而多造就了一大批小学教师。

3. 倘若改良私塾教师，必须集中训练，最好是趁着农忙时，乡村私塾儿童较少，召集全县或全区私塾教师作短期的训练。

4. 平时乡村师范应该特聘指导员，到各乡去指导。指导私塾教师教儿童的方法，供给教儿童的材料，并向他们输送相当的合乎时代潮流的新思想。

5. 在乡村小学的四周，划成一区，称为私塾指导区，由有经验的小学教师担任指导事宜，定期开会，定期互相参观，有时并请有经验的教育学者讲演，在日积月累中图改进。

我们要训练一百万个乡村小学教师是极不容易的，但是倘若能够把乡村私塾教师训练好，就可以得到不少的乡村教师，并且私塾改良以后，又可以代替小学。

第三节　乡村学校放假问题

依照教育部民国二十年颁布的学历，小学校每年放假日期应如下：

（1）暑假。七月初旬开始，共六星期，计四十二天。

（2）寒假。二月初旬开始，共二星期，计十四天。

（3）春假。四月初旬开始，共一星期，计七天。

（4）星期日。每年上课至少四十二星期，计四十二天。

（5）纪念日假。每年约十天（因有地方纪念假，各地略有出入）。

以上各种假日合计约有一百十五天。这是所谓正当假，此外还有寒暑假的开始与结束，都有提前放假与延迟开学等积习。又有许多小学星期六下午不上课，星期六上午温课，这样，一个小学每年放假的日期，大都在一百五十天左右。这样多的假期，在任何职业中是找不到的，只有做教师的可以独享。小学教师如是，中学、大学的教师放假的日子当然更多了。

以上是城市小学放假的情形，乡村小学的假日，应该有些不同。这里有几个极明显的理由：

（1）暑假、寒假的目的是避热避冷，但是农家儿童决不怕暑热与冷风，无需要有假。

（2）春假目的是春光明媚，可以去郊外欣赏自然界，乡村小学就在大自然的怀抱里，又何需春假？

（3）星期日在乡村中更是浪费。星期日的来源是基督教做礼拜的一天。中国信基督教的人不多，在乡村中更少，所以星期日休息，教师与学生都会感觉到无聊。

（4）纪念日并不应放假，应该做有教育意义的活动，所以不必放假。放了纪念假，反而比不纪念更不好了。

照这样说来，似乎乡村小学一年到头一天假期也没有了。这倒也不是的，乡村小学不是没有假，而是不应该放那些不相干的假。乡村小学要放的假，是农忙假和节令假。什么是农忙假与节令假呢？

一　农忙假

乡村儿童在十岁左右便帮着父母做农事、做家事，所以到了农忙时，儿童都成为农家的工作人员，决不能够进小学读书。因此，乡村小学在农忙时大都完全缺席。这时候，教师坚持不放假，校里也是空空的；倘若教师去农家催逼，父母们也不会来理睬的，所以应该放假。农忙时节，各处不同，中国北部农忙时期不长，每年不过是下种与收获两个时期较忙。中部便加多了，每年有四次是农忙时期。倘若家中养了蚕，那就更忙了。"乡村四月无闲人。"就是男到田里去插秧，女在家里养蚕，孩子们便两面帮着忙。南部农忙时期更长，稻子每年两熟，番薯终年可以下种与收获，还有甘蔗、香蕉、柑桔等等，终年有果子成熟。由于各地农忙不同，所以放假的情形也要有斟酌。北部放整个的农忙假是毫无问题的，因为农假的时期也很长，很可以补得起来。中部的四月（农历）那是非放假不可的，其他如夏天的耕田时节，与秋天的收获时节，至少可以办半日学校。南部最忙时节也在三四月（农历）之间，这时候要插秧，要下豆种，要收甘蔗等果子，所以也要放假。其他夏秋两季的农田工作，虽然很忙，不过至少可以办半日学校。至于冬季，在中国无论南北各省都可以不放假。

二　节令假

农家对于许多节令是很重视的，例如中国中部各处春季的会集，各村农民都在一定日期汇集在一处，做农具等买卖，非常热闹，因为这天以后，便是农忙的开始，这是农家最值得纪念的一天，学校必须让儿童去参加，所以必须放假。又如乡村中迎神赛会，乡村小学决没有能力禁止乡民不做，同时家庭中特别热闹，儿童便不来学校。有许多乡村小学是庙宇，迎神上祭，就在学校里，所以这个日子必须放假。又如中秋节、端午节、冬至节、清明节，以及农历新年与年尾，家家都很热闹，父母们有时要儿童在家帮忙，有时留儿童在家凑热闹，儿童大都也已经成为习惯，所以学校中虽不明令放假，实际上在这些日子学生完全缺席，与放假同样，所以不如定为放假日期。

三　休息日

乡村小学有了长期的农忙假与短期的节令假，每年假期已经很多，所以休息日必须缩短至极少限度。最好乡村小学规定每月休息四次，每次半天。倘若这月遇到一天的节令日期，就当作一次休息，别的再有三次休息。倘若在农忙期中,办了半日学校,就把一切休息日取消。总之,休息的日期不是固定的,是教师与儿童共同酌定的,每月四次,每次半天。

乡村儿童进学校的机会是不容易有的,所以教师对于儿童能够来学校无论何时均不应放假。不然,他们能进学校不过二年,而学校中常常放假,那岂不是愈加减少儿童受学校教育的机会吗?乡村教师倘若能够真心为着儿童谋福利,应该改变放假的办法,缩短放假的日期,减少休息的日期与次数。这些都是教师本身是否肯努力的问题,因为乡村小学常常放假,教育局无论如何是查不出的。

第十五章　中国乡村经济概况与合作事业

第一节　乡村金融流通的略况

中国乡村衰落的状况已如第四章所述，其中最容易破坏乡村的当然要算是经济制度的纷乱。中国乡村经济制度，从来没有人顾问的，一切只有习惯法，各地方各有相沿的习惯，债户和债主完全站在互相信托的地位。但是许多高利率的贷借等也就从此发生。全国最通行的农民借贷方式有下列三种。

一　抵押

抵押是用货物和不动产向债主借钱作抵的方法。在乡村中做抵押的有下列四种方式：

1. 田产抵押。一亩田，在乡村中有两个业主，一是田主，二是耕主。田主是收大租、完纳钱粮的；耕主就是自耕农，有耕种该田的主权，倘若把田租给别人耕种，他就可以收租米，名叫田脚，田主可以把该田抵押或出卖，耕主也可以把该田的耕种权低押或出卖。田主如将田产抵押后，可以自己收租米，不过每年认出利息若干；但也有抵押后，租米归债主去收，钱粮依然由田主完纳。耕主抵押田脚后也可以这样办理。不过耕主无需完粮，并且大多数既经抵押后，便把田让给债主耕种。不然每年所出的利息必是租米，不是利钱。有田产作抵押的利率，大都不很高，大约年利在二分左右。

2. 收获品抵押。农民当农作物还没有成熟，而家中已经无米可炊，田里又需要肥料时，那么只得向人借款。俗语所谓青黄不接是农民最苦的时期。王安石的青苗钱，就是想救济农民的一种方法。的确，在青黄不接时期，借钱最困难，资本家也故意作难，高抬利率。例如，江浙的蚕讯，当春蚕大眠的时候，需要桑叶人工最紧急，倘若这时候断绝接济，就会前功尽弃，于是不得不以低价出售未来的新苗。五六月的稻田也如是，北方的春季也如是。古诗："二月卖新丝，五月粜新谷。医得眼前疮，剜却心头肉。"（唐·聂夷中诗）确是描写中国农民用收获品作抵押的实情。农民如此几次告借以后，不出几年，便成为："新谷登场，新债开始。"因为所有新谷，只够还债，一家食用，又只得靠重新借债维持了。这种青苗钱的利率，若以年利计算，必在六分以上，甚至有数倍的。

3. 劳力抵押。在农忙时，农家往往要雇临时工，名叫忙工。做忙工的往往是佃农或自耕破产后的农人，因为得不到长期雇主，只得平时做些杂工，农忙时帮人做农田工作。这些农人的经济当然很窘迫，家中既无田产，又无农产品，于是便以劳力作抵押。先向未来雇主借钱，将来到期做工抵还。寻常忙工的工资大都比长工高些，也有高出一倍的。但是有了抵押的忙工工资，最多也只能与长工同样工价。所以一般稍有余粮的农家，往往喜欢做这个买卖，名叫放忙工钱。

4. 物品抵押。这类抵押在都市中最通行，就是典当。乡村人民做这类抵押，也往往到城市去的。若在典当里做抵押，利息较轻，所谓按月一分六厘起息，十八个月满期，满期后即去付息，还可以延长六个月，才没收物品。这是典当的习惯法。但是若在寻常农家做抵押，那便没有一定了。可农家无值钱之物，除简单的农具以外，还有什么呢？只有夏天当棉被，冬天押犁锄，是常见之事。

除去以上四种抵押外，还有用儿女抵押，用房屋抵押，甚至用妻子做抵押品的都有（浙江宁波有几乡有出租妻子等风气）。

二 集会

集会是中国最通行的借贷，不论城市与乡村都有组织的性质很有些信用合作的意味，并且是一个小集团的经济协作。倘若与会的人经济状况比较优越，那么这个集会也好像是储蓄处。不过它的流弊就是没有保障，往往弄得有始无终，中途倒会，有许多人就不敢加入。但是在乡村中因为农家不很经营投机事业，经济破产等危险机会不多，所以乡村集会，若是与会的尽是农民，倒会等事也就不多。会款利息，大概以年利二分计算，按期得整数的款，分期付本利的款子。确是流通乡村经济的好方法。它的方式有三种：

1. 至公会。邀集亲友若干人（大都七人至十六人），规定款额的总数，少的十元，多至百元（乡村中集会很少超过百元的）。邀集者名叫首会，其余依次称呼。订立契约，名叫会约。会期有每年一次的，有每季一次的。首会负收集会款的责任。倘若总数较大，如四十元以上的，每次会期，首会还得办会酒请各会脚（即会友）。会款分摊的方法，大都首会依照各会脚的数目，按期还本，不付利息，作为收集会款、请酒等酬劳。其余会脚按期付款之数，用年利二分或二分半的复利息计算，先得总数者，每期多付利银，后得者少付利银，末会就不必付利银而照复利储蓄的办法付款，就好像是零存整付的储蓄，不过它的利息是年利二分的复利。

2. 摇会。摇会办法与至公会同。不过除首会外，没有规定二会是谁、三会是谁。每届会期，由首会办酒席（会款较大的），或开茶会，邀集会脚，当众用骰子摇点，摇得点子最多的就在本次得会款的总数，下次付会款时，他就要加付利银。这样依次下去，末次得款的，必能得一笔最大的款子。但是有时某甲需用款子，而摇不到最多点子，可以加出利银向得会者买进。这个利息那就没有一定了，甚至有高至月利四分五分的。首会大都不出利息，也是酬劳之意。

3. 零会。是会款极小的一种会。大都每会大洋一元或五角，会期每月一次，会脚人数十人至十五人，集会者往往是妇女，并且是有手工业可做的妇女。这是农村妇女储蓄的方法，利息比较来得低，大多数是按月一分。一切办法与摇会同。

三　种田会

这是新兴的贷借方式。民国二十年，江、浙、皖、鄂等省大水，灾农多极，许多有慈悲心的财主，就组织这个会。它的性质与信用合作社相仿佛。

第二节　合作事业

农民受到经济压迫，吃的亏实在不小。农产品的收获有定时，因此需要肥料人工等也有定时。资本家、地主、商人就利用这"定时"的机会，施行种种剥削手段，如贱买贵卖农产品、抬高利率、贱买人工等。有时还要与帝国主义勾结，运用雄厚的资本，做大规模的剥削，使农民终岁勤劳，每年丰收，反而不得温饱。这样的情形，不独中国如是，欧美也如是。所以在北欧便产生了农民合作运动，最著成效的要算丹麦。本书第三章已经讨论过。

合作事业是英国首创的，本为工厂地的产物，到了北欧，便推行到农村去。它的性质就是联合许多小农，集合资本、劳力，并互相督促，使各小农也能够运用大规模耕种的权力，用极小的资本能够生产极多量优良的农产品，又能享受有雄厚资本经营的利益。所以有了合作社，小农可以联合起来购买大宗原料、精良机器，分配工作，并能获得最合宜的时价出售农产品。所以合作社是有极重要的社会意义的事业。

合作社的种类很多，大的分类有三：一是信用合作社。农民联合十二人以上组成一个团体，连环担保，向农民银行借款，利率可以较低。同时各社会由于有信用关系，所以对于生产方法的研究，日用的节省等，都有互相督促的责任。二是消费合作社。这是农民要脱去"托拉斯"等商人的剥削而产生的。农民的生产品，平时往往被商人贱价收买去，只隔了几时，又以高价售给农民。农民组织了消费合作社，一方面可以得最适宜的时价出售农产品；另一方面用最便宜的时价，大批买来日常必需的用品。即可免去大商人垄断，又能大批进货，省去贩卖商的手续费。所以，消费合作是与商人斗争的，它与信用合作是免去财主的重利剥削有些不同。三是生产合作社。这是改良生产，联合小农，借得资本，或办得机器，或聘请专门人才从事改良当地某种生产品，使它产量增多，品质改良，运输合宜，销路畅旺的合作组织。这种合作社求农业上的进步的成分多，有时也能与大农作斗争，但是这个成分究竟比较少些。

农村中倘若有了合作组织，一个农夫便可以得到下列许多利益。他可以从一个消费合作社买得他所要的货物，从一个信用合作社借得要用的银钱，从一个种子供给合作社获得优良的种子，从肥料合作社获得适合土质的肥料，从农具合作社获得最有用的农具。当他要把他的产品销售的时候，把牛乳送至牛乳合作社，把猪送至合作屠场，把蛋送至蛋业输出合作公司，把牛羊送至牛羊输出公司。他又可把他的积蓄存于合作储蓄银行，又可以从许多合作指导机关得到最有效的指导，有时还可以有人来帮着做。所以有了合作组织，一个极平常的农民便能得到大规模耕种的利益。因此可以防止农业托拉斯的产生，防止剥削大多数农民，所以合作事业确是救济乡村经济破产的一条途径。

不过农民合作事业是要真正的农民起来组织的，决不能假手他人，这样才能得到真正的利益。不然的话，就会弊端百出。例如，在民国十七年以后，也曾经有合作运动的提倡，可信用合作社，放款等都在小资产阶级的手里，土豪们更因此借得低利的款子，转用高利放给农民，加重农民的剥削，真正耕种的农民反而借不到款子。生产合作社助长富农的经营力，消灭小农的生产。消费合作社的主持者反而成为更凶狠的商人，农民负担更大。所以没有几年倒闭过半，社会上也就以为合作事业不足靠。其实合作事业的本身决不致如此，都是做的人不得法的缘故。此后倘若提倡农民合作事业，必须合于下列两个条件：

1. 培养农民有经营合作事业的能力。例如丹麦的合作事业的发达与收成效，得力于高等学校不少。

2. 政府要放弃利用土豪做乡村工作的态度。过去中国农村合作事业的失败，就在主其事者想利用土豪们以求推广之速效。合作是缓性的改良社会的事业，决不能求速效的。所以倘若以为指导者能力不足，不如先从小规模试验做起。

第十六章 乡村调查

第一节 乡村调查的意义与略史

一 乡村调查的意义

无论研究一件什么事,必须先把要研究的对象认识清楚,然后才能着手。研究医学的,必须学人体解剖;研究化学的,必须学习定性分析与定量分析;研究社会学的,也就要学习分析社会的一项,把社会分析清楚了,着手做起来才有意义。社会调查就是分析社会的初步工作。它是要从事实上一点一滴查明真相,把它统计出来,然后再从统计的证据上找出这个社会的病征是什么,应该怎样补救。乡村调查是社会调查的一种,不过它的对象是乡村。因为乡村中急待解决的问题很多,这许多问题,不是估计可得,必须从事实上调查,才能获得真相。例如欲明了土壤与农作物的关系,什么土壤才可以得到某种农产品的丰收?那就得要有土壤调查。已经有了土壤调查,要明了这种土壤,种什么作物最适宜?那么就要有种植物的调查。这个乡村为什么渐渐衰落,收获不丰,毫无人才产生,经济状况又渐趋凋敝?那就得举行乡村社会调查,求出它的原因。这种种都是乡村调查的意义。

二 乡村调查的种类

乡村调查可分为二类,一是普通的调查,二是特殊问题的调查。分析如下:

1. 普通的调查。它的目的是要发现某地社会经济情形之真相,把搜集所得的材料作统计的比较,为该地谋福利。计划此类调查,必须认清调查目标是什么,然后制成扼要的表格,逐项调查,才会有效。不然,乡村生活情形极繁复，要凭一时的调查，把各种有关系的方面都查得明白无遗，在事实上是做不到的。所以普通调查必须有下列三个方面要调查的：

（1）该地物质上的统计，如田地、房屋、路政、职业以及人口等。

（2）该地有社会性的组织，如公会、宗教、氏族组织、学校等。

（3）该地的重要事项，如风俗、习惯、社会风气、民情以及当地著名人物等。

最后（也是最重要），还需固定这个调查的目的，例如为着推广乡村教育的，那就应该以乡村教育为中心；若以改进一般生活为目的，那便应该以日常生活为中心；若以调查所得只供给普通研究乡村的人作为参考材料，那就只要各方平均的调查。

2. 特殊问题的调查。是该地发生了特殊需要，要有某种特殊研究，于是着手调查的，如土壤调查、卫生调查、家庭状况调查、家禽调查、乡村工作调查等。这种调查，在事前必聘请专家分析该事的各方面，逐项列表，经过调查后，再参考别处成绩，加以比较的研究，作为改良的根据。

三 乡村调查的略史

世界上最著名的第一部社会调查是《伦敦人民生活工作的调查》(*Carlis Booth：Life and Labor of the People of London*)，不久又有《贫穷与失业的调查》(*Rowntree and Laker：Poverty and Unemployment*)。到了一九〇七年，此风传入美国，第一次调查是匹兹堡（Pitsbury Survey），其后各州都相继而起举行调查。不过那些调查都是极粗率的，错误也不少。后来几经试验，改良了许多，渐渐准确起来。到了一九一四年，洛氏基金团（Rossell Sage Foundation）举行伊利诺的《春田调查》(*Spring Field Survey of Ilinois*)，运用科学方法，成效极佳。从此以后，城市调查之风吹到乡村里去，并且在乡村中极盛行，因为乡村中有特殊需要。

在中国关于社会调查举行得很早，各处的地方志、家谱，就是这个东西。但是与社会发生关系的社会调查确是近十年来的事。盖姆的《北京调查》(*Gamble's Peking A Social Survey*) 是一九二三年出版的，是中国近代调查事业的先锋。一九二四年有张镜予、蒲克令（Horold S. Bucklin）举行沈家行的社会调查。一九二三年东南大学与中华教育改进社合设乡村改进委员会，议决在中国北部、中部及南部实行乡村经济与社会调查。于是推举赵叔愚、冯锐二君主其事，发表的报告有：《广东番禺县河南岛五十七村乡村调查报告》《江苏金坛县王母村乡村调查报告》《昆山县徐公桥乡区社会状况调查报告》等。这些都是普通调查。此外有南京金陵大学农林科白克氏（T. L. Buck）曾经做过农村管理与乡村调查，印有《安徽芜湖附近一百零二个农场之经济与社会情况调查报告书》等小册子多种，并且制了许多极有用的乡村调查表格。一九二八年审计院统计处在南京附近调查乡村，借用他所拟的表格不少。此外又有李景汉于一九二九年印行的《北平郊外之乡村家庭》，也极有特殊调查的价值。

以上都是属于小范围的调查。至于大规模的调查，国民政府本有农工政策，所以对农民运动的调查也曾经有一度极为注意。不过近数年来，外患内乱叠起，已经不很听到有大规模的农民运动的调查。至于各种调查表与调查规程，大体已经具备。

第二节 乡村调查的方法与困难

乡村调查是新的事业。中国农村社会还在闭塞时代，所以调查者必须特别留心。本节略说其进行的步骤与常常会遇到的困难。

一 进行的步骤

当已经决定要调查某村，或某项特殊研究以后，就应该做下列几项准备工作：

1. 制调查表。根据已经决定的目的，分门别类制详细的调查表。表中每项必须是肯定的问句，能够得到肯定的答案，最好是可以用数目字计数的。倘若有时预防调查员看不懂，那就必须有说明书。

2. 预算经费时日。目的已定，调查范围亦定，那么必须预算用若干调查员，需要若干时日，要用多少经费，列成一表，作为最近似的参考预算。但是实地调查时困难蔓生，所以决不能完全符合，列预算时，自问以为缺少经验，那么宁多毋少。

3. 物色调查员，加以训练。乡村调查的可靠性，完全在乎调查员。所以主持调查的人，对于调查员一层，必不可轻易放过。合于下列几个标准的，才算合格：

（1）说话口齿清楚，能说当地土话，谈话口气与农民相像，没有什么口头语。如"那么那么""这个这个"等。

（2）态度温和诚恳，对人说话都是老老实实。对于乡人不懂的话，又能不怕麻烦，一遍二遍三遍耐心地问下去。

（3）填写表格仔细不苟，又极诚实，稍有怀疑，便不填写，即使写了也另做记号，表示怀疑。

（4）有随机应变的能力。有时与乡人谈话，看看问不出什么来，能够即刻觉察，即刻设法转机，以达到查问的目的。

4. 假设的调查。有了调查员，也已经有了相当的训练，还恐怕手续不熟，临时慌张，可以做一个假设的调查，作为练习。

5. 物色当地熟人。这是入乡村的必要的钥匙。有了熟人，才不会引起乡人的诧异，乡人才能如实地回答问题，真相方能被调查出来。当地家长、小学教师，或当地有声望的人，都是极合适的人物。切不可拉流氓做朋友，以致引起乡人的误会，反而产生阻力。

6. 与当地警察接洽。中国下级官厅不知道调查乡村是怎么回事，可能发生误会。所以必须与警察、驻军等接洽，请他们保证帮助。

7. 开谈话会。指定要调查的村庄，先请村长邀全村人民开一次谈话会，调查员与主持调查者必须全体列席，先说明这次调查的目的，并请村长等给大家介绍调查员，请他们尽力帮忙。

8. 实行调查，必须即日实行，并且最好请当地熟人做引导。到了一家先请引导者介绍，并说明来意，如中途遇有困难，再请引导者设法解决。

9. 统计成绩。调查员每日必须将本日调查所得的成绩，作初步统计，然后交给主持者，到了调查完毕，再做整个的统计。

10. 报告与结论。末了将统计的成绩以及调查经过的情形，作一详细报告。并由主持者依照成绩，用合理的推理作成结论，贡献给当地或其他需用的人。

二 常常会遇到的困难

虽然有了以上种种步骤，实行的时候，还会遇到以下的困难：

1. 不了解。因为社会上从来没有做过这事，所以乡村人民免不了产生好奇与误会。"为什么要调查？调查去了做什么用？我们没有调查也可过日子，何必多此一举……"等问题是必然会发生的。不但不识字的人如是，就是受过高等教育的人，带着轻薄的口气怀疑，常常与调查员为难，这是他们不了解社会调查的意义和社会调查与乡村改进的关系。因不了解，便容易发生误会，弱者心里不高兴，强者当面给调查员难堪。因为不了解，便容易发生谣言，谣言既起，调查的进行会被迫停顿。

2. 迷信。乡村人民的出生年月日是最不愿告诉外人的。乡村小学教师要调查学生年龄还会碰到钉子，何况素不相识的调查员呢？乡村中迷信很多，禁忌很多。家里养了一个孩子，这所房子叫血房，不许外人进去。死了一个人，这所房子叫白房，也不欢迎外人进去。饲了几匾蚕，便贴起"姜太公在此"的条子，或挂着红布，拒绝外人进去。甚至小孩出了痘、疹，也不愿外人入室。这种种迷信，调查员又怎样可以除去呢？因迷信有时便发生谣言，因谣言便群起阻挠，调查事项便不能进行，这也是意料中事。

3. 习俗。与迷信极相似的是习俗。例如青年男女不能对话，还有许多称呼不能说错。例如"老太公"三字在北方是尊称，但是如用在浙东，那就是一句讥诮老年人的话。习俗各处不同，这件事必须事前打听清楚，并且要处处留心。不然在无意中开罪于人，就发生困难。

4. 恐惧。中国近百年来到处兵匪扰乱，全国人民对于匪固然惊心，对于兵又何尝不吓破胆呢？平时官厅调查，不是派饷，便是加捐，人民往往只得说假话，甚至设法躲避。据说民国十九年清查户口，警察到乡村去，每家收捐一角，名叫清查户口捐。人民因怕苛捐而拒绝调查，也是不得已的事。所以乡村人民看到调查人员到家里来，大都存着恐慌的心理。有了恐慌，便多假话，还能得到准确的成绩吗？

5. 特殊利用。由于乡村中常常发生天灾、匪灾、兵灾，所以饥荒是常事，于是许多放赈的慈善家也就是乡村饥荒者唯一欢迎的人。当放赈之先，必有户口调查等，于是乡民便多报人口，少报财产，希望多得一升赈米。调查员去的时候常常会听到"先生，快放赈吧！几时领米？"这样一来，调查的成绩便不准确了。

6. 讥笑的误会。当举行特殊调查时，如家庭调查、卫生调查等，问话中必定提到财产食物等事项，这便容易发生误会。例如吃肉一事，在乡村中本来不是一件容易的事。有许多穷人，一年不知肉味的多得很。调查员倘若问他的吃肉的分量，乡民便以为是有意奚落以致发生误会。又有许多败落户——北方更多如旗人等——很要面子，倘若调查员问他的身世，那也会发生误会的。这些误会，轻则说假话，重则引起冲突。

7. 数目字的含混。无论什么调查，最重要的是数目字的准确。但是乡民对于数目字特别不计较，老是说："很多""很少""百来数""差不多""没多少"等含混数目，有时穷根追问，他便说出许多不相干的话。有许多事，他自己也实在不注意，并且也不会注意。

8. 碰机会。在农家有许多事是男女分治的，所以有的男人知道的，女人不知道；也有的女人知道，男人不很清楚。更有许多是私房的事项，不肯告诉人，又何从调查起呢？这也会影响于不准确的。

以上几种困难是最寻常的，至于语言不通、家长欺瞒等困难有时也会遇到。不过无论什么困难，只要调查员与被调查者有浓厚的感情，必可取得比较准确的成绩。所以乡村调查，倘若能够请当地小学教师代劳，那要准确得多。

第三节　两张比较常用的乡村调查表

本节举调查表二种为例。希望读者能够做一次假设的调查（倘若能够真实地去调查一次全班几十个人的成绩，汇集起来，交给担任本学程的教师，确是一件很好的工作。不过实地调查有种种准备工作，恐怕限于时间，不能做到，所以只希望有假设的调查）。

第一表：普通调查表

本表是联合改进农村生活会于民国十五年调查江苏省昆山县徐公桥乡用的。为普通调查表中最简明扼要的。调查表前有简单测绘地图一幅，表中不列此项，并此声明。

一　地势

（1）区址。

（2）环境。

（3）面积（注明实测的还是估计的）。

（4）地别。

（a）熟地：甲、水田。乙、旱地。

（b）荒地（注明荒地与荒山）。

（c）其他（如坟地属于这项）。

二　人口

（1）人数（分地段统计，倘能查得性别与成人儿童更佳。不然只查总数，实例只有总数）；（2）业别（要详细分别，如农业中有地主、自耕农、半自耕农、佃农、雇工农等。商人要注明做什么生意）；（3）变迁。

三　农产

（1）作物（大宗出产，次要出产，要详细查明）；（2）副业（养鸡、养猪等都是副业）；（3）肥料；（4）灾害。

四　经济状况

（1）地价（注明分等级）；（2）田产大小与形状；（3）佃制；（4）佃租；（5）农利（即种田若干亩收入与支付的数目是否能相抵）；（6）农闲；（7）借贷；（8）赊欠；（9）交易；（10）输出输入；（11）家庭工艺；（12）运输。

五　教育

（1）学校；（2）私塾；（3）成人教育。

六　卫生

（1）家屋；（2）疾病；（3）卫生状况。

七　风俗习惯

（1）风纪；（2）娱乐；（3）合作；（4）治安。

第二表：特殊问题调查表

本表是把江苏省农民协会的农民经济调查表摘缩而成的。原表项目极多，兹为便于参考起见，摘缩如下。

一　田亩

本项包含：（1）田地亩数；（2）官荒面积；（3）私荒面积；（4）荒山面积；（5）坟地；（6）其他。

二　地价

本项包含：（1）每亩最高价；（2）每亩最低价；（3）每亩平均价格（注明田、地、山三种不同价）。

三　田亩分配

本项包含：（1）佃农占百分之几，（2）半自耕农百分数；（3）自耕农百分数；（4）每户种田的最多亩数；（5）每户种田的最少亩数；（6）大多数农民每户种若干亩。

四　地租

本项包含：（1）分租的方法；（2）每亩最高的田租；（3）每亩最低的田租；（4）大多数每亩田租；（5）押金与租额的关系；（6）荒田减租；（7）官田与私田租额的比较。

五　赋税钱粮

本项包含：（1）每年漕粮；（2）完粮时的额外需索；（3）预征等事；（4）附捐等。

六　生产力

本项包含：（1）每亩每年约生产若干（内分水田、旱地、山地）；（2）每个成年男子每年生产约若干；（3）副业生产额；（4）每家生产约若干。

七　借贷

本项包含：（1）借贷的方法与名称；（2）最高利率；（3）最低利率；（4）大多数的利率；（5）还本利的方式。

乡村教育

八　生活状况

本项包含：（1）人口每家约若干；（2）妇女的工作；（3）生活贫富的估计。

九　雇工及待遇：

本项包含：（1）长工；（2）月工；（3）短工；（4）工作时间；（5）雇主的待遇；（6）有无包工（本项要注意男、女、孩童三种不同的状况）。

十　水利

本项包含：（1）水利机关；（2）水利工程；（3）水利器具。

十一　交通

本项包含：（1）道路；（2）运输方法；（3）运输费用；（4）销售农产品的最近地点；（5）距离市场的远近。

十二　水旱灾

本项包含：（1）水灾（次数、原因、灾况）；（2）旱灾（同上）；（3）防御工作；（4）救济工作。

十三　病虫害

本项包含：（1）重要病虫害；（2）受害的作物；（3）灾况；（4）预防工作；（5）救济工作。

十四　消费力

本项包含：（1）每人每年消费；（2）每家每年消费；（3）关于食粮、衣料、种子、肥料、牲畜、农具、杂具、住屋、奢侈品等每年购买数。

十五　种植法的缺点

本项包含：（1）种植方法的缺点；（2）管理缺点；（3）农具改良；（4）肥料与土壤；（5）调换作物。

十六　度量衡

本项包含：（1）秤制；（2）斗制；（3）尺制；（4）其他。

十七　买卖

本项包含：（1）农产品出售；（2）佣金；（3）购买农业上需要物的情形；（4）奸商垄断；（5）习惯恶律。

十八　森林

本项包含：（1）最多的木材；（2）坟地与庭园树；（3）荒山造林。

十九　养蚕

本项包含：（1）养蚕农家；（2）蚕种；（3）桑种与数量；（4）丝产量；（5）与十年前比较。

二十　畜牧

本项包含：（1）最多数的牲口；（2）平均每家饲养数；（3）获利；（4）佳种；（5）饲养方法。

二十一　其他副业

本项包含：（1）家庭工艺；（2）农暇工艺；（3）副产品。

二十二　其他

乡村教育经验谈

(纪念为乡村教育而死的师友们)

世界书局

自　序

照例一本书写完,作者应该要写一篇序文,有的加一篇凡例,这些文字的用意,就是作者与读者们先打一个招呼。我现在也来和乡教同志,或喜欢乡村教育的读者,打一个招呼,然后再请逐章指教!

第一,这本书是我本人以及我的师友们,实地干乡村教育的经过情形。书中轰轰烈烈的联村运动会,滑稽的新年游行,辩论锋利的研究会……都是事实;还有捉蛇的石先生,夫妻学校的陆先生,以及没有官气的教育局长,肯虚心研究的指导员,也都是实有其人。此书出版以后,倘若诸位旧同志看到自己谐音的姓名,回想当年我们共同赤脚挑粪,与儿童们在山上树林下翻筋斗,与农友们在中心茶园围炉谈心等情形,大家都会笑起来。但是想到短命而逝世的同志,大家也都会难过吧!我没有别的东西可以献给已去世的同志,——有几位实在配称乡教先烈——谨以此书作为纪念。

第二,我的计划,本来想把经过的整个事实都写出来,如乡村师范、乡村幼稚教育、乡村教育的行政,以及许多曾经着手的生产教育等,因为我近来生活不安定,在时间上与精力上,只允许我先把关于小学的一部分节略地发表出来。并且其中疏略之处还是很多很多的,希望诸同志多多地指正,那么,我可以设法补充。至于其他各部分,我仍在计划中,倘若在三两年之内不跟随"地下"同志去"干阴间工作",必定陆续整理出来。

第三,本书体裁采取书信式,这件事不是想学时髦。诸位读者看到这样笨拙的句子,拗口的语调,粗野的语气,决不配称为时髦的文字。我为着乡村小学教师终日忙碌,无暇看长篇巨论。往往对于许多极好的材料,因为篇幅太长,只好放弃。有时看了一部分,又因没有时间看完,以致牵肠挂肚。但是读两三千字的短篇文字,好比与朋友谈几十分钟话,在饭

乡村教育经验谈

后、田头都可以找到机会。因此，本书限定每篇讨论一个问题，字数不多，又有对话。这样也许可以在短时间读完一篇。至于每篇之间的相互关系虽然存在，先后次序却几乎可以完全颠倒，所以读者可以不必拘泥于先后次序读下去。只要先看目录，看到你所喜欢的问题，就可以翻到哪一篇来读，不必从第一封信读起。

第四，每封信后都附有几个问题，这是给读者的启发题（启发题略），供读者回想该篇文章所论问题的内容，继续进行研究。也有的提出反面意见，供读者在课余之暇，结合实际经验来考虑的。所以读者无论如何匆匆，对于每个问题，务须加一番思考。

第五，本书对于下列几点也有声明的必要：

1. 小学教师的薪水问题。老实说，用现代的生活费用，来比那乡村小学教师的薪水，那么教师们不说养活八口之家，就是一妻一子的生活也会发生问题。这件事我们不但经过，并且常常有得听到，也常常看到。不过本书体裁上无从加进去，只好在此声明一下。希望乡村小学教师们千万不要误会作者故意表示清高而不谈薪水问题，同时希望诸位教师也不要自以为清高，不争脩脯。要知道教师也是劳工，也应该吃饱穿暖，养活妻子。不然，只希望有钱的青年来做乡村小学教师，那么乡村教育决不会普及。倘若教师们常常遇到有了早餐愁着晚餐，欠着三五个月教育款，领不到薪水等事，那么教师只好天天为生活奔忙。这种情况也是乡村教育的致命伤。所以乡村教师们对于这层，应该当仁不让，急起力争。为了个人的衣食而斗争，也就是为全国的乡村教育奠基础。

2. 乡村教育的经费问题。照 1931 年前的情况来估计，全国的教育费有百分之几是用于乡村教育的。我们有时可以在报上看到某省、某县有几百万、几十万的教育费，大家以为很可乐观。但是其中有几笔大款子应该除去的。第一笔是办在城市里的大中小学占去全额的最多数。第二是各小学的经费不是完全从国家赋税里拿出来的，大部分是私人的捐款。如闽粤诸省，私人的捐款超过公款十几倍。有许多县，没有一所县立小学，即使有了一所，也是办在城里的。所以我们说得过分一些，国家并没有拿出赋税来办乡村教育。无怪乎有人说"穷人出钱，富人享福"。全国的赋税，不论间接直接，大部分都是乡村人民负担的。我们倘若援着美国的例子，"不办乡村教育，乡村人民联合起来不纳税"，试问执政诸公对于这件事又将如何处置？至于这件事的发生，可能性很大，不要以为是妄谈。

此外还有几个问题本书没有专篇讨论，如近年来中国农村经济崩溃的现状及原因，中国乡村教育的方针，农民合作事业，增加农村生产的方略，指导农民团结起来铲除恶势力的方法，以及乡村教师今后研究科学应走的途径等问题，都不过约略提及。但是，这些问题决不可以轻轻放过。乡教同志中，倘若能力和兴趣都做得到，对于这些问题，很值得下一番功夫。老实说，只要捉住其中的一个问题，便够我们一生的努力。

最后，我要感谢许多朋友。第一是1927年到1930年春，三年中共同干乡村教育的诸同志，他们是我的知心朋友，是乡村教育的先锋队，数年来不独共患难、同甘苦，并且指导我为人做事。若是没有朱兆萃、祝宏猷二位先生鼓励我写作，这本书或许迟五年、十年写成。另外写成以后又得唐文粹、杨寅初、蓝九盛、刘琼瑶、梁士杰诸君细心校阅，都很感激。

1931年冬至前夕写于南海之滨

目　次

第一章　准备下乡 …………………………………………（156）
第二章　中国乡村生活概况 ………………………………（159）
第三章　乡村人民对学校的态度 …………………………（163）
第四章　筹备乡村小学的经过 ……………………………（167）
第五章　乡村小学的组织与计划 …………………………（172）
第六章　乡村小学的课程 …………………………………（176）
第七章　教育研究会 ………………………………………（183）
第八章　教科书问题 ………………………………………（187）
第九章　乡村小学与生物的关系 …………………………（193）
第十章　干农事 ……………………………………………（200）
第十一章　算术问题讨论会 ………………………………（207）
第十二章　国语科的阅读指导 ……………………………（212）
第十三章　小学生的日记 …………………………………（216）
第十四章　少年乡村改造团 ………………………………（224）
第十五章　上了一课音乐 …………………………………（229）
第十六章　儿童作品展览会 ………………………………（233）
第十七章　乡村小学的运动会 ……………………………（237）
第十八章　医药卫生常识 …………………………………（240）
第十九章　乡村幼稚园 ……………………………………（244）
第二十章　农民怎样还租 …………………………………（248）
第二十一章　农暇工业 ……………………………………（251）
第二十二章　联村自卫团 …………………………………（253）
第二十三章　中心茶园 ……………………………………（255）

第二十四章　说书和壁报 …………………………………（258）
第二十五章　官样文章的民众教育运动 …………………（261）
第二十六章　农家的新年 …………………………………（266）
第二十七章　怎样改良私塾 ………………………………（269）
第二十八章　改良蚕桑与农事推广 ………………………（272）
第二十九章　乡村小学怎样放假 …………………………（275）
第三十章　　办乡村师范的一个建议 ……………………（278）

第一章 准备下乡

问津吾友：

 时光过得真快，我在这里快要毕业了。回想我们相约离别家乡，冒着酷暑，赶到南京来应试，好像是昨晚的事。这一年来，我因为没有一张中学文凭，不能和你同进大学，不免有些怅惘。现在，这张文凭大概可以到手了。不过我进大学的念头，反而不如从前热烈。

 前天你来信问我今后的计划，这几星期来，我对这件事确实想了好久，又和许多师友详细讨论了多次，现在总算有些眉目了。我把我的打算告诉你，希望你给我提些宝贵意见。

 "高中毕业进大学"。以我的家庭经济情况来看，还不至于十分困难；以我的智力与体力来说，也不至于浪费国家的教育经费；以学力来说，似乎也不至于很困难。去年暑假，我不是也考取大学了吗？今年大概不会更困难。但是我最近发现了一个更重大的任务，这一任务对于国家、社会有更大的意义。倘若全中国大多数青年都肯为这个任务而努力，那么中国必定有起色。这个任务就是"下乡去"。

 中国以农立国，这是大家都承认的，中国农民之多，有人认为占全国人口百分之八十以上。中国可耕的农田比法国大二十倍。法国的粮食生产足够养活四千万人，照此比例来说，中国应该可以养活八亿人。但在二十年代的状况，不是全国正闹着饥荒吗？不是每年饿死很多人吗？这里的原因当然很复杂，首先是帝国主义国家的侵略、压迫。其次是地主的剥削，田里的产品，十分之六归地主，农民所得还不到十分之四。此外，还有耕种方法的落后、运输的迟缓、政府管理的不得其法等等，都是使中国农民贫穷饥饿的原因。也有人抱怨中国民族性的不良，那是欺人之谈。中国民族是确实可以有所作为的。我们不必举历史上的事迹来自豪，就是看看许多民族智慧测验的报告，中国人的智慧实在不在白种人之下。我认为在这许多原因之中，农民没有知识，没有受到良好教育，也是原因之一。因此我这次下乡去的第一个使命，就是要设法增进农民的知识，使农民能够起来改变自己的处境。

说到乡村教育，中国至少办了三十年的学校，为什么乡村人民对学校还不相信？为什么乡村教师在乡村的威信一天不如一天？为什么乡村学校的毕业生不愿住在乡村，大都想跑到城市里去？为什么没进过学校的农民对于种田方法比许多农林学校的毕业生有把握？从这些方面来看，我们可以看到中国三十年学校教育的失败，至少也可以说在乡村教育方面是完全失败的。

中国乡村小学的实际状况，我们大概都可以知道一些。他们以教科书为唯一的圣经。在上海出版的教科书可以通行全国。教师对于教科书可以不负选择的责任，凡是书上有的都应该教。所以一般人以为最好的小学教师，就是能够逼着儿童读熟教科书，抄清算术本，绝对服从，不许发问。这些教师都是从城里去的，他们所受的教育是只读书不劳动，只会抄袭，不会创造。他们从大城市的师范学校里，把学得的知识照搬到下乡，于是一切生产技能、风俗习惯、民族精神都茫然不知，甚至连日常生活的煮饭、洗衣、扫地都不屑干。因为他们自以为是士阶级，士居四民之首，应该养尊处优，不劳而食。哪知这些士阶级不但害了自身，而且制造出许多废物出来，使农村子弟变成肩不能挑、腿不能跑、头脑不能思考的废人。所以许多愤世的教育家大声疾呼："中国的乡村教育走错了路！倘若再不回头，就会碰到极大的危险。"我们试闭目估计，倘若一旦中国小学教育普及，培养出来的毕业生都是些四体不勤、五谷不分的士阶级，不是全国都变成废物了吗？所以今后中国乡村小学应该改弦易辙，使全国小学教师回头，改变乡村小学的教学内容，使儿童所学的内容于农村有直接关系，不要让他们做八股教科书的奴隶。至于教学法，倒不在乎新旧。因为近来，抄袭外国新方法的皮毛，大有人在，他们的做法，对于实际情况没有多少好处。改革乡村小学是我下乡的第二个使命。

乡村小学的力量，你或许以为太小，你或许会劝我不要干这个勾当。现在再来谈谈乡村小学的作用。它可以教育儿童，也可以教育成人，更可以和其他机关联合起来办许多有用的活动。乡村小学若与农业携手，新技

乡村教育经验谈

术的推广就有了根据地。乡村小学若与卫生机关合作,那么许多疾病不但可以预防,即使发生疾病,也不至于为神签所误。

但是,要想全国乡村小学办好,除去有关方面的支持外,必需要有志于此的青年做到两件事:一是肯牺牲一切虚荣,脚踏实地下乡去;二是肯下决心做一个好的乡村教师,办好一个乡村小学。这是一个社会问题,要全社会的人民经过一番努力,才会见效。

我有了这样的信仰,我才下了决心。我愿尽我的全力,唤醒有为的青年下乡来共同努力。你以为怎样?请告诉我。

祝健

弟　纪晓

158

第二章　中国乡村生活概况

问津吾友：

　　接读你的复信，对于我的下乡计划，如此鼓励，真不愧为知友。我将来是否能为农民造些许幸福，完全不敢预言。不过我确是以身许乡村教育的一人，因此对于你的鼓励，谨代表全国三万万以上的农民致谢意。

　　中等学校每逢毕业，总有什么参观、修学旅行，我们去年不是也到定县、天津等地方去参观吗？那时候大家还梦想着到南京、上海、杭州，你大概还记得吧。这次我们的同学分南京、杭州两队去参观。我为着我的使命，便不加入他们队伍里去，恰恰学校里又规定在大众出发期内，不加入的人可以自由工作，我就和福建同学竺因君到昆山、南通、江阴、扬州、常州去跑了一周。他虽然年龄比我大得多，世故深得多，可是他的热情，他对乡村教育的坚定，以及他为人的诚实和朴素，真是我的益友。我们在两个月以前才开始长谈的。这次经过三个星期的共同生活，真正做到互相了解。竺因真可说是乡村教育的忠实信徒。

　　我这次跑的地方不是城市，都是乡村。由于我是北方人，竺因是南方人，所跑的地方又都与我俩语言不同的。在"清乡肃匪"的时期，外地人怎么能到乡村去逛呢？所以在未出发前，我们先商量了一下，决定第一行李简单，第二盘缠带足，三是每处找介绍人。一、二两点毫无困难，第三点很费了一番周折。幸而这次所遇都是对于乡村教育有兴趣的同志，所以对我们有很大帮助。

　　"湖山洵是东南美"。我们这次走的地方，虽然不能算是东南最美的风景区，但是比起黄沙蔽日的河北，真可以大唱"江南好"的曲调了。竺君说福建的山水也没有这样清秀。我们除坐轮船、火车以外，大都坐小船和独轮小车。昆山的琵琶桨船，扬州的竹篙行舟，都很有趣。南通的小船更别致，船夫本领真高，两手划桨，两脚又用力踏桨，小船驶去如飞，据说船夫大都是浙江绍兴人。常州的独轮小车和北方的差不多。虽然南方大部是平原，但由于河道纵横，到处是板桥和小石桥，比较狭窄，所以不适宜用骡车。

这些地方的农家生活和北方的情况有很多不同之处。考察农民生活是我们这次下乡的目的之一，所以我作了详细的记录，现在约略和你谈谈。今后，我们如果要在乡村开展教育工作，也许会有帮助。

中国诗人们对于农家的看法，古今不同。从前诗人大都羡慕农家生活，把竹篱茅舍，描写得如人间天上。现代的诗人，大都替农民鸣不平，所以什么卖儿还租、土布无销路等等，说得大家都气愤填膺。其实要说农村生活的苦乐，应该把它一件一件分析出来，再和城市来比较，才算搔到痒处。现在我来说几件。

人生最大的需要是空气与水，其次才是饭食。空气与水在乡居生活都非常好。我们这次所经过的地方，可说是运河流域，与运河相通的小河流又很多，所以乡村河水的澄清适口，不但北方人羡慕，就是上海的自来水也不及它。至于空气，虽然这一带农民大都是茅舍土墙，在建筑上不适合卫生，但是开门便是空地，日间又常在旷野生活，这样好的空气，无论什么阔人装着人造空气机，决不及农民的厚福。同时我们再来看看同地域的城市生活，那真是苦不堪言。虽然也有河道，但是轮船、小船拥塞着，两岸居民又把垃圾向河里抛，还有许多染坊、酱园、豆腐作坊等，都以近旁的河道当作活水池。更有街道上阴沟的出路当然也是近街的河道。所以街河的水，臭得和阿摩尼亚水一样。我们有时坐着船经过街河，都把鼻子掩起来。这样水可以吃吗？那些城市里的人，对于这种污水似乎毫不觉得，他们正在那里淘米洗菜，也有的在汲水。据说他们也有的不吃街河水，另取井水来吃。城市里空气不好，倘若在暑天也着实够受。房屋是紧紧靠着的，街道又很狭窄，有许多地方不能三人并行。店铺房屋虽然有窗户，日间开着做生意，但是到了晚上用板窗板门关起来，也就与轮船货舱相仿佛，这还是中产以上的市民生活。若说黄包车夫、工厂工人等家庭那是更不成样子。我们不必再说别的，只就空气和水说，那些地方的农民实在比市民幸福得多。

日光是生活要素之一。近年来不是医学上尽力宣传日光的灵效吗？农民终年在日光中工作,所以他们赭褐色的皮肤、强壮的筋骨,真令人可爱。他们在朝晨开门迎日,看着东方的朝暾,踏着晶润的露珠,背着农具,唱着田歌,快乐地做工去了,自由地做工去了,也就开始接受大自然一天的赐福去了。我们有几天是住在农家的,我们真羡慕他们的生活,羡慕他们强健的身体。那时候我就想到《续爱的教育》上的话来了:"身体精神都染了病的人,快去做五六年的农夫啊!与土亲近,握着锄犁的农民,在人们中最为健康。纵有医学博士若干万人,也无术使国民成健康者。农民实比医学博士牢握健康的秘诀。"农民的强健身体,勤劳的习惯,都是从劳动中得来的。

江南农民的食物很粗粝,麦饼中有麸子,蕃薯代粮,米饭红而糙。平时吃青菜萝卜,有时吃自己捉来的鱼、虾,自己喂的猪、鸡、鸭。富人以为农民的食物太粗,哪知这些食品正是最富有营养的。大多数粮食的皮层里,都含有大量的维生素。农民的粗食胜过富人的鱼翅燕窝。

中国乡村生活难道没有痛苦吗?不!农民们的痛苦多得很,农民的生活极不安定。

1930年夏天,全国闹水灾,江苏的水灾也不小。我们曾见许多乡村的房屋还没有修理,逃荒的农民有的还没回来,倒塌的草屋很多。竺君说福建乡村也是这样,原因比较复杂。我听他说起福建土匪破坏乡村的故事,使人不寒而栗。福建人有一条出路,就是到南洋去。不少农民被土豪地主逼得没路可走,只得逃到南洋去。但是侨胞在异国受尽异族的欺凌。好不容易,克勤克俭,积蓄一些钱财,怀念祖国,回到家乡,便有一批土匪流氓乘机敲诈勒索,使归国侨胞不但尽失其财,有时连身家性命都不保,因此二十年代的南洋侨胞,大多数宁可老死异域,也不敢回国。

聚族而居是农业社会的特色,由于聚族而居产生种种恶果。异姓之间分强姓、弱姓,同姓又有强房、弱房。所谓强姓、强房,必有几个极凶狠毒辣的首领,又有许多爪牙。弱姓、弱房的人犹如奴隶,一切田地、子女、农作物,若被强姓看上眼,就非送去不可,否则就兴师问罪。这些强姓、强房的首领就是土豪劣绅,有的竟是土匪头目。他们只要勾结上官吏军队,或用什么会的名义就可以无恶不作。竺君一路举了许多实例,许多是他亲身的体会。这些土豪是农民的大害,也是我们做乡村教育工作者要进行斗争的对象。

中国农田的分配极不合理。据说江南租米有每亩重到谷三百三十斤或米一石八斗的。而每亩的产量最多不过产谷四百余斤或米二石半。田主们对于种子肥料，完全不负责，还有"田脚"等加倍收租的名目。农民一年辛苦，在丰年也难得温饱，这是农民痛苦之一。

此外交通的不便、卫生的不讲究、教育的不普及，都是乡村落后之处。

中国农村除水乡还有小船以外，山乡一切运输都靠肩挑。交通不便对于农产品的价值、农民的知识水平，都有直接影响。中国乡村死亡率很大，由于农民终日劳作，经济不裕，有许多事情就顾不得讲卫生，苍蝇、蚊子、老鼠等，在乡村里繁殖得极厉害。乡村人民有了病，没有医院可进，只得求神签、吃偏方，结果病人死亡很多。至于乡村里学校教育的不发达，那是谁也不必讳言的。以纳税额与教育费来说，或以学龄儿童的比例数来说，乡村人民实在太吃亏。

以上种种除去政治方面的原因外，农民文化水平低，没有组织起来，也是原因之一。要想人民大众觉悟，必须政治、经济、教育各方面都用科学方法，共同着手。这可说是我们这次跑了一周得到的结论，你的意见如何？

祝健

弟　纪晓

第三章　乡村人民对学校的态度

问津吾友：

　　匆匆地聚首，又匆匆地别离，在常人看来似乎不近人情。但是我们的聚首是有意义的聚首，我们的别离也是有意义的别离，所以聚首固然快活，别离也不悲伤。这次我所以从千里外跑到这里，决不是学阔人避暑，而是为了实现一个计划而来的。你所以冒着酷暑，背着采集器，从城里跑到乡下，又从乡下跑到城里，也是为了实现你的研究生物学的计划。人们为着实现自己的计划而工作，才有人生的真意义。

　　前次来信约我去的洪游君，是我校前十年的毕业生，现任此处教育局长。下半年，他们计划要新办四所乡村小学，听到我们有下乡的志趣，所以转托白发苍苍的校长来找我们。现在已经决定我和竺因君各负责一校。其余两校的负责人是此处本地人，已经见过面，都很诚朴，现在我们住在一起。

　　这几所学校分在该县的东南西北四乡，每个乡有三百户农家。西、南两校靠近山乡，东、北两校完全在水乡。四人中只有我是初做小学教师，又是初到乡里去的，竺因君对于乡村小学最有经验。这几天正在讨论具体计划，我一边了解乡村人民对学校的态度，一边开始学习这里的方言。

　　昨夜在豆棚下乘凉，我们四人又谈到如何办学校。竺君说得极诙谐，也最含有至理，真不愧为乡村小学教师的经验谈。我现在转述给你听。

　　乡村人民不是全体反对学校的，也不是完全欢迎学校的。分析起来有四种人。

　　第一种是反对学校的。从清末到民国初年，国内初办学堂时，这种人最多。那时候不但农民反对，就是一般秀才缙绅们也反对。

　　他们为什么要反对呢？有四种原因：

一是迷信科举八股。他们称教科书为洋书，称学堂为洋学堂。于是反对读教科书，反对废除《四书》《五经》《百家姓》，反对上体操、音乐课。以为读书人就是为应童子试的。

二是有特种迷信的。由于初办学校大都要借用公共场所，如寺院宗祠，或借公共空地造屋。这些寺院里的菩萨、宗祠里的神主、空地上的孤坟，在平时谁也不理会，但是一见到开办学校，就把土偶、木主、枯骨当作奇宝，群起反对。手腕灵活的校长就暗中托人送钱给为首的乡民，或可平息，不然就会造成捣毁学校的风潮。

三是有几个土豪，恐怕学校办起来，他们不能称霸乡里，于是煽动乡民反对。

四是有一部分土豪想把持学校，因为得不到手，于是煽动乡民反对学校。

最近又有第五种反对学校的人，就是吃了学校的亏。起初抱很大希望送子女进学校，以为将来可以维持家业，做一个完人，哪知毕业以后，变成了只会吃不会做的少爷。大儿子上了学校的当，再也不送其他子女入学了，并且宣传学校没用，劝亲族邻里勿再送子女进学校。

乡民反对学校的方式很多。有的聚众捣毁校舍、校具，殴打校长、教员，也有的消极抵制，散放流言，叫乡民不要送子女进学校。或者在学校附近开办一所私塾，唆使私塾学生来扰乱学校，挑起事端，使学校教师感到办学无味，停闭学校。还有的采取不合作政策，停止供应教师的食物、用品，使远方来的教员只好离去。倘若遇到好打官司的土豪，那就向县政府控告，达到撤换的目的。不过来者何人，他没有十分把握，所以控告之风，在乡村里已不很多见。

第二种是利用学校的。这种人的行为和用意，竺君说得更痛快。在闽、粤和南洋一带私立学校很多，所谓校主校董，在表面上确是出钱办学，但是有许多人就因此发大财。因为在南洋一带侨商，只要办了学校，做了校主校董，在商业上可以增进信用，又可以广招徕。竺君还举出南洋争夺校董校主等地位的故事多则，我们真是闻所未闻。在普通乡村绅士，办了学校可以藉此与城里缙绅来往，可以见见县长，因此进可以吓农民，退可以防御别人的欺侮。这样利用学校的人都是我们所常见的。此外还有一种新派利用学校的，他办了学校，利用教员学生做他的爪牙，造成特种势力。这些把戏听说在外国很流行，中国近年来也渐有此风，不过玩得不很纯熟，所以常常闹起学潮来。办乡村小学的人还没有这种本领，因为他们的眼光还看不到这步。不过有许多土豪劣绅为了把持某项公款，于是借办学校的名义，这是常有的现象。二十年代以来，上海、南京不是有很多人以办学校而发财的吗？这也是利用学校的一种人。在乡村中也有的，不过他们不是在学生身上发财，而是在公款、捐款上发财。这种人相当多。

利用学校发财，巩固地盘，勾结官绅等现象，在乡村里是很多很多的。只要主持者有利用的企图，对于学校的一切方面，便会敷衍了事。至于聘请校长教员，当然只有亲疏之分，没有学识的标准。对于学生则只要求绝对服从，不许有自由。对于社会则抱与世隔绝的主张，以免学校内部的底细泄漏出去。利用学校者的罪恶，比反对学校者更大。因为他可以使教育长时期不进步，可以戴上假面具欺骗社会，横行乡里，做教师的对付这种人也最困难。

第三种是漠视学校的。这种人为数最多，在乡村里他们父子相传，同样的耕田，同样的织布，同样的结婚养儿女。对于学校，以为只是读书的场所，读书于他们的用处很少。儿女们长到七、八岁就要帮助父母放牛、烧饭、抱弟妹，哪有空闲进学校读书。他们看学校是享福的场所，有的竟说我们生来苦命、不必读书等话。实际上进了学校的儿童，不但不能帮着生利，在他们看起来，以为学不到放牛等技能是一件大损失。国内大多数漠视学校的农民，都是由于经济情况不好。有些经济稍裕的农民宁可送子弟进私塾读《百家姓》，不愿送进学校。但是教师能稍稍与之联络，也会送进学校来的，不过这是出于人情，不是了解学校教育的真正意义。

漠视学校的农民对于教师虽然重视不够，但对教师来说也没有什么不方便。况且他们存心忠厚，于学校无好无恶，只要没有土豪们去煽动利用，只要教师们肯降低身份与他们稍稍联络，也可以把漠视变为爱护。

第四种是真心办学的。这种人为数极少，我们四个人只有听到过，还没有看到过。我们都希望这次可以遇到一、二个。这种人的心目中，可说只有学校，只有教师，只有儿童，没有别的希求，不问亲疏尊卑。他用热情来感化反对学校的乡民，用苦口婆心来劝导不尽责的教师，用慈母心肠来爱护儿童。他可以为学校排除一切困难，可以为学校谋一切福利。你以为世上没有这种人吗？有的！乡村教育需要有这种人来提倡，才能收到效果。不然全国即使尽办起乡村小学来，也不过是为个人造势力而已。

我们再来讨论怎样加入乡民队伍中去，也可以说怎样对付这四种人。

这次我们去办的四所小学，大概不会遇到第一种人，因为有政府做我们的后盾，迷信和顽固的乡民不敢公然反对。各村又是新办学校，不知道学校的作用，所以由于子女吃亏反对学校的人也不会有的。真心为学校的人似乎也不至于找得到。利用学校的人或许会有，漠视学校的必占多数。利用学校者在这一地区决不是解囊沽名之流，而是假借学校名义欺骗乡民。对于这些小土豪，我们只取不即不离的态度，最初或可通过他们了解该村的情况。尤其是我，因我对此地的环境风俗完全不知，非联络几个人引路不可。但我必须留心不能被土豪利用，更不能自己也变成土豪。

对于漠视学校的农民，我们只有天天和他们接近。在地头田畔，问天气的变化，谈收成的丰歉。邀来学校，端凳请坐，送水请喝，谈些国家大事，科学常识。如经济稍裕，装个无线电收音机，买个留声机，一来可以传播各种新知识；二来可吸引乡民到学校里来。倘若农民需要改良种子及经济帮助，还可联络农业研究机关或农民银行为农民解决困难问题。更有医疗小病，农民极欢迎，这也是使农民信仰学校的方法。至于学校课程，决不能完全是训练读与写，而应培养日常生活技能，使农民感到子女入学，也有实用。总之使大多数农民肯与教师接近，肯到学校里来，能了解教学的内容，那么昔日漠视学校者必能变为热心拥护学校者。

最后我们决定几句话作为我们的方针："鞠躬尽瘁，死而后已，以诸葛亮的忠诚待农民，以历尽艰难、终身不变的忍耐去工作。我们只要至诚坚毅，农民必能为我所动。"

聚二、三同志在月下畅谈，这是诗境。这几天我真快乐，你看了我的信也会同样快乐吧！

祝暑安

弟　纪晓

第四章　筹备乡村小学的经过

问津吾友：

　　朱书指示诸点，与竺君等谈过，都很钦佩！你说："能亲民亲物，才配干乡村教育；能集合好的农民儿童和全区全县的教师的力量来干乡村教育，才能战胜恶势力，收乡村教育的全效。"这许多话真是我们的圭臬。我们在埋着头猛干的进程中，虽然经验会告诉我们如何走，书本上也可以找到材料，但是也很需要有对我们表同情的知友来提醒。那么做起来才会觉得格外有兴趣，有效力，至少可以免去许多错误，因此我们希望你时时指示我们应走的途径。

　　在这一月中，我们几个人都分头忙着筹备开学。现在大体就绪，决定二十日开学。在筹备开学的时期中，我观察出些许乡民的思想与举动，我说给你听，希望你再给我们一个分析的指示。

　　自从上个月我们大家去看了校舍以后，我决定在西乡，竺君在南乡。因这两个乡的乡民出外经商较多，去一个外路人不会大惊小怪。东乡的校长是仲羊君，北乡的校长是肖邨君。各校都有一位初中三年级的学生做我们的艺友，昨天教育局已选定，不久就可以和我们一起下乡去了。

　　这次筹备事宜中，以找房舍最值得报告。四校校舍除东乡是仲羊的庄屋，不费力地借到以外，西乡是古庙，南乡是宗祠，北乡租民房。民房是个人产业，只不过租用、修理等费用贵了些，倒没有什么麻烦。借用古庙、宗祠就不同了。洪局长最初主张我们自己找房，我和竺君初到此地甚感困难，因此邀请督学曾佛如同去。谈到督学制度，真使我不理解。教育局除科长、科员外，还有督学、指导员、教育委员。这三种人的工作其实是相仿的，不知道为什么要巧立这许多名目。那位曾督学着实有些官气，他看我们是小孩子，其实竺君的年龄和经历都超过他，有官僚习气的教育

乡村教育经验谈

行政人员是乡村教育的阻力之一，他或许就是我们的暗礁。找校舍原是他的工作之一，所以非请他去不可。但他足足敷衍了我们一个星期，才懒洋洋地去跑了一趟。我们预料靠他找房是缘木求鱼，所以去的时候就留心找了一位肯帮助我们的人。这位热心人就是小学校长金楼君，他的小学也正好在西南乡。要不是这位热心人的帮助，我和竺君不知何日才能找到校舍呢！

我们共去了三次，就把校舍选定了。第一次不过是闲逛了一趟，结识了一位青年。第二次我们事前请金君约两乡乡长在他的学校里会面。那天到了四位乡长，金君先说明我们的来意，及今后的进行计划，他们对我们的态度很好。据金君说，此间乡民不很欺侮外路人。这句话打消了竺君的顾虑，因为他在福建的经验，乡民最会欺侮外路人的。那天约定划关帝庙的一部分给我，划金氏宗祠的全部分给竺君。不过那天他们声明需等待回去与全乡民众商议才能决定，所以并未立约，而是说定下次回话日期。据金君说这是乡民必有的态度，其实这些乡长何尝会真的去召集会议，不过故意如此说罢了。第三次下乡去也是在金君处，来了六位乡民代表，他们提出六项要求：

（一）绝对不许毁弃神像与祖宗牌位。

（二）逢庙中或宗祠有会，学校必须全部给乡民用。

（三）教师不得阻止乡民求神烧香。

（四）修理庙祠要得到本乡人民同意。

（五）每年各出租金五十元，作为敬神明祖宗之用。

（六）免收小学生学费。

讨论的结果，我们答复如下：

（一）、（二）两条完全可以做到。

（三）条略加修改，如学校正在上课时，乡民不得来求神烧香。平时佛堂神龛由学校负责做清洁工作。

（四）条改为一切修理改装听学校计划，惟须照条（一）办理。

（五）、（六）两条作为交换条件，学校不出租金，小学生不出学费。

最后有一位乡长提出管庙人的生活问题，我当时就要求他迁出，一切管理整洁等事由学校负责。最后决定送管庙老人到别的庙里去，拨庙产的一部分作他的生活费。双方协议妥定，各立契约，请金君做证人。

第四章 筹备乡村小学的经过

当天我们又到两个乡里去看校舍，画了一个平面图带回来计划。竺君的学校是一个三进平房的宗祠，祠中没有什么障碍物，所以不必大肆修改。我的校舍是一个将要倒塌的古庙，房子虽然不少，神像也不少，约有一百尊。竺君看了直摇头，答应帮助我整理。现在已整理得差不多了。大体如下图：

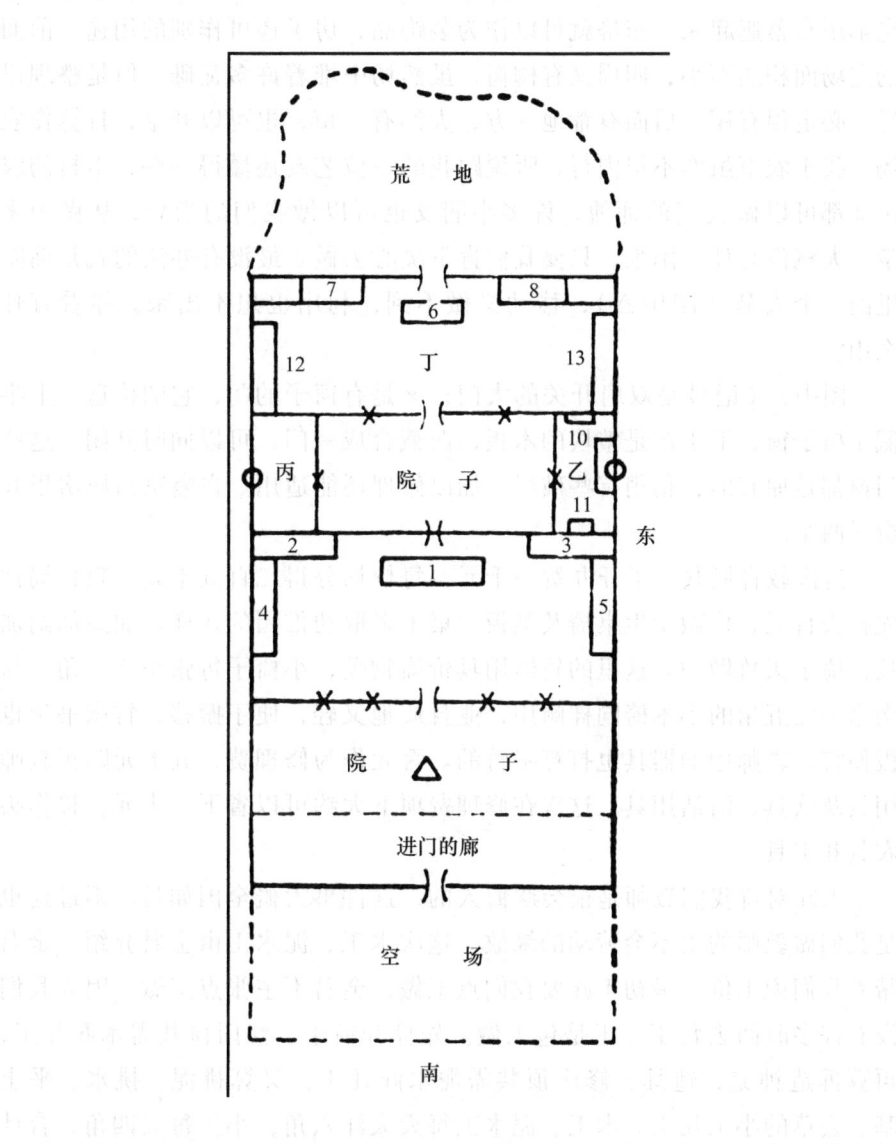

```
          荒  地

   7      6      8

  12      丁     13

  丙      院 子    乙
                  10
                  11

   2      1      3      东

   4             5

       院  △  子

       进门的廊

       空  场

          南
```

上图1、2、3、4、5、6、7、8、9、10、11都是原有的神像。现在只

169

留1、6、7、8四处。把2、3、4、5、9、10、11诸处神像，迁到7、8、12、13诸处。因为1是关帝，在此刻还不能移动。现在我打算做一张大布幕，把它遮起来，布幕上还可以挂地图等。这样，（甲）屋可以做一间极好的儿童工作室；（乙）屋做教师住室；（丙）屋做厨房和储藏室；（丁）屋里几乎都是神像。那天竺君说这是中国塑像陈列所。我也打算把每座神龛都用布幕遮起来，布幕就可以作为装饰品，房子还可作别的用途。前面的空场面积还不小，四周又有柳树，虽然场中堆着许多瓦砾，但是整理以后，必定很有用。后面有荒地一方，大约有一亩，也可以开垦，打算作农场。我于农事虽然不很内行，听说跟我的一位艺友还懂得一些，本村的农民又都可以做我们的师傅，许多小朋友也可以做我们的指导，从做中来学，大概没有什么困难，只要我们肯下决心去做。最没有办法的就是前院里的一个大鼎（图中△），移动又做不到，利用也想不出来。你看有什么用？

图中）（记号是双扇开关的大门；×是有窗子的门，它的构造，上半截是格子窗，下半截是整块的木板，两截合成一门，可以同时开闭。这些门窗都是原有的，稍稍有些破烂，加以修理还能适用。在寝室与厨房里开窗子两个。

这次教育局共筹了开办费一千元，每校均分得二百五十元。教育局预先扣去百元，代做学生桌椅及黑板。桌子采取幼稚园的式样，加高加阔加长，椅子买竹做的。这里的竹器用具价廉物美，小椅子每张小洋三角，与南京一元五角的小木椅同样耐用，并且质地又轻，便于搬移；竹床书架也极便宜，教师用的器具也打算买竹的。百元作为修理费，五十元购买教师用具及炊具、清洁用具。这次在修理费项下大约可以省下二十元，移作买农具和工具。

工匠对待我们教师是很会欺侮人的，这件事大概全国如是。不过这也是我们做教师的太不会劳动的缘故。这次木工、泥水工由金君介绍，金君帮着我们说工价。最初工匠要我们点工做，金君不主张点工做，因为我们没有许多时间去督工，于是包工做。先算开窗子、修门窗共需木匠几工，再算拆造神龛、造灶、修房顶共需泥水匠几工，又算挑泥、挑水、平土基、去草的小工几工。木工、泥水工每天大洋六角，小工每天四角，合计约五十元。木料都是用旧料改的，只买石灰约十元，玻璃二元。最后请油漆匠来估计，他讨价工资二十五元，油漆材料二十八元。这样不是超出预算吗？我就不敢答应了。后来凭着我从前在家里漆过油漆的经验，再参看南京市教育局出版的油漆校舍的起码知识一书，于是买了十块钱的小光油，三块钱蓝粉和牛胶，二块钱油漆工具，我和金君花了四天功夫，把所有门窗都油漆得焕然一新。许多乡民看到我们自己动手油漆，都很诧异。当他们立着看我们工作的时候，我们便和他们谈话，因此倒结识了好几位乡民，从他们的语气中调查出该村许多内部情形。这次油漆校舍，既省了公款，又长进了个人经验，又结识几位乡民，真是一举三得。

现在一切都准备就绪，明天要着手招生。这次招生必定没有问题，一来我早早宣传学校的办法；二来全乡都知道免收学费；三来当地的乡长等都是事前妥协，决不致有反对等举动。预算这村的学龄儿童至少有一百名，倘若全数都来，我们不应该拒绝一个。因为小学教育是义务教育，不应该有考试甄别等举动。但是我们教师又只有二人。二名教师怎样能顾到一百个孩子呢？

困难是学得经验的好动机。我们今后就以寻找困难、解决困难作为我们的工作目标吧！你以为怎样？

敬祝健康！

弟　纪晓

第五章　乡村小学的组织与计划

问津吾友：

　　谁说大学生不会办小学？读了你这次的回信，我很怀疑这句话了。来信指示我的信，都很中肯，其中尤以抄示晓叔所订的几条乡村小学教师的标准为最重要。我前天用这五条标准写了一封信给洪游局长，现节录一段，请你指教！

　　……我们做乡村小学教师的有五件法宝，必需齐备，好像一个人的五官，一只手的五指，缺一不可。哪五件呢？一、健康的身体；二、劳动的技能；三、科学的头脑；四、艺术的兴趣；五、改造社会的精神。能够达到这五个标准，才配称儿童的良师，才能把乡村小学办好……

　　洪先生竟因我的一封信于前天召集全县七十几个乡村小学校长开了一次谈话会，宣布了这五条标准作为改革全县乡村教育的目标，举凡学校事项的进行，教师的修养，小学课程与方法，都要向着这五个目标做。我当时提议每校应根据这五项标准拟半年计划，议决在本月底送交教育局审核。竺君提议厘定乡村单级小学、复式小学和完全小学的组织法。当场指定竺君、金君和我三人起草，他还说我们三人既靠近又能合作等话。现在那两件事都做成了，所以来报告你，你愿意再指教我们吗？

　　在这次起草乡村小学组织法时，我们搜集了许多小学报告书，纪念册，我大约看了三十本，包括的省份有江、浙、皖、闽、冀、鲁、辽七省，其中大部分是城市小学。我们感到乡村小学与城市小学的组织相仿佛，总说一句，全国小学的组织都相仿佛。我们知道小学组织在法令上是没有规定的，但是现在竟能如此划一，这其中必有缘故。我们因此产生了许多疑问。小学组织是否要与社会发生关系？小学组织是否只求校内办事的便利？小学组织是否要分工分得很细？还是只要有专职就可以办事？小学的内部是否要变成社会的缩影？小学组织的繁简，是否要根据内部人员的多少？所以在厘定组织之前，我们先订了几条原则：

（一）小学应当与社会发生关系，但是不应把社会的各种组织搬进小学，弄得校长如官长，儿童是小百姓。

（二）小学是教育机关，不是商店或工厂，在行政手续上应该力求简单，不必巧立名目，制定办公时间。

（三）小学组织的简单与复杂，是人员多少问题，不是事情的多少问题。因为一个学校的事情大都是差不多的，除非教师不肯去找事做。

（四）一切组织应当取有机体的，使各部分都有关系，所谓一部动全体动，一部坏全体受影响。

我们第二步手续就分乡村小学为三种：甲种是单级小学，有教师一人或二人。乙种是复式小学，有教师三人至五人。丙种是单式完全小学，有教师十人以上。

第三步我们决定小学整个的事只有三方面：一方面对社会，一方面对儿童，一方面是内部的事务。这三方面如三棱镜互有关系。

第四步我们才动手草拟以上三种学校的组织。现在我们所拟定的组织如下：

（一）单级乡村小学不分部系，一切事由校长总理。如有助理教师，可以协同办理。

（二）复式小学至少有校长一人教师二人。那么，可以分为三部：社会部、儿童部、事务部。每部设主任一人总其事。校长如需兼部主任时，以兼任社会部主任为相宜。但也得随环境而兼任其他部主任。

（三）单式完全小学，规模较大，组织可以分得细些，但以每个教师至少担任一件事为原则。组织图如下：

校长——校务会议
- 儿童部——包括儿童生活指导、测验统计、课业材料方法等研究及行政等事项。
- 社会部——包括社会调查、民众学校、问字处、民众娱乐、农业改良等事项。
- 事务部——包括会计、庶务、文书、图书保管、考核等。

每部可以分为若干股。儿童部可以取双轨并进的方法。就是某教师对于某队或某级儿童负指导的完全责任，不必由儿童部订立每周几百分钟，也不必细细的给他订定应做的事项，因为教师对儿童是整个的人格感化，不是以某点某点的商品买卖。但是教师对于儿童成绩若何，自己万难判断，所以必须另有专司测验与统计者到约定的时期来做测验，来全校互相比较，看看某项工作，儿童进步了多少。那么做教师的，也可以得着自省。这就是双轨并进的方法，比较现行许多小学分教务、训育等部要切实些。你以为怎样？

社会部是现行小学里所未列的。但是一个学校与当地社会只是"你不问我，我不要你管"地下去，就是办了一百年，这个学校对于社会还是一点关系都没有。那么社会当然不会与学校合作。也可说学校并没有生根，只是一个超乎社会的赘物。所以乡村小学对于社会部工作要很注重。这部分不必分股，只要因事因人来担任。例如要与农业研究机关合作来改良种子，那么只要推举与当地农民熟悉的教师去办理。因为农民对于教师是人的问题，他不知道什么组织分部，倘若手续麻烦，农民就会怀疑，那么一切事就不容易办。许多农业研究机关推广事业的失败，不谙农民的习惯，强迫农民服从他们的办法，也是一个重大的原因。

事务部与现行小学里的事务部相同，不过有一个原则要注意，就是学校事务以愈简为愈妙，把省下来的时间多注意于社会与儿童。事务部有一件工作似乎是必需做的，就是考核。这个考核是考核教师工作的。考核要采取共同立法、共同守法的精神。考核股主任是校长指定的。不过既经指定，校长也要绝对地受他考核。

我校这一年度的计划，也根据这五个目标拟成了，我用复写纸写了三份，寄给你一份，请你指正！

祝健

弟　纪晓
八月二十日

第六章　乡村小学的课程

竺因学长：

　　前天散会之后，我的心上好像有一块大石头压住，你大概也有同感吧！中国乡村小学课程急需另订，这是谁也承认的。不过把这副担子放在我俩的肩上，未免太重，恐怕不很抬得起来。不过我平时对于无论什么工作，都抱着蚂蚁抬猪头的主张，有了多少力便来贡献多少。至于全国是否能依照我们的主张真心真意来干，那是另一问题。现在我拟成了报告书，请你修改后再定一个日期来会谈。

一　导言

　　乡村小学是否需要特殊课程？这是应该先决的。我们看了教育部颁布的小学课程，对于乡村小学处处有伸缩的语气，可见中国乡村教育有特殊设施课程的必要。近年来，许多研究乡村小学者都有各异的提议，以为某点应改，某点应增。结果呢，有些还是"老戏新做"。我们知道课程要根据社会的需要、儿童的能力来制订。那么一国的课程除去全国共同的目标外，城乡当然应有分别。前次会议席上列举的理由，如乡村环境的不同，中国小学课程施行于乡村的失败等，当然都是我们应有的根据。因为我们所需要的是实施，所以不再重述理论的根据。

二　重要参考

　　这次我们为着时间关系，参考不多。据我们参考所得，外国材料决不能直接引用。只有古楳君的乡土课程以及晓庄小学的"儿童生活历"很可以作为我们的参考。现在各摘录如下：

（一）古楳君的乡土课程大纲

1. 乡土自然

（1）动物；（2）植物；（3）土壤；（4）山川；（5）地形；（6）地质；（7）矿物；（8）气候；（9）风雨。

2. 乡土经济

（1）庭园；（2）田庄；（3）农业；（4）工艺；（5）商务；（6）钱庄；（7）银行；（8）权度；（9）义仓；（10）农工商会。

3. 乡土卫生

（1）食料；（2）饮料；（3）游戏运动；（4）扫除；（5）空气；（6）医药；（7）注射；（8）救急。

4. 乡土娱乐

（1）歌唱；（2）戏剧；（3）变戏法；（4）竞技比赛；（5）国技；（6）游泳；（7）茶馆；（8）银行；（9）博物园；（10）佳节庆祝。

5. 乡土交通

（1）街巷；（2）公路；（3）桥梁；（4）河道；（5）帆船；（6）轮船；（7）车辆；（8）邮政；（9）电报；（10）电话。

6. 乡土美景

（1）自然之美；（2）组织之美；（3）建筑之美；（4）名胜古迹。

7. 乡土历史

（1）乡土名人；（2）乡土风俗；（3）乡土传说；（4）社会制度之变迁；（5）生活之改善。

8. 乡土政治

（1）家庭；（2）祠堂；（3）户口；（4）地方自治；（5）团练；（6）保甲；（7）消防；（8）党部；（9）租税。

9. 乡土教育

（1）育儿；（2）幼稚园；（3）小学；（4）中学师范；（5）民众学校；（6）报纸；（7）图书馆；（8）说书；（9）歌谣；（10）学术会。

10. 乡土慈善事业

（1）乞丐；（2）施养；（3）施茶；（4）救灾；（5）孤儿院；（6）养老院；（7）平粜；（8）教会。

（二）晓庄儿童生活大纲

把儿童活动分为经纬两大纲：

1. 关于纬的包括：

（1）写日记；（2）谈话；（3）用书报；（4）用数。

2. 关于经的分为五目，每目包括事项如下：

（1）健康的身体：技击；团体游戏；卫生；休息。

（2）劳动的技能：干农事；修造工具；裁缝。

（3）科学的头脑：认识生物；了解自然现象。

（4）艺术的兴趣：烹调食物；画画；整洁；奏乐、唱歌；演戏。

（5）改造社会的精神：交朋友；团体自治；努力于家庭改造；努力于本村改造；努力于中华民族革命；为人类幸福努力。

以上两种课程，各有见地。现在把我们的意见写出来，作为参考。

一、注意社会事业，使学校成为当地社会中的一部分，这是二者俱有的特点。

二、注意于当地的自然界，使小学生活动范围扩大，不致于为教科书束缚。这也是一个特点。

三、由近及远，由已知进于未知。这是古君的意见。

四、以儿童为改造社会的参加者，使儿童也为当地社会贡献力量。这是晓庄小学的特点。

五、注重农事，注重科学。这又是晓庄小学的特点。

六、不拘于分科，一切活动能从实际生活出发。这是近年来全国共同觉悟的一点，二者亦俱不忘此。

以下诸点或需再加斟酌：

七、材料不容易组织。照那样办法来授课，材料极为丰富，真是遍地都是。但是组织材料方面就发生极大的问题。没有有组织的材料，会产生东鳞西爪、零零碎碎的弊病。

八、师资恐有困难。照那种办法授课，教科书及教师用书都不过是参考材料。学生成绩的提高，全靠教师的努力，教师倘若肯负责，又有能力，学生进步必很快；否则，便会退步。这是困难之一。还有，采用那种办法，教师不但要对儿童负责，还要对社会十分熟悉。我们知道，熟悉社会不是一朝一夕所能做到的。倘若初去的教员不能熟悉当地的社会情况，又怎么办呢？从前人们所以关起门来办学校就是想躲避这个难关。第三，就是教师的修养问题。照师范科的课程标准，对于小学各项活动没有如此的修养，一旦出而任教，儿童遍地发问，教师又怎样处理？虽然我们可以采取"知之为知之，不知去求知"的态度，但是，教师在最初需要树立威信的时候，又怎样去解决这一困难呢？

九、容易偏重地方性。教师虽然要适应环境，但是倘若老是限于当地社会，对于世界的潮流，全国的形势，都不去注意，至少会导致见闻不广，不能与世界共同进步，并且容易造成割据思想、地方观念。

十、儿童所得恐怕不多。当地事物，对于幼小儿童，不一定会有兴趣。若年龄较大，在社会上、家庭里都能学到。例如，农家子女对于农事的常识、常能，在十二、三岁以后，大都很有根底，有时还胜于教师，倘若学校再来教农事，儿童的实际收获恐怕不会很多。

我们的主张如下：

一、根据三十年代教育部颁布的《课程纲要》中关于全国的数点，不是条分缕析的详细节目，规定一个最大的范围。

二、本县教育局可以组织一个本县乡村小学课程起草委员会。在一个较长的假期中，召集会议，请有经验的小学教师来拟定初稿，然后另请各科的专门学者来修正。这件事是县教育局的能力所能做得到的。

三、乡村小学课程，不妨分科。不过科目的增减，似乎有斟酌的必要。并且每科的分量也应该重新分配。我们倘若以全部课程的时值为一百，则分配应如下表：

科目	十岁以下	十岁以上
农事	5%	5%
生物	5%	5%
日用科学	5%	10%
日用工艺	5%	5%
社会常识	5%	10%
日常操作	10%	10%

续表

科目	十岁以下	十岁以上
国语谈话	10%	5%
阅读	10%	10%
写字	5%	5%
日记	5%	5%
算术	10%	10%
体育	13%	10%
美术	5%	5%
音乐	7%	5%

本表所以不用年级而用年岁，因为乡村中超过入学年龄的儿童很多很多，有许多科目在年龄大的儿童不应该与年龄小的同做，份量上也应该稍有出入。至于所列百分数是极约略的数目，不是准确的数目。

四、每科的内容纲要，希望本县的课程委员会详细厘订，并且要确实计算到本县教师能力所能做得到。我们以为应该多多参考古君与晓庄小学的主张。不过应该注意三点：

1. 注重生产。这是全国目前急需一致努力的目标。乡村教育再不应该只玩消费的把戏，养成一般不会做事、只会消费的闲民。所以对于直接的生产技能，间接的生产理论与策略，都应该采纳进去。

2. 注重做，勿注重书本知识。在书本上求功夫是士子阶级的把戏，不是普通国民的责任。我们要培养乡村儿童做普通国民，不要多多培养士子阶级，弄得全国毕业生愈多，循环式的教师愈多。从手脑双全这一点下功夫做事、做人。换一句话，就是整个的小学教育是国民教育，不是书本识字教育。这点倘若弄得清楚，什么课程都可以一通百通。

3. 用整个生活来做主干。从生活出发的活动，才是真课程。订课程时虽然不能列举生活的种种，但是有此一点作为主干，或举例说明，或竟用此组织成系统，则施行起来，有意义得多了。

五、乡村小学每天的生活表，我们以为应该订师生同用的表。因此拟

第六章　乡村小学的课程

了一张在下面：

上午六时起床（应该随着季节而提早，但至迟是六时必须起床）。

六时—六时半　清洁工作，如盥洗、整理。

六时半—七时　日常工作，如洒扫、炊事等。

七时　早餐（在乡村中夏日必提早）。

七时半　整理工作（通学生如离学校近，可以提前来校，至七时回家吃饭，近八时再来校）。

八时　开朝会决定当天的团体工作。

八时半—十一时半　团体工作，或分团或个人工作，以阅读、算术、音乐、日用科学等为主要工作。

十一时半—十二时半　日常工作及进餐（在江南农忙时往往有十时进午餐的，则应该改变）。

十二时半—下午一时　休息。

一时—三时半　团体工作，或分团工作或个人工作，以日用工艺、美术、书法、体育、生物为主要工作。

三时半—四时余　农事（因农事时间有伸缩性，所以不固定时间）。

四时余—五时　写日记并做清洁工作。

五时—七时　日常工作、进餐、休息。

七时—九时　整理当天工作，并准备明天工作。

十时　睡觉（农家每晚睡觉时间极早，所以不要固定学生睡觉时间。教师亦可视起床时间的迟早而提前睡觉。睡眠时间成人以八小时、儿童十小时为标准。勿太缩短，以免影响健康）。

除每天生活表以外，每星期也应该有一张工作计划表。教师固然应该预计本星期应做哪几件工作，儿童也应该有工作的计划，才能避免被动，也可以自己安排真正需要的日程。

最后，我们要说一句极不客气的话，就是厘订课程容易，实行课程不容易。教育部所订的全国小学、中学、大学的课程，工程何等浩大，但是也不过是几个人负责做的，其他所列名人专家，不过开会时出席发言罢了。至于实行试验，几年来有多少成绩？在报纸上虽然看到某校试验新课程如何如何，但实际成绩连一个统计数字都没有，这种做法可以算是试验吗？所以这次本区课程讨论的工作，我们两人也只不过做了极容易的一部分，最难的大部分工作，还要我们全体同志共同努力。

竺因，你看这样的报告书如何？请你多帮助我们思考。

祝健

弟　纪晓

第七章　教育研究会

问津吾友：

又是许久没有写信给你了。前天你来信说我："忙着事业便懒了笔头。"这月来我又何尝不是懒了笔头呢？我每星期计划中依然有写信项，不过这几星期为课程等事，忙着与别位朋友讨论，就抽不出时间写信给你了。

这几天来我们又开始了一件极有趣的工作。本区指导员（其实是教育委员，现在我们都称他为指导员）叶尘先生，发起了一个研究会。它的组织非常简单，但是它的工作却非常有趣。我把它的要点报告给你。

这个会的名称叫作第一区教育研究会。凡本区校长、教员都是当然会员，邻区的校长、教员也可以加入。会期极多，每两星期开会一次，时间便定在开会那个星期日的上午。乡村小学教师每逢星期除进城去浪荡者外，其余都是坐在家里。所以此次会议真很有意义。

会议没有固定会场。本区十四所小学轮流开会。全会只有两位书记，一位主席。主席是固定的，即指导员为当然主席。书记是选举的，竺因君和我都当选了。

平常的教育研究会有两大缺点：一是虎头蛇尾；二是工头包办。所以我当初与竺因君商量时，很有些害怕。怕的是初时一两次讨论章程，通过办法，大家都轰轰烈烈地干，但是等到章程和进行的办法都通过以后，这个会也就无形中停顿了。主持者只博得这一虚名，可以呈报官厅，或在报纸上刊登新闻，出现了自己的名字，就推说忙于别的事情，不再去过问。会员呢？当然人各有事，而且既不任此职位也不便去追究，以免自讨没趣。因此，会议便成"神龙"。这些情形在乡村里尤其容易遇到。因为交通不便，设备不完全，供应又不周到，环境已经暗示会停顿的。

乡村教育经验谈

至于工头包办式的集会，在研究会中还很少遇到。包办的原因是为着要想抢权利，保持地位。研究会不会有什么权利，所以很少会有人包办。不过许多大学教授或刚从大学毕业出来的指导员，由他们组织的研究会，也会产生包办的。他们不是为抢权利，而是看不起小学教师。正如《乡村教学经验谈》里玛沙氏所描写的那种神情："身躯伟大，顶秃无发，鼻架眼镜，而且柔若妇女那般的一种人。……他谈起话来，必定喜欢用许多心理学上那些冗长的名词。恐怕除却百科全书以外，没有人能了解。"对啦！那些人的热心于学问，肯认真做事，确实可以使人佩服。不过他们太理论化了，说得刻薄些，"他们好像中世纪的牧师"。有时候他们也会瞧不起小学教师，以为他们是不中用的。其实我很不客气地说一句，小学教师的智慧与技能决不会在许多教授、学士之下。不过他们没有教授们每星期只教六小时课的条件，不能整天咬文嚼字，搬专门名词。一般教授们或大学初毕业的学士们所主持的教育研究会，大都是少数人包办讲演，结果是大家如听留声机，听是听到了，可惜了解的内容太少，实用的地方更少。这种研究会的效果，至多不过等于上几堂《教育学》的课。

这两种方式的研究会，都不是小学教师的研究会，也不是小学教师所需要的研究会。我们小学教师正如嗷嗷待哺的灾民，研究会好比是赈灾会。灾民需要的是能吃饱肚子的粮食，能温暖身体的衣被，以及能居住的房子，决不需要空谈，也不需要从外国百科全书里引用的注释，更不希望饱着肚子的人来说几句场面话，拍发几张不付钱的电文。我们与叶先生详细而痛快地谈了一次。他是一位有血性的青年。当天他宣布了一个计划，并且说："我若不能实行我的计划，我一定离开本县，永不回来。"我们有如此坚定的指导员，真正难得。

那天他宣布的计划分三部分：

（一）预定各校研究的问题，共分十个问题，就是：

（1）乡村小学国语问题。

（2）小学生写日记。

（3）乡村小学的社会科。

（4）乡村儿童的生物研究。

（5）农事科可以占有乡村小学的特殊地位吗？

（6）乡村小学应该教什么算术？

（7）乡村小学的艺术活动。

（8）田间音乐。

（9）民众体育。

（10）乡村儿童的训练问题。

以上十个问题由各校自己认定，每校认一个也可以，两个也可以，但至多只可认三个。如果一个问题有两个学校同认，似乎会重复。但叶先生想了一个巧妙的方法，他把每个问题分为许多小问题，再由各校来分认。这样，问题的范围越小，研究起来可以更深刻更精辟。

（二）预定研究步骤

各校分认研究的问题以后，由指导员根据问题的繁复与简单，研究日期的长短，定出公开讨论的先后。研究手续至少要具备下列六个条件：

（1）收集前人讨论过的文字。

（2）试拟一种材料对儿童进行试验。在试验以前要订出计划，如需指导员帮助，可以预先通知。

（3）开会的那天，要有一次公开示范，给大家看如何试验及其效果。

（4）开会时，要详细报告研究过程。

（5）凡是会员对于任何问题都有提出疑问、参加讨论的权利。

（6）指导员对于任何研究题都有帮助进行的责任，也有指正的权利。

（三）演讲

照理每个研究题目都应有专家来演讲。但是，国内对于乡村小学有研究的人有几个呢？又有几个是不戴虚名而能实干的呢？即使有这样的人，能否有机会到我们这样的穷乡僻壤之处来演讲呢？这些都是实际困难。因此，叶先生主张宁缺毋滥，没有真正的专家来指导，就由我们来摸索，许多同志一起携手摸索前进，或者会收到"三个臭皮匠抵得一个诸葛亮"的效果。关于这件事，大家都很谅解，所以都请求叶先生勿利用演讲来做研究会的"提神药品"。我们每个人都要充分努力，来办好这个研究会。

我们全区教师只有三十四人，那天开筹备会，都到了。叶先生穿着一身土布学生装，赤着脚和竺因君跑来，引得大家都笑了。这一笑把前几年本区教师间所有的倾轧意见都送出门外，所以那天的筹备会开得非常满意。我感到至诚可以动人，也只有至诚才能使人钦佩，使人服从。倘若那

乡村教育经验谈

天叶先生西服革履，装出学者的态度进来，大家就和他筑起墙来，绝没有好结果。至多不过服从他的命令，也就免不了他个人包办。我希望指导员都以至诚之心去待人，这样工作也就好做了。你以为怎样？

祝健

弟　纪晓

第八章　教科书问题

问津吾友：

　　我们的研究会开过第一次正式会议了，会期是昨天，开会地点是在竺因的学校里。昨天全体教职员都到了，一个乡村小学平时很少有人去参观，忽然来了这么多客人，乡人们很惊讶，以为学校里有什么盛会。儿童们预先知道这个消息，所以个个都很兴奋，把环境布置得十分清洁美观。竺因是一位勤勉的乡村教师，在他的领导下，学校的气氛使客人们都很愉快。

　　第一项是叶指导员自己讲演，他讲的是教科书问题。他的见解很有些像他的服装。你还记得他的服装吗？——赤脚穿土布学生装。我现在把他的讲演内容简述如下。

　　中国自从废八股办学校以来，教科书便代替《百家姓》《千字文》《四书》《五经》《策论》而起。近年来，我们知道教科书的销路十分惊人。商务、中华、世界三大书局的小学教科书每部都在千版以上。若每版以千册计算，那么每种的销数大都在几百万册。每册以一人计算，全国儿童至少每三年有三四百万人受到教科书影响（因各书局教科书大都是两、三年调换编辑一次，每次都有千版左右）。所以这个问题实在值得我们研究。

　　我们乡村小学对于教科书问题尤其要研究。一来是乡村小学只能采用教科书，因为乡村小学教师既无余暇自编教材，也无能力自编教材；即使教师能够做到，也会有很多困难，印刷困难，保存困难，家长反对。老实说，儿童对于油印的讲义，实在没有什么兴趣，还不如一本书。

　　教科书既然是我们乡村小学的必需品，我们应该问一声它的用处究竟是什么？书是帮助我们生活的工具，必须打破"书中自有黄金屋，书中自有颜如玉"的错误观念。我们对于书，只问这本书对生活是否有帮助，所以对于小学教科书也只应该问一句对小学生的生活有多少帮助。

从"生活工具"的立场来衡量我国本世纪初至三十年代的小学教科书，实在有些问题了。归纳起来有下列各点：

（一）一切教科书以文字为主。例如政治教科书，我们本应培养儿童有民族意识，掌握民权，在家庭、学校、社会上做些有益的事等等。但是实际上，这是政治识字书，不是政治教科书。这些书只教儿童认识这方面的字，至于主要的内容反而忽略了。政治是最有意义、最容易与儿童生活结合的教科书，结果尚且如此，其他可想而知。

（二）文字方面也极少趣味。例如国语教科书，顾名思义可以着重于文学欣赏。但是现在的小学国语教科书，大都犯着杂凑的弊病。我们读到好文章，可以不放手。儿童也是这样，如读到《水浒》《红楼梦》《西游记》等书，谁愿意放下它去吃饭呢？有时连瞌睡都会被它赶跑。但是那些国语教科书不是东凑一段，便是西摘一篇，或者改写得一泻无余，决没有看到"且听下回分解"，使读者急不可耐的魅力。所以说得刻薄一些，读那些教科书好比嚼蜡，真有些难以下咽。

（三）最坏的就是教科书没有与生活结合。例如自然教科书应该是生活中最精彩的部分。但是现在的自然教科书呢，真正是科学八股。不要说老师自己也不能活用，即使能尽量去用，也与生活结合不起来。有人说：自然教科书好比是白米，外表虽然漂亮，吃起来是不会养人的，因为它的维生素都已经消失了。

为什么会产生这三种弊病呢？因为一来编书的人受了八股的毒还没有去掉，以为文字便是教育，只要文字方面稍加斟酌，编成一册书，便于老师讲解，学生静听，以为讲书、听书便是正式教育。把"书是生活工具"的意义完全失掉了。二来是许多留学生或会看外国书的人，看了外国书本，把他们的形式部分照搬过来，因为这是容易做到的。对于其中联系实际的一部分，由于不能直抄式的贩卖，便暂时遗弃。这两种原因合起来便造成这样的局面。

按照教科书是生活的工具这一意义说来，凡是好的教科书至少要合乎下列三个标准：

（一）看它有没有引导人行动的力量。中国人的手中了旧文化的毒是已经瘫了。看看教科书能否打一针，使一双废手变成能改造世界的手。我们要看它能否把双料少爷的长指甲剪掉，能否把双料小姐的手镯、戒指脱掉，能否把活泼泼的孩子身上的传统镣铐卸掉，使全国无数无能的手变成万能的手。

（二）看它有没有引导人思想的力量，看它有没有引导人想了又想的力量。中国文人做了几千年的字纸篓，中国农民妇女的头脑做了几千年的真空管。我们现在要请大家的头脑出来做双手的司令官，我们要头脑出来做监工。我们不但要做，而且要做得好。如何可以做得好，如何可以今天做得比昨天好，这是头脑的天职。我们拿到一本书，便要问它能否给人的头脑指导要做的事。

（三）看它有没有引导人产生新的力量。"日日新，又日新"，是教科书的标准之一，也是人要受教育的目标之一。因袭古人，不能发明，不能向前进，那又何必有教育，又何必有书？怎样才能做到这一点？就要手脑双全。这样做，不仅可以使个人生活变新，而且可以使世界翻新。

总结以上诸点，就是要做什么事用什么书。反过来说，我们估量这本书的价值，也只有以用时的效果来做标准。例如我们要种菜，那就应找一本种菜的书。评价这本书的好与不好，要看它是否能指导人种菜？是否能指导人种出好菜、特种的菜来。种菜是这样，推而广之，唱歌、画画、谈话、写字、算术、养鸟、养蚕、踢球等都是这样。所以我们要用的书实在比任何时代的教科书还要多，决不是几本小学教科书所能敷衍了事的。

但是按照这种标准，要希望现代的书商来做，那是做梦。许多卖文者知道此中情形，于是尽力在形式上下功夫。中国小学教科书的形式虽不够完美，也很讲究。许多杂志讨论教科书的问题大都偏重于形式。现在略说一个大纲，作为比较研究的根据。

（一）关于字句方面的
（1）语法合乎儿童口吻的。
（2）句的长短合乎儿童程度的。
（3）是国语而非方言或文言。
（4）造句自然而非拖沓牵强的。
（5）标题醒目足以引起儿童注意的。

（6）提纲挈要足以概括全篇大意的。

（7）所附问题足以引起儿童兴趣及研究的。

（8）上下一贯无断续扦格的。

（9）层次井然无颠倒错乱的。

（10）结构多用归纳法而无散漫敷衍之弊。

（11）行文生动不过于呆滞。

（12）平正通达，不过于做作雕琢的。

（13）低年级所用课文多自然反复而不繁杂的。

（二）关于全书用字方面的

（1）是日常应用而非生僻不适用的。

（2）在一课中所用生字不易混淆的。

（3）生字出现先后合乎儿童程度，而非难易倒置的。

（4）各课生字排列适当，而无偏多偏少之弊。

（5）生字的复现合于复习的原则。

（6）欣赏文多于应用文（低年级尤应如是）。

（7）韵文少于散文，但低年级韵文可较多。

（8）各种文体错综排列。

（9）先易后难无颠倒之弊。

（10）各册份量适合某一时期之用。

（三）关于排印的

（1）字体：低年级用二号；中年级用三号；高年级用四号。

（2）字形：低年级用楷书；中高级用宋体字。

（3）字间距离：至少一毫米。

（4）行间距离：二、三号字排成的行间以等于字体阔度之半为准；四号字排成的行间以至少等于阔度三分之一为准。

（5）标点：低年级不用标点，而每句隔离。中年级参用；高年级全用标点。

（6）关于插图方面要注意下列数点：

①意义明显；②形象正确；③位置适宜；④笔姿生动；⑤彩色画色彩

鲜明（低年级尤宜多）；⑥特点易见。

（7）颜色除彩色画外，余均以白纸黑字为当。

（8）封面要有与本书有关的彩色画，以引起儿童兴趣。

（9）书形长方形，大小以新闻纸十六开为准。

（10）纸料要坚韧无光，能两面印刷不透过。

（11）装订是平装，书面用较厚的纸。

（12）册页以每学期用完一册为准。

以上所列真是详尽极了。叶先生还带了许多种教科书来作实地说明。最后他提出几个极重要的办法：

（一）选择教科书

现在小学各科都有教科书。倘若各科都买全，普通家长不能负担，乡村里更不容易办到。所以寻常办法每个小学生只买国语、算术、社会、自然四本；到了高年级加买地理、历史等书。从来没有一校是要儿童都买完全的。这是最初浅的选择法。其实照现在的编辑性质而论，自然、社会教科书又何尝与国语教科书有差别呢？所以与其要小学生买社会、自然教科书，不如给他多买别种书。例如国语教科书在各种教科书中最为进步，那么我们竟可把省下来的钱多买一两本国语教科书。况且各种国语教科书各有特长，也各有缺点，倘若我们把同程度的多买几种，不是可以取长补短吗？

（二）选买丛书

依照生活教育的目标是做什么事用什么书，那么教科书决不能胜任。所以必须有各种性质的丛书，每册都是极薄极精的本子，价值又都是每册几分钱，于是研究什么问题，便可来用什么丛书，这样才可以达到用书的目的。不过编辑合适的丛书还得各大书局和有经验的编辑来努力。

（三）合作买书

这一办法可以在中年级以上的班级做。因为有许多书不必每人一本，但是完全不买也极不方便，所以只好几个人合买一本。开学时，学校可以收极少数的图书费，把这些钱交给各级的级任老师，由他们根据各级需要来购买。例如美术、劳作等书，都是可以这样办的，许多丛书也可以这样办理。

　　他足足讲了一个半小时，大家都听得呆了。这种研究会真是我们的师范学校，这样的指导员真不愧为我们研究工作的领导者。他的信念很坚定，但是他待人非常和蔼。我们大家都十分尊敬他。

祝健

弟　纪晓

第九章　乡村小学与生物的关系

问津吾友：

　　去年有一次开研究会时，我们大家闲谈到乡村教育同志们的敌人是谁，大家都说是土豪劣绅。其中有一位诙谐的邵先生独持异议，他说，"只有二种敌人，就是恶狗与毒蛇"，引得大家笑个不停。哪知座中有一位石清潭先生反对他，硬说蛇是可以玩弄的，不足怕的。当时大家都有些轻视他，以为他说大话，尤其竺因君大说石君是风鼓车（是闽语，讥笑人说大话）。但是昨天，看到石君上了一次自然科，大家才相信他的话是真的，丝毫不是假的。

　　石君是劳山小学的教师，他是一位高中毕业生，沉毅果敢，平时不很说话，每次发言，必极有力量，能使全座肃然。自从昨天以后，大家更佩服他了。因为这次示范，决不是常人能做到的。

　　劳山小学是一个极普通的山村小学，有两个生活室，平时儿童分为高低二班，房子也不过是草房土墙，但是收拾得非常干净。昨天我们见到校中一切陈列品几乎都是活的动植物和死的标本。如鸽子、喜鹊、蛙、蛇、螳螂、石龙子、鱼、虾、蛤等，以及各种花草。墙上的装饰是标本纸，窗台上陈列着标本瓶。这些标本瓶五光十色，有的是墨水瓶，有的是糖瓶，有的是小钵子，但真正的广口标本瓶很少。还有许多骨骼，如人的骷髅，牛、猪、狗的头盖骨等。

　　昨天石君主持的是蛇的讨论会。他先抬出一个蛇笼来，笼子构造很简单，就是一个装煤油的木箱，挖去一面，用铁丝网蒙起来，笼里有大小蛇四条。石君先说明这几天小朋友们捉蛇的努力，然后说明蛇的形态。当他说明的时候，他一条又一条地捉出蛇来传给儿童看。不但教师会捉蛇，儿童也敢传下去看，并且儿童们又能叫出名字来，这是乌风，这是水蛇，这是土幺蛇等名。我们参观者实在个个都咋舌了。看完蛇以后，石君就请儿童提出问题来。在十分钟内，儿童提出了十五个关于蛇的问题，石君都记下来，声明下次回答。我们所惊奇的有下列四点：

（一）教师和儿童真的能与生物做朋友。

（二）儿童发问的态度极好，又都有相当识见。

（三）教师能利用当地材料布置生物研究的环境，能用极少的金钱，收极好的效果。

（四）石君的讲演也极精彩，因为都是他的经验谈，不是一些贩卖货。你是研究生物的，我现在把他的讲演抄录给你，请与有经验的教师讨论、修正，寄回给我。

以下就是他的讲演记录：

研究生物是人人喜欢的，因为人也是生物之一。不过近年来无论哪个中小学，对于这门课程都有一股八股气，设备毫无，教师又是双手不能做标本，两眼不敢看活的生物，只能凭着书本讲，遇到实物，一件也不认识。纸上谈兵是笑话，纸上谈生物也是笑话。今天我的谈话，是先假定一个教师已经有了能力、有了决心研究生物，然后怎样来指导儿童研究生物。

（一）活的在前、死的在后

什么是死的？是标本等等。什么是活的？就是正在生长或者能够行动的。研究生物，真是到处有教材，在乡村里尤其多。从早晨到晚上都有生物，甚至灯下有飞蛾，深夜也听到枭鸣，所以要得到活的生物是毫无困难的。我们可以观察活的生物的活动状况，生长历程。活的生物一切都是真的。无论怎么好的标本，总做不到像活的生物。况且我们在观察活的生物的时候，见到生物天天生长。古人说："三天不见，刮目相看。"活的生物才当得起这句话。见到研究的对象，天天有变化，这是何等有意义的事！当我们把活的东西给儿童看，便能引起儿童的兴趣来，引出儿童的问题来，能引得儿童行动起来。更可以因注意其生长的过程，安排儿童负责研究。至于标本，只可引起儿童一时的惊奇。上课的时候有了标本，对于教师确很方便，但是不能引起一切的活动。所以我们非万不得已，不要用标本来教儿童。俯拾即是的活生物，我们为什么不来利用，而要花钱去买死标本呢？

（二）整个在前，部分在后

研究生物有两条途径：一条是多识；一条是精究。例如研究动物，能够认识各方面的动物，所研究的是各种的全体，这是多识；倘若专门注意于某种动物，如昆虫，这已经是精究；再进而研究蜘蛛，更是进一步精究；又进而研究某种蜘蛛的内部与生活，这更是精益求精。我们在小学里要做到环境的丰富，儿童兴趣的蓬勃发展。应该多从整体上认识，从整个生活的研究着手，少做部分的解剖。部分的研究，非要有精致的设备，以及其他的学识不可。在小学里不但经济上做不到精致的设备，就是儿童的研究能力也达不到。所以我们应该鼓励儿童的兴趣从多方面的整体上去追求，非不得已不做部分的精究。

（三）本地在前，外地在后

小学研究生物，是为了研究生活的环境，与听世界奇闻是不同的。我们倘若能够养成儿童对于自己的环境能注意、能认识，更进而能利用，我们的目的就算达到了。从前有些有钱的学校，花了很多钱，买了许多外国标本，陈列在玻璃橱里，有什么用呢？这样拿着外国的标本教儿童，使他们对于本地的草木虫鱼反而一件不识，又有什么意思呢？不过这一点与教师的修养大有关系。许多教师学习生物都是从标本上学来的，于是对于本地生物很难下手，为了走近路，只好直抄老法。哪知研究本地的生物，是取之不尽的，可以逐步深究。真能做到这一步，教师便可从单调的生涯中跳出来。倘若只教标本，虽然便利于一时，于儿童没什么益处，于自己只能做留声机片的生涯。两次重复，便会感到厌烦。

我们倘若采取本地材料，对于儿童还有更好的收获。儿童可以自己动手去采集，这样能使儿童更容易获得研究的机会，能够观察活的生物生长的过程，就会更有兴趣。学校的开支也可更节省，因为标本是很贵的。工具比较便宜，买了一次工具可以多次应用，可以得到许多活标本，不是更有意思吗？所以无论为学校着想，还是为儿童着想，都不如研究本地材料。为教师着想，研究本地生物更可以使自己的学识日益长进。

（四）大的在前，小的在后

这个原则与儿童年龄有关系。小学的儿童能够牵住一头牛，不会留心污水中的虫。同时，大的生物对于人生的关系更来得直接，也就容易引起儿童的注意。以植物来说，显花植物比隐花植物容易引起儿童的注意，对于人生也是显花植物来得直接。又如昆虫中的蜻蜓、蜘蛛等容易引起儿童注意，蚜虫等非得专门研究者或园艺家才能去辨认。

（五）简单在前，复杂在后

研究工作当然愈精细愈复杂愈好，所以现在的生物研究已经发展到了细胞的组织成分。凡是肉眼看不到的，借助于显微镜。关于解剖方面，不但高等动植物用得到，就是下等动植物也渐渐引用起来。但是这些精细复杂的专门研究，在小学里是难以做到的。我们倘若遇到肉眼不能解决的事物，可以用放大镜或低度的显微镜。如遇必须解剖的，可以用简单的解剖手续。例如研究蛙，除外形变态以外，可以研究它的产卵等情形；至于它的神经系统，在小学里可以暂时从缓。

本着以上五个原则，教师可以寻找极简单的指导方法，可以与儿童共谋进步。以下是五个指导的步骤。

（一）教师以身作则引起儿童爱好生物的兴趣

没有兴趣的工作决不能持久，也决不能自愿地求进步。要儿童与大自然发生兴趣，确是比别种学科来得容易，不过还得要靠着教师以身作则。我校儿童对于各种生物都具有兴趣，其中以蛇为最有兴趣，这是我所预料不到的。我本来不很会捉蛇，现在已经可以玩弄了。小朋友们捉蛇的本领也很大。有一天，我带了几个儿童去采集，忽然看到池塘里有两条水蛇正在交配。小朋友们狂叫起来，有的想去捉，可是不敢。我就下塘去捉了来，放进袋里去。到了学校大家就讨论蛇，都想来捉，捉来捉去，大家就会捉了。又有一次我被乌风蛇咬了一口，流出血来。小朋友问我痛不痛，我说有些痛，不过乌风蛇没有毒，不要紧的。小朋友就都想被蛇咬咬看，有的真的把手指伸到水蛇嘴里，告诉别人痛不痛。

教自然科以身作则是一件不容易的事，教生物尤其不容易。我认为必须具备下列几种能力：

（1）大胆。我们从小有着种种不良的印象，所以不但看见蛇会惊跳，就是跑进一个森林或者草丛里，也会发怵，所以有许多小学生最初是无所不爱地玩弄，不久受了教师的影响，也就怕起一切生物来了。我们对于一切生物只要用科学头脑来分析思索，便会减少怕的成分，再常常与生物接触，就能大胆起来。大胆的人，才能与一切生物接触，才能着手研究生物。

（2）细心。"胆欲大而心欲细"，这是老话。我们所谓细心不是怕动手的细心，是细心地研究，细心地观察，细心地调查它的一切。我们采集了生物，就该细心研究。

（3）熟练。捕捉动物与挖取植物都要有相当的技术。捉蛇固然不容易，就是捉一只蝴蝶，也很不容易，一不小心，就弄得断翅折触角，不是完全的标本。

以上三种能力，都不是一上手就学得会的，要从经验中得来。愈多做，愈有能力，儿童的兴趣就愈浓厚，因此教师也愈肯努力，经验也就愈多。

（二）引儿童到大自然里去，给予多见多接触的机会

"在大自然里教生物"是原则之一。到了大自然，应该使儿童做些什么事呢？约有下列几件事。

（1）多问。乡村儿童天天在大自然中，但是对于自然界中的一切，都习以为常，不会发生什么疑问。草便是草，花便是花。他们不会问：这是什么花？这朵花为什么能红？我们带儿童到自然界去最起码，也可说最切实的工作，就是要养成儿童肯研究自然界的一切生物。怎样研究？发问是一条最重要的方法。发问的程序有三：

①这是什么？这是最初步的发问，大约年龄在四、五岁以上的儿童只要没有意外的阻碍，都会有这个能力。

②为什么？这个问题稍稍精深了。例如听到蛙声，寻常不会问蛙为什么会叫的，要有了相当的知识，然后才会问这个问题。

③内容怎样？这个问题有时是跟着第一个问题发生的。例如看到一个水蜡烛（蒲的种子），他们便会一把把地拔出来。这就是想知道内容怎样的动作。因此接着便会产生为什么这些种子会乘风飞扬？有时候这个问题是跟着第二问发生的。例如看到寄生蟹，一螯发达，一

螯不发达。最初问：为什么是这样的？然后再来问两个螯究竟为什么相差得这样远。

以上即所谓三个W，是最普通的发问方式。此外还会问到：这有什么用处？它的生活情况怎么样？与别种生物有什么关系？生长到怎么样的程度才算完全……

教师对于发问一事，必须采取下列几个步骤：

第一步，儿童不会问，教师要先问儿童。看到什么就问什么，儿童回答不出来，教师来回答，教师还应该选择儿童能回答的来发问。

第二步，儿童已经会发问了，教师来追问。例如看到蛙卵，儿童已经能问这是什么，那么教师就应该追问蛙卵的外层为什么要有胶质物，为什么卵是灰色的，胶质物是白色的，几天能出蝌蚪等问题。这是养成儿童彻底研究的好机会。

到了儿童已经会发问了，那么教师千万要处置得当。第一，不要讨厌儿童多问。第二，不要完全回答，儿童的问题要让儿童动手去做。例如蛙为什么叫，问题是极容易回答的。不过与其直率的回答，不如指导他们去观察蛙究竟为什么要叫。等到发现原来是求偶的表现，儿童会高兴得跳起来。第三，要知之为知之，不知去求知。例如一块螳螂的卵能够出多少螳螂？这个问题，谁也不能准确地回答。那就只好对儿童说：我们共同来观察，看它能孵出多少小螳螂。

（2）采集。采集的益处在原则中已经说明，本节要说采集的注意点。

①禁止儿童的残忍行为。儿童看到花就扯碎，又会捉小鸟，毁鸟窠，弄死青蛙，幽囚雏鸟。当初他们又何尝有意要弄死这些小动物呢？只不过也是一种研究的行为，到了好心变成坏事，也就会难过起来。这时候倘若教师提起一句伤心的话，可以使全体儿童流泪。但是与其激动于事后，不如预告于事前。在出发之时，我们应该告诉他们采集的目的，然后依照这个目的去采集。同种的动、植物不是多多益善，而是够用就足。贪多也是残忍的行为之动力，所以也应当注意预告。

②注意危险的行为。儿童兴趣所至，可以不顾一切，都能勇往直前，上树涉水都是常事。要知冒险是应该有计划的冒险，不应该轻于

尝试。因为在自然界中是随处会遇到危险的，教师应该处处留心，使儿童能预先估计而行。不过教师也千万勿多虑，把儿童束缚得如木偶一般。

③比赛成绩的优劣。采集的目标既定，那就分儿童为几队，各队分头去采集，看哪一队的成绩优良。至于队的名称可以用著名生物学家的名字，这样可以使儿童记得几个名字。教师对于各队的指导尤须平等看待，以免引起争执与嫉妒。

④整理采集的成绩。这是最重要的一步。儿童爱采集而不爱整理，其实只要教师主持得法，整理也同样有趣味。我们小学整理的成绩，不必如研究院那样严格，可以预先定一目标。如布置活动室为秋天的山村，则红叶、秋草都是极好的材料；在另一处可以布置水族的活动园，则蛤壳、鱼、蟹也都是好标本。把采集来的成绩用系统的方式，加入儿童的趣味，然后整理起来，这样不但学校可以得到极好的设备，就是儿童也可得到极好的教育。

最后，石君又提出一个小学生物科应有的设备表来，我也抄附给你，希望你能补充。

祝努力

弟　纪晓

第十章　干农事

问津吾友：

在我们的研究会中，有一位个子最高的会员，是樊邱小学的校长许枫其。由于大家常常在一块儿熟了，所以给了他一个外号"无线电杆"。今天这位"无线电杆"真正给了我们许多切于实用的教训。

许君是研究农事的，今天在他的田园里开会。上农事课在田园里不算奇怪，哪知我们这些人也在田园里上了一次农事课。

樊邱是一个并不大的村子，只有一百多户农家，田却很多。小学里的田园是樊家的公产，大约有四亩。许君把它分为三份：二份种庄稼，我们看到种的是蚕豆和小麦；一份是蔬菜。今天他带着小朋友种了半小时以上的菜。种完菜以后，我们便坐在一株大樟树下开会，许君没有洗手，也没有穿鞋，泥手泥脚地在大树下给大家讲起课来。

他说："乡村小学的必修科应该是农事。无论新、旧教育学说，都不能否认这一点。如果说生活即教育，那么乡村的生活是什么？又如果说教育是预备人生，试问乡村小学的毕业生大多数是做什么工作？在中国没有变成英国样的工业国以前，乡村小学的农事，必须为主要科，决不应该放在劳作科里或附带在自然科中就算完事。"

农事虽然这样重要，可是教师问题极不易解决。农业学校毕业生实在不会做农事，这件事决不是诬蔑，我们全班同学没有几个会拿锄头的，其他工作可想而知（按许君是农业学校毕业生）。师范学校办在城市里，从进校到毕业，不要说种田，甚至于看人家种田也难得。所以大多数乡村小学里都没有农事一科。我们一区大家都有这科，这是要感谢叶指导员的提倡。

其实我们教小朋友做农事，我们不能算教师，我们只可说拜小朋友做老师，同时也拜农友们做老师。当我最初得到这块农场的时候，我便请教族长，请他计划，向他要种子，并且请他找牛来耕翻。这块土本来是荒地，所以在前年秋季，我们耕翻以后便种了一大批芝麻。初垦的荒地最适宜种芝麻，不但不会被野草侵袭死，并且可以得到野草化腐的养料。这是我第一次学到的常识。

第二批的农作物我便计划分农田了。小麦、蚕豆等都很合适，下种以后，只要除草、上泥，到了春天，小麦田再上一次肥就得了。蔬菜是一件不容易种的作物，着实要费些心思。

种田第一要紧的是不失农时，菜蔬尤其要注意农时。在白露节先后很适宜种白菜，先做苗床。苗床的土要做得细，做法先翻起土块，把它晒到呈灰白色，然后打碎，做起畦来。在高燥的区域要平而浅，四围还要做水沟以便蓄水，在低洼的地方要高而深，以免水份过多，种子烂掉。苗床做成后，倘若要下基肥，便要在下肥以后二天（至少）才可撒种；不下基肥便可撒种。撒种后最好是撒些草灰，浇些水，以后每天早晚浇水。看到出嫩芽以后，只要三天浇一次水，七天浇一次稀粪就可以。大约二十天就可以长到二、三寸高，可以预备分种。培植菜秧的一步工作，可以由教师做，不然难免浪费。

在菜种子下田以后，一方面便可以指导儿童做菜畦。菜畦要做成长方形，五尺宽、二丈长最为合适。因为过长过宽，于捉虫、浇水、施肥等工作都不方便。况且五尺宽、二丈长恰恰是一方丈，六十方丈为一亩，那么一亩地除去水沟，至少可以做成五十畦。大约低年级二人合做一畦，中年级一人做一畦，高年级可以一人做二畦。单级小学有一亩的菜地勉强可以够用。指导儿童做畦的方法也和做苗床差不多，不过初垦熟的地里野草太多，倒是一个大问题。所以，要在做畦时就注意锄草。

分种菜秧最困难是拔秧和下地。拔秧要先浇水，使土地湿润，然后根不会折断。下地时先用手指在地上挖一小孔，深度与菜秧根的长度相仿佛，然后放下菜秧，杆要直，根不必理直，以便吸收养份。放的时候要注意深浅，太深生长迟缓，太浅容易被风吹倒。放好以后，要用手指轻轻压紧表土。每株距离大约一尺二寸，不可太近。倘若是上午种的，最好放一片树叶在菜秧上；若是傍晚种的，便不必放。种下以后要浇水，第二天还要早晚浇两次水。以后若天气不十分干燥，只要三天浇一次水，七天浇一次粪即可。第一次粪的成份是百分之五,即百分之九十五是水,百分之五是陈粪。第二次是百分之十,第三次是百分之十五,第四次百分之二十。逐次加多,但至多不得超过百分之四十,不然菜秧便会烧死。十四天便要松土一次,这是中耕。菜地中耕只要用手锄耙几耙就行。大约两个月便可吃菜。

教师要注意几件事:

(一)不失农时。

(二)帮助儿童做,例如翻土、做畦、拔秧,都得教师去多多帮助。

(三)要替儿童预备农具。普通小学大都农具不足,不过可以向农家借用。

(四)要替儿童解决困难。例如菜叶上生虫,不但要指导捉,还要设法打药。又如村里的菜园往往遭鸡祸害,可以扎草人,或围篱笆。

(五)整理农具。这是农业学校里最没有办法的一件事,小学里也会发生同样的弊病。最好各种农具分队保管,几个人共有一套。每队有保管人,负责保管。儿童用过农具以后,必须收拾干净,洗去泥迹,用布擦干,再用山芋片擦一擦,就不会生锈。农具的排列也要注意,该挂的挂起来,该平放的放成行。随便乱丢会产生种种困难。

(六)记载菜的生活史。这是一件极有趣的事情。每个儿童有一本小簿子,自从下种后,每天把做过的工作、生长的情形以及特殊的天气,都要详细记载下来,一直记到蔬菜收割共得多少斤为止。

有时可以画图,有时可以加上有趣的说明,真像是替一株菜"写传"似的,这是儿童极高兴做的工作,比任何作文还要喜欢。同时我们还可以养成精密观察、随时留心等习惯。

(七)处置产品。小学生干农事,所得产品数量不多,常常被人轻视,因此间接养成只顾种、不顾收的习惯。儿童所有产品,除去少量作为学校地价外,大部分可以由学生带回家去。倘若有的家庭不欢迎子女种田,那么教师可以设法代替儿童把菜卖出去,把所得的钱买一两件应用的物件。这样不但儿童喜欢,家庭也易表同情。

除了以上七点外,还有四个问题也值得提出来讨论:一、怎样排课程表?与别科有什么关系?二、小学农事是否只要在田里做或在书上读?是否需要做些与社会发生关系的工作,如农产品调查、种子改良等等?三、乡村小学经费，倘若有了农田可否维持，要有多少？四、中国有否可以用的农事教科书？怎样用法？

这四个问题倘若专门讨论，几乎每个问题都可以成为专册。但是，我们决没有这样充足的时间去详细研究，所以只能约略地讨论一下。

（一）我国小学课程不分城乡，只有在各科中稍加弹性的说明。这种没办法的办法也是一种妙法，全在乎我们做小学教师的利用了。农事科不是专属于任何一科的，自然科中有些，劳作科中也有些。其实，乡村小学应该专设此科，劳作科与自然科不妨附属于农事。例如安装锄头柄不是极好的劳作吗？打草绳、扎篱笆、扎草人都是乡村最有用的工作，不也可以算为小学劳作科吗？至于农事中的自然科，更不容易分出来，例如种白菜，白菜本身就是自然科里的生物之一。其他如土壤、肥料、气候、害虫等，都是极好的自然科材料。所以我以为在乡村小学里只要农事干得好，劳作、自然二科也就可以学得很好。

我不很主张用某科做小学中心的，因为儿童生活是整个的，根本就不应该分科，既然分了科，也似乎无法作中心。不过勉强要找出中心的话，农事与自然或者可以作乡村小学课程的中心。至于以农事为出发点，作各科的目标，做起联络教材来，那是容易的。例如以种白菜而论，写白菜日记，找种白菜方法的书，就是国语。计算菜种子的价钱、地价、工价、肥料价等就是算术。调查本地白菜的产量，中国人用菜的状况就是社会。其他唱歌、游戏也可以联系，劳作、美术、自然更可以联系。前段所说就是一个联系的大概情形。所以从课程本身说来，乡村小学的农事科，在任何一方面都居于重要地位。

农事既然如此重要，怎样支配时间呢？农事是在田里的，不是在书本上的，所以不必在课堂里上课，也不必拘于上课与下课的形式。今日有事多做，明日没有事就不要做。所以我的经验是，一星期中有长时间一次，大约三十分钟至四十五分钟，可以做整理和其他临时重要工作，还可以讨论各种方法考察各人成绩。每天要有十五分钟，用于浇水、上肥料、捉害虫等工作。这些琐碎工作实在非常重要，可以在下午四点钟以后做。此外，还要有一个很长的时间，可以长到半天或两小时以上（这是不常有的事）。在那些时候，儿童兴趣极浓，工作也极多，例如准备农具，束紧衣服，整队出发，到了园地，教师还要做给儿童看，又要分配地段，儿童动

乡村教育经验谈

手工作,工作完毕还要擦净农具,洗手脚,回到房子里写笔记。这种有变化的活动实在很有趣,可惜不能常有。因为农事是按部就班的工作,不是换花样的工作。

根据我的经验,乡村小学的农事课程应该如此排法。决不应该一个星期只有两次或一小时。倘若每星期只有一两次,那么田园只有请工人做或让它荒芜两条路。

(二)近年来有许多乡村小学渐渐注意农事了,不过太近乎狭义,就是只在农田里劳动,只就本校农田所有的工作来讨论。樊邱小学也犯了这个毛病。前天我为了向诸位报告,所以找了些参考书,得到许多好方法,其中最好的一个方法就是调查本乡的农产品,加以分析研究,然后来开展览会,这样,不但能教育儿童,而且对于农友们也有好处。这件事美国人做得最好。例如研究小麦,他们不但种麦,并且调查本县麦的产量,麦的质量,又调查本县所产的麦的数量与地力是否相符。他们会提出许多问题:

(1)本县所用的麦种适合土情吗?
(2)本县所采用的轮种作物支配得当吗?
(3)本县的田地排水量好吗?
(4)本县的耕作方法适当吗?
(5)本县的播种方法适当吗?
(6)本县农人能够尽力除去麦地的草吗?
(7)本县收麦的方法得当吗?

不但提出问题,并且搜集麦种,做成标本,搜集麦的图表,张贴起来,又做成害麦的杂草和害虫的标本来。到了适当机会又请专家来讲演,也请农友来参加。一步步地进行研究,一步步地与社会发生关系。这样做,教育才会和社会直接联系起来。

不过这样做容易发生两种流弊:其一是容易注重书本或死的标本,或空泛的议论,不做切实的工作,忽略了实际上拿锄头的工作。要避免这个弊病,我们可以用晓庄师范赵叔愚先生的一句话来作警语。他常常说:"我们应该多学那些实在的人民,少学那些著名的教授才好!"其二是小学教师没有这样大的能力可以做这种工作。我以为我们倘若改变我们做教师的目标,或者可以办到几分。我们做教师是社会工作,是在社会中工作,不是跳出社会做猴子王。因此，随地、随时、随事都是我们的工作，我们可以与老农合作，可以邀请农业研究机关援助，可以督促政府管农林的人员来工作。一人之力当然有限，倘若在一县之中大家都能养成这样一个风气，也就可以办成了。这些可能性只是我的梦想，但是我总想在可能范围之内来做一个酵母。

（三）有人说教育是消耗事业。办小学尤其是如此。只要看近年来中国教育经费的无着落，社会上办学校除非有特种意义，否则很少肯拿出钱来办学。在整个社会上，人们没有改变对学校的错误观点以前，我们如想维持学校，必须另想办法，在乡村尤其重要。因此，有人提倡乡村小学自己维持的办法，就是由公产内拨出一些田地来归小学教师自己种植，维持学校的开支，维持教师的生活。此事是否可行，还不可捉摸。

以我个人意见，我主张乡村小学要耕田种植，但是不应该以种植来维持学校经费开支。理由有五：

（1）教育是国家事业。国家既然向人民抽了税，那就应该办教育，而不应该把抽去的税用到别种不正当的用途上去。我们不应该用退让的态度，采取无可奈何的手段。国民党政府不把抽去的赋税办教育，安知将来不会来劫夺学校的田地呢？

（2）倘若采取小学自己维持的政策，那么中国乡村小学教育永远不会普及，也永远难以发展。因为公产的田地是有限的，况且大部分是被土豪劣绅勾结、贪官污吏而强占去的，要想收回，好比虎口夺食。即使收回了，也会使学校和他们结下极大的冤仇，难保不受意外的祸害。试问现在的乡村小学教师能够与土豪劣绅对抗吗？

（3）以谋利为目的的工作，与以教育为目的的工作是很不相同的。倘若乡村小学的农田为了维持小学校的开支，那么无论多少亩数，他的经营目的必定是获利。在获利与儿童工作发生冲突时又怎样解决呢？

（4）乡村小学教师不是尽人皆能做农田工作的。倘若自己不会做，或者因农田多了，一人做不了，势必转租给人。收租的办法是否合适？结果不是小学教师变成土豪劣绅，就是小学经费依然落空。

（5）小学教师工作之忙，大概做过的人都身有体会。种植二、三亩庄稼、蔬菜已经是煞费苦心，忙上加忙了。但三、五亩田对于小学经费说来也是无济于事的。倘若田地加多，又怎样来得及呢？管了田园荒了儿童，管了儿童便荒了田园。我们实在不敢相信儿童、田园可以两全。

总之，小学教师是社会中的工作人员，不是深山中的灌园老僧。我们不应该以教育经费困难，便以自给自足的空头支票来欺骗同志。

（四）农业图书在近二十年来出版得很多。上海有专门的书局出售此类书，如新学会社就是其中之一。我们对于那些农业书本身的优劣，不敢妄加批评，因为我们务农的水平还不够批评的资格。不过是否可以用到小学里来，那倒可以说几句。我们认为许多农业教科书决不能给儿童读，读了也没有用，正如叶指导员所说的是农业识字书。我们希望要的小学农业教科书最低限度要如儿童书局出版的儿童科学丛书《蔬菜一年种到头》那样简明实用，才可以给儿童来应用。其次也要如中央大学、金陵大学农学院所出的单行本小册子，也还能实用。中国古籍里也有几部好书，如《天工开物》《通天晓》都有一些平民可以试做的经验谈，可惜方法稍稍旧些。

最后我说一句经验谈："农事是要双手去做，不要双眼去看。我们倘若得不到好书，不如不用书。我们的农事书就在老农的手里，就在田园里。"

许君说了这么一大套，我们听了都很激动。大家虽然都会动手做一些农事劳动，可是都没有想得如此全面。这些问题看来是需要我们多多考虑的。

祝你快乐

弟　纪晓

第十一章　算术问题讨论会

问津吾友：

在小学课程中，我认为最没办法，完全是工具科，只有强迫训练以求纯熟的，要推"算术"这一科。为了这个问题，不知和多少朋友辩论，也不知翻阅多少书籍，结果依然不能解决。

昨天在山源小学开讨论会，我们除了看到示范以外，那位宋校长不是讲演而是提出问题来讨论，这确是个新办法。可是在讨论中，大家都争执得很厉害，甚至拍起桌子来，只有那位叶指导员坐在一边呆看微笑。

现在把这些问题写给你看，并希望提出你的意见。

（一）小学生为什么要学算术？

这是一个极容易解决的问题，也是一个很简单的问题，可是大家争执了很长时间。有一位陈险崖君坚持小学生学算术是为了训练思考能力，还举某英国留学生考剑桥大学注重算术的例子。但是这是古典派的论调，谁也不敢承认的，最后认为是小学生的生活里有数目用途，在现代社会上需要数目的工具，所以小学生应该学算术，它就是为了目前生活需要以及社会的应用。

（二）小学算术练习的目标是什么？

第一问既然解决，第二个问题就省力得多了。闻粹君提出三个字来——速、确、用。小学里无论哪一种科目都是这三个字。算术当然也可以用。

（三）算术方法最通用的有三种方式：心算、珠算、笔算。乡村小学应该采取哪种？

心算用处最大，珠算流行最广，笔算在学校里势力最大，几乎没有一个学生不学笔算的。我们决定低年级完全是心算，中年级注重珠算，高年级如系升学的儿童，可以加学笔算，不然全学珠算。这不是保存国粹，而是便于应用。我国无论何种事业都用珠算，大至银行，小至杂货铺，都是用算盘。乡村儿童如在乡种田，当然珠算来得容易；有的到城市去学做生意，那是更要注意珠算的。不过现在师范学校都不教珠算，因此影响到小学。要想解决这个问题，只有小学教师赶快学珠算。我们当然不希望乡村小学毕业生都升学，乡村小学根本不是中学的预备学校，所以不应该只图教师便利，而实行直接贩卖师范里的货色。

（四）乡村小学应该采取哪一种算术教科书？

根据叶指导员的话，乡村小学低年级不必买算术教科书，中年级要酌用。原因就是现在教科书内的材料大都符合城市环境，不符合乡村的情况。例如有一本自以为不错的算术教科书，也不过是摘译了许多美国材料，不是真的合乎中国社会，尤其毫无中国乡村的情况，所以乡村小学在没有合适的算术教科书出来以前，不如暂时采取本会第一次谈话的办法（见第八章）。

（五）乡村小学的算术材料应该有些什么？

该有的材料太多了。农产品的数量，家庭用品的计算，农具的价值，农产品的价值，家畜的繁殖饲养，这都是应用方面的。至于数目的大小等等，也应该有个限度。加减乘除是常用的，但是五位的乘除就难得碰到，可以不必学。度量衡也只有中国的标准最通用，至于外国的磅、呎、码、哩还会用到，其他就可以略去。小数的意义是单位问题，只要进位与退位弄得清楚，就够应用。老实说金本位、银本位都不容易用于乡村中，农民没有这许多时间钻进钱眼里去。分数在实际生活上更难遇到。测量常常会遇到，不过是简单的方法，所以简单的三角和几何要采纳进去。利息也是常常会遇到的，也是一种简单的算法，决没有复利等事。簿记是日常用的，所以中国式的账簿以及新式的单式簿记是要采纳的。统计图表将来必会逐渐多起来，也应该列入。其他如与算术有关的合作社，也应该提到。此事与农民生计有极大关系，决不可忽略。

（六）现在乡村小学算术科急需改正的是哪几点？

算术科材料问题是最应该改正的，已于前项说明。其次就是方法问题，至少有下列十点要急需改正的：

（1）低年级切须注意，克服儿童用手指计算的习惯，算术是愈熟愈好。用手指计算的慢而拙,人人都知,且会影响更进一步学习。

（2）不必强令儿童把每个算题的公式都恭正地写出来,只要有一个答数就够了。例如算术练习片,不是只有一个答数吗？

（3）教师千万勿于上课时再在黑板上写题目,耗去儿童等待的时间。

（4）不必令儿童抄写算题。

（5）不要强令儿童念算术口诀,因为念口诀是不会转变到实际应用上去的,至少也是一个笨法子。

（6）激起儿童自己学习的兴趣,比任何方法都有效。例如算术练习片,每天练习下去,就能够逐天知道自己的进步,便能自动学习。

（7）算术可以多用比赛法,但一切成绩要多注重在以个人为单位的进步,少用以团体为单位的进步。

（8）算术游戏可以多用,不过在乡村里要采取工具简单（最好用废物）,手续简单,又能多次变化的游戏。至于近似赌博的游戏,为免去社会误会,最好不用。

（9）算术完全是工具科,所以有人主张一切算术在设计中学习的一件事有几分危险的。因为无论何种设计,对于数的机会不很多,况且算术的关键是在于"熟"。要想达到熟的目的,非有多次练习不可,所以算术科决不能先在设计中遇到一、两次,就可以达到"用数"的目的,必须有单独的练习。单独的练习有几个要点：

①时间短,每次至多不得过二十分钟。

②次数多,最好每天一次。

③省去无谓的手续,如抄题、抄式等手续都应省去。教师无谓的说明也要省去。

④让儿童自己知道每天的进步,用他们自己的进步来促进自己的努力。

（10）乡村儿童有很多是超过学龄的,在入学时,已经有了很多的数的观念,教师不应再从极粗浅的数目教起。

以上十条是比较最重要的,其他如教进位、教新方法等,各种教学书里都谈到了,所以不去讨论。

（七）儿童什么时候开始可以学算术？对于算术低能的儿童应该怎样处置？

儿童用数的时期很迟,就是数的观念发展也很迟。我们与其让儿童很早学习数学，不如把那些时间用以做别种活动。大约八岁以下的儿童不必多注意算术。至于算术低能一事，至今没有充足的证明。不过有许多儿童缺乏用数的机会，或者缺乏用抽象的数来推理到实际事物上去的练习机会，这是常有的事。在乡村中生活简单，更容易发现这种儿童。教师应该单独启发他，又可以从记账等着手，不必从基本练习开始，这样比较有效。

我们讨论了七个问题，足足花了两个小时。那天我们看到岳松先生用了两种算术教具教复式计算，真是有意思。

一是闪烁片。这是极普通的算术教具。用硬卡纸或图画纸，剪成八寸长五寸宽的长方形，去掉一角（此角极有用，须注意），正面写题目，反面写整个答数。用时给儿童看正面，由儿童口说答数，或预先分好写答数的纸，然后依照次序写答数，不必写算式与题目。

二是算术框。这套教具比较复杂些。先说明几个框。框用铅板或薄木片做，形式至少要有四种，如下图。

中间孔的形式与大小：（Ⅰ）图为四寸宽、二寸高；（Ⅱ）图加倍；（Ⅲ）（Ⅵ）图是阶形，不过一个上向，下个下向，大小与（Ⅰ）成比例。框的边缘要宽，至少要二吋，一边装柄，边与柄都要涂深暗的颜色。

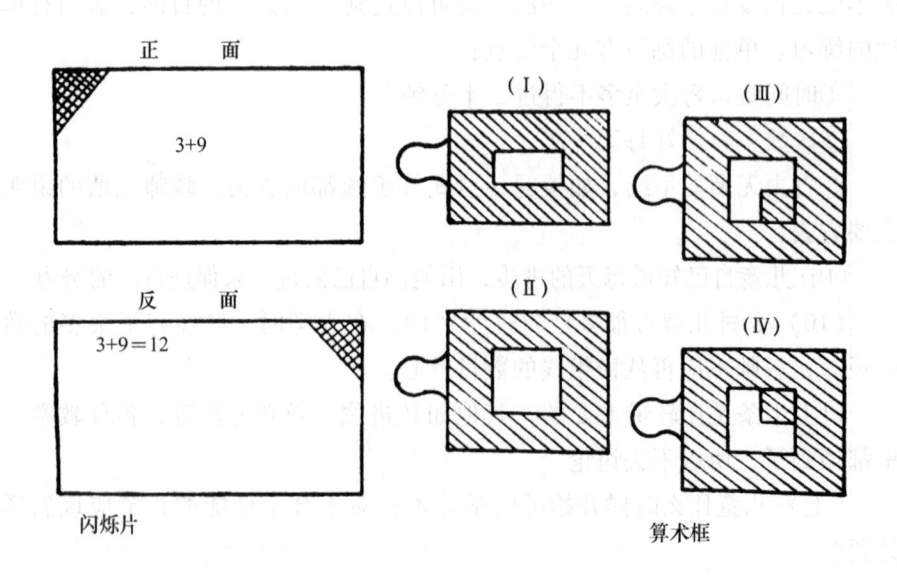

正　面

3+9

反　面

3+9＝12

闪烁片

（Ⅰ）

（Ⅱ）

（Ⅲ）

（Ⅳ）

算术框

第十一章　算术问题讨论会

其次要画一张表，这张表非常不容易排列，现在还免不了有重复的数以及缺漏之数。举例如下：

与算术框配合使用的数字表

0	1	3	6	7	9	2	5	4	8
1	2	4	7	8	0	3	6	5	9
2	3	5	8	9	1	4	7	7	0
3	4	6	9	0	2	5	8	8	1
4	5	7	0	1	3	6	9	9	2
5	6	8	1	2	4	7	0	0	2
6	7	9	2	3	5	8	1	1	4
7	8	0	3	4	6	9	2	2	5
8	9	1	4	5	7	0	3	3	6
9	0	2	5	6	8	1	4	6	7

该表每一小格必须长、宽各二吋，与框子相吻合。用法将算术框隔在表上，成为一个算式，加减乘三法可以预先声明，儿童看到框内的数字就来演算，只写答数不写算式。

我们那天看到低年级用闪烁片练习，由一位较大的儿童主持。中年级是教师主持，用算术框，并且练习珠算。儿童个个都很兴奋。这样简单的练习教具即好又合理。散会的时候，叶先生请我们都仿此法做，这实在是花钱少效果好的方法。

祝健

弟　纪晓

第十二章　国语科的阅读指导

问津吾友：

我们这个研究会真是极自由，也极会变换花样的。只要同志中能够想得出方法，又有计划，指导员没有不来帮助的，诸同志也没有一个不赞成的。这是因为大家站在同一战线上，又向着同一目标前进，同志与同志之间也不计较什么利害关系，所以才能如此。今天晓湖小学的曹振九先生的主意，若不是在这个团体中，恐怕得不到什么结果。一个团体能够精诚团结，目标一致，便能产生很大的力量。

在前两次的研究会上，曹先生报告了讨论国语科的方法。他说："到期要做三件事：一是默读测验；二是朗读比赛；三是讨论乡村小学国语科问题。请各校到期各带三年级的儿童五人来赴会。并且每人拿一本最爱读的读物来。"

今天所做的默读测验是商务印书馆代印的小学默读测验，一切手续算法都与说明书上完全相同。因为这是标准测验，在制定时都经过详细地考查，又经过多次试验。所以那些测验已有相当价值，我们除非有胜过他的精密与多次的试验，否则不应贸然去改编。所以曹先生采取的测验实在有理。

朗读比赛是曹先生创造的。在表演时他并没有说明评判的标准，只请每校一个儿童起立读他最爱读的一课。有的读诗歌，有的读故事，有的读散文。十几个儿童各读各样，有的读得摇头击拍，有的如教师教齐读的读法，有的读得如说话，也有的读出文中的意味来。我们没有听到曹先生宣布标准以前，也约略能判出优劣。

朗读表演以后，曹先生便开始报告他对于朗读和默读的研究。他的报告很有系统，但是依然值得我们深入研究。报告大意如下：

（一）国语科在乡村小学的地位

国语科是乡村小学课程中极重要的一科，普通的习惯说法："孩子进学校称为读书去。"这个"书"字就是指国语书。以最近分析国语科的内容来说，该科包含说话、读文、作文、写字四项，也就是包括人生生活工具的最重要的部分。以上四项，说话是平时的练习，作文应改为日记，只有读文与写字应该单独讨论，而读文中也应该做到说话的功用，所以读文实在是国语科中最重要的一部分。

（二）读文的功用与方式

读文就是了解别人在文字上发表出来的意见，有朗读与默读两种方式。朗读是出声读，默读是不出声地看，这两种读法各有用处。分述如下。

（1）朗读。朗读的主要动作是发音官能与眼球的动作一字一停；其他附带的动作有摇头、摆身、动腿等。其主要功用有五：

①在低年级容易引起儿童读书的兴趣。

②在高年级能够使读者深入咀嚼文中含义。

③韵文必须经过朗读才能表达文中含义。

④散文经过朗读能成为谈话辩论。

⑤教师在考查时容易了解儿童领会课文的程度。

（2）默读。默读的主要动作是眼球的移动。严格的默读不但禁止嘴唇动，并且不准喉头动，只有眼球左右上下地动。每一停顿，至少一句或一短句，有多至一小节的。它的功用已经公认优于朗读。理由有四：

①默读时不发声，眼球自由转动，停顿的距度可以增长，就是同读一篇文，眼球的停顿次数可以减少，比朗读节省时间。

②默读时能够读得快，神经上又无其他的扰乱（因为别的官能没有动作），所以倘若是不过于草率地读，默读对课文的了解必比朗读来得多。

③因为读得快，又了解得多，儿童的读书兴趣可以提高，便于养成读书的习惯。

④有了读书习惯可以多多读书。

（三）指导读文应注意的诸点

朗读虽不及默读，但是它的地位不能一笔抹煞。有人主张在小学低年级就应该朗读和默读并重，但也有人主张按下列表分配：

年级 项目	一年	二年	三年	四年	五年	六年
默读	百分之十	百分之三十五	百分之六十四	百分之七十三	百分之八十	百分之九十
朗读	百分之九十	百分之六十五	百分之三十六	百分之二十七	百分之二十	百分之十

这张表当然不应该是固定的，不过比例大概如是。

（1）怎样指导朗读。朗读既有相当功用，就应该设法指导。寻常的狂叫乱读，教师只用尺子在桌上猛拍着催快读快读，把所有的书都读得能背诵，而书中意义依然茫然，这种教法当然不是指导。另外如齐读、轮读，许多怪腔怪调，教师只是呆板地拖长声音教，儿童只是呆板地跟着读，这也不是好方法，不能达到朗读的真正目的。所以朗读必须具备下列两种条件之一：

①读散文。要读得口齿清楚，句读分明，轻重处都能传神，有时且能将课文加减，使课文中的意义能表达出来。好比一位演说者登台演说，课文就是演说稿。

②读韵文。韵文是有音节的，所以读时必须读出它的音节来，才能传神。倘若一时难以做到，配一个合适的曲调吟唱起来，也极有趣。不过有时有些勉强。

根据上述两个原则，可以得下列几条注意点：

①朗读以前，要指导儿童了解课文的意义，倘能逐句明了，熟透每句在本课的地位，更加有益。

②朗读以前，教师必须有范读。范读的声音要提高到全班听得清楚的程度，并且注意字音正确，声调圆润传神，切勿有滥调和迂夫子式的摇头摆身击拍等恶习。

③指导学生个别朗读，注意身体的姿势，又须注意读得流利，读得正确。

④注意指导儿童读了上句，急速看下句的习惯。

⑤倘全班中有少数儿童不愿意听，不妨给他自由，但以不妨碍读者为度。

⑥读后共同批评改正。如有读得好的，就应该加以奖励。

（2）怎样指导默读。日常都是默读，很少用朗读。默读的种类有四种：

①看了以后求了解书里的事实，如读报、读信。

②消遣娱乐的，如读小说。

③详细阅读，在书中找参考材料。

④用批评眼光读。

以上四种在小学里都应该具备，有时候一种材料便可以有四种读法。

默读的主要功用在能读得快而了解多，所以练习默读时必需从这两方面着手。练习增加速度，有下列十点必须注意：

①在练习时必须选择比较浅易的材料，又能合于这级儿童的口味的。

②初练习默读时，在未读以前，教师必须先说明该材料的大意，学生读时就能更有兴趣。

③注意矫正学生的姿势，勿摆身摇头。

④叫学生用眼看，勿用嘴念。

⑤看时勿用手指指字，或用铅笔帮助。

⑥叫学生练习每次看的字要多，看整个句子，看的时候要短。叫他们注意语句的意思，不要专认单个的文字。可以常用闪烁片来练习。

⑦经常采用标准测验，使学生知道自己读书的速度不断在增加，从而发生更浓厚的兴趣。所以可以采用统计图表，由自己填写，并公布出来。

⑧多多练习，读得越多就读得越快。小学里必须有大量补充读物。

⑨如有难字难句，可以让学生先摘出来，训练他由上下文或字的边旁来体会意义。

⑩倘若是要深入研究的材料，至少要读两遍，第一遍读得快，了解大意，越快越好。第二遍要读得仔细，反复咀嚼。

我自从听了这次讲演，对于读法指导明白了许多，也就增加许多疑问，你能指示我一、二吗？

祝健

弟　纪晓

第十三章　小学生的日记

问津吾友：

　　前天的研究会使我相信小学教育的功效是很大的，只要教师肯把整个身心献给儿童。

　　那天讨论的是儿童日记问题，担任报告的是吉祥小学的秦瑶女士。她做了三个月的试验，指导低年级和中年级学生写日记的方法，得到很多体会。我听了以后，不但打算自己来试验，还想通知许多朋友，请他们也来试行。

　　秦女士是一位二十几岁的女青年，毕业于本地女子师范学校，据别人说是一位极平常的师范生。但那天她的报告实在惊人。下面就是她的报告：

　　　　三个月前，我听了指导员的报告，其中有儿童日记一项。当时我就极感兴趣，回校后与同事们商量一下，自愿担任低年级与中年级写日记的试验，并拟订一个计划按日去做，昨天恰好期满，所以今天来报告。

　　（一）低年级计划

　　（1）儿童。吉祥小学一年级儿童三十人。

　　（2）时间。暂定十二个时期，每日下午最末一节三十分钟。

　　（3）试验步骤：

　　①先指导儿童能说话，肯说话，以至能口头报告他的当天生活的一段情况（约三天）。

　　②指导儿童能看日记图，能用颜色涂日记图（至少有二星期）。

　　③儿童说出来，教师把它写在黑板上，由儿童抄下来（可以与②

同做)。

④教师与儿童共同讨论后,由儿童自己写出来(至少要一月)。

⑤儿童自己写。

(4) 其他。有三点是预算计划中的:

①用具。订小册子作儿童日记本,又须画日记图,日记记载表(附图见下页)。

②介绍参考书。如《图画故事》《分年儿童读本》,并且把本级儿童中好的日记贴出来。

③介绍通讯。与外地儿童通信,可以从旁鼓励儿童努力。

(二) 中年级的计划

(1) 儿童。吉祥小学中年级儿童二十人。

(2) 时间。与低年级同。不过中年级功课比低年级多一节,所以不会有冲突。

(3) 试验步骤:

①第一个月侧重改正错字。

②第二个月侧重改错句。

③第三个月侧重思想和整段的叙述,因为日记最容易成为豆腐账,必须达到每天都是一篇好文字。

(4) 指导手续:

每天于未写前作一个大略说明,然后儿童提笔写。教师每天填统计表,公布于生活室,月底总报告一次,并编错字一览表等。每两星期开日记展览会一次。

(三) 低年级的试验经过

低年级日记指导可分三个时期:

(1) 说话时期。儿童对儿童是能说话的,儿童对教师就不敢说话。所以第一步要启发儿童说话。有两种方法最有效。一是教师叙述当天学校里的事情给儿童听,然后请儿童报告他的当天生活。在最初几天,儿童们报告的都是"我扫地,抹桌子""我看见一只羊""我们唱歌"等单句。后来渐渐能联起来叙述一件事了。二是谈了当天的天气和工作,把它记在日记图上。起初几天是教师做,大约三天后儿童就能做了。

（2）图画时期。从日记图转到自由画是一件极容易的事。既然有了一、二个儿童会涂日记图，其他儿童都跃跃欲试。这时候，就发给他们一本小簿子。最初所涂的当然是乱涂，只有少数人能够画得象一个太阳、一个杯子的。乱涂是难得进步的，所以我们就得从旁加以指导。有时候教师可以问清儿童要画什么，在黑板上也画一个。这些画当然不必画得精美。同时，在教室的墙上可以挂些动物图、植物图、日用器具图，作儿童画图的参考。不过，也要先有教师的指导，否则儿童很不容易去照着画的。

（3）写字时期。儿童已经很会说话了，也会涂些图画了，教师可以在黑板上替全级写公共日记。这件事可以用会议方式来决定。所写的文字以容易写的字体为原则，因为这样儿童抄写才不会感到十分困难。这时可以说是写的初期。儿童既然会抄写了，然后让儿童自由写。这时候教师要注意儿童的错字以及写不出的字。教师可以宣布凡

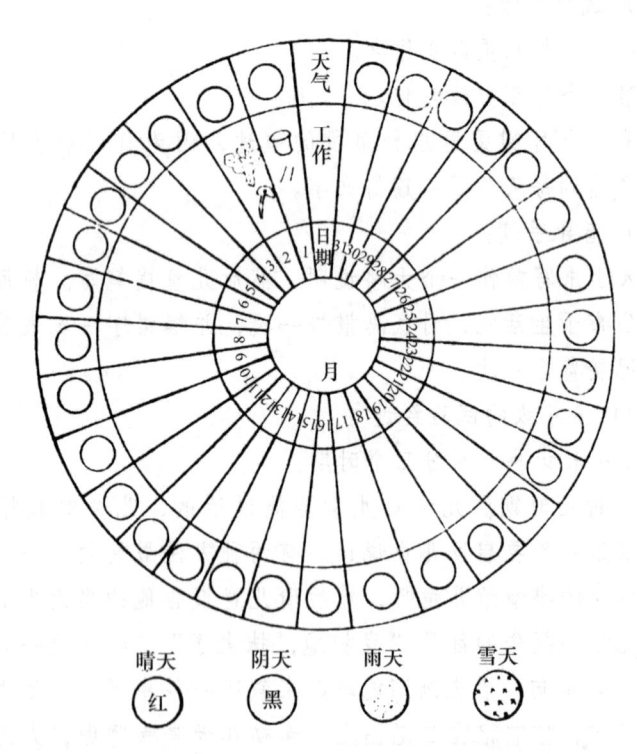

晴天　阴天　雨天　雪天
 红　　黑

我们的日记图（纸的大小以整张的图画纸为度）

是有怀疑的字都可以问教师，教师把它写在黑板上给大家看。所以最初几天，与抄写没有什么区别，因为教师在黑板上写的字很多。到了两星期以后就很少了。这里有两个原因：一是教师的批改，把他们写错的字详细批改出来；二是自己的订正，每天日记写成以后，请他们自己订正，并且要用心订正。批改以后再请他们仔细看过一遍，并且把优秀的日记放在大家看得到的地方来陈列，让他们自己常常去看。每天选出五人，将错处填在一张表上。（附表一与表二）

表一　　　　　　　　　　每天错字一览表

	年　　月　　日　　到小朋友　　人
人数	错字
1. 同音错误的　　　　　　人	
2. 同形错误的　　　　　　人	
3. 笔画错误的　　　　　　人	
4. 同音同形错误的　　　　人	
5. 同音笔画错误的　　　　人	
6. 同形笔画错误的　　　　人	
7. 同音同形笔画错误的　　人	
总计　　错误　　人	错字　　　　　字

表二　　　　　　　　　　每天日记概况表

	年　　月　　日　　到小朋友　　人
努力的小朋友	懒惰的小朋友
写错字的	字、句都错误的
句读错误的	备注

说明

努力的标准：

（1）一字一行写得清清楚楚。

（2）一句一段分得明明白白。

（3）写一件事情有头有尾。

（4）字间行间簿子上干干净净。

懒惰的标准：

（1）字句写得不明白。

（2）连篇涂鸦。

（四）中年级试验经过

对中年级写日记的指导比低年级容易得多了。下面是三个月来的经过。

（1）怎样解决错字。中年级儿童已能写字，但是错字连篇，所以这一点必须先解决。

①指出错字。把错字分为三类：

a. 同音错误；b. 同形错误；c. 笔画错误。

教师用三种记号指出来。

②儿童自己订正。儿童受到教师的指点后，自己订正也有三种方法：

a. 自己查字典；b. 请朋友帮助；c. 请问导师。

请朋友帮助就是组织辅导团。

（2）组织辅导团。儿童初写日记，词不达意，段落不明，姑置勿论。更正错字手续，已够忙碌。导师精力有限，未免顾此失彼，因此，应组织辅导团。辅导团一方面帮助导师，共同负责指导；一方面养成同学中间互助的精神。其法以一、二个成绩较优的和二、三个成绩较差的学生合编成一小组。几个小组联合起来成一个团。每小组至多五人，设组长一人；组长由导师指定，负指导同组之全责。每一星期开组长联席会一次，报告这一星期的经过情形，若有心得，提出供大家参考；碰到困难，请大家解决，或由导师个别指导。辅导团组成之后，儿童之间的感情会一天天更加亲密，即使素抱个人主义的小朋友也会渐渐和大家在一起玩，一起工作。骂人打架的情况，渐渐稀少而致消失，儿童的逃学、说谎等问题，也解决了一大部分。

（3）供给材料。每天在没有开始写日记以前，先谈个人一天的生活状况和得到的经验，或共同生活的优点。有记录价值的情况，讨论选择后，各人运用自己的组织能力写下来。写完日记后如有多余的时间，导师和儿童可以共同讨论语体文的构造法和新式标点用法等。

（4）编订儿童参考读物：

①把日记里较有价值或有趣味的事情和精彩的话，编成儿童的好日记，给大家传看。

②把儿童更正的字，逐天汇集起来，每两星期装订一本，作为儿

童的小字典。

此外，也可找些现成的读物作为参考，如《小朋友日记》等书，不过效果不如选择来自儿童自己的材料为好。

（5）开日记成绩展览会或比赛会。教育的本旨不是畸形的发展，而在于能养成儿童的"真诚""互助""合作"等好习惯。所以每隔两星期开一次展览会或比赛会，这是团体的，不是个人的，是互助的，无个人得失荣辱之关系，都是以组为单位的。

（6）导师每天例行工作：

①第一个月，每天填写错字一览表，按时揭示。

②在第二、三个月，每天填写日记概况，按时揭示。

（7）每次指导写日记的时间。小学教师上课忙、阅卷忙……一天到晚忙忙碌碌，哪里有时间来指导儿童写日记呢？这是所谓反对儿童写日记的理由。据我个人的经验，指导儿童写日记的工作，有讲演、个别指导（即指导儿童写）、批改本子、填写统计表等过程。倘有儿童二十人，每次约需九十五分钟，分配如下：

①讲演二十分钟（写前十分钟，写后十分钟）。在可能范围内自由伸缩。②指导儿童写三十分钟。③批阅日记，每本两分钟，二十人计四十分钟。④填写统计表每张五分钟。

（8）日记怎样批阅。批阅日记的关键在于"勤恒"。用以下两种方法，每本只要两分钟就够了。

①通篇阅读一次。②把写错的字和不通的句子做出记号来。

照这种做法试验三个月，儿童的进度看下面的统计便可了解。

三个月的进步统计

项目	字数	错字	错句
第一月第一次	2077 个	43 个	12 个
第二月第一次	2302 个	20 个	8 句
第三月第一次	2721 个	15 个	5 句
第三月第末次	3503 个	9 个	2 句

乡村教育经验谈

三个月内发现儿童错误的统计

同音错字	笔画错字	曲解句子
156 字	223 字	31 句
同形错字	土话句子	不明白的句子
34 字	38 句	51 句

（五）儿童成绩举例如下

（1）低年级的：

五月三日下午，我在家里，我爸爸叫我到双桥去买东西。我妈妈叫我带小弟弟玩。我妹妹打小弟弟，打哭了。我的妈妈就要打我的妹妹，我的妹妹也哭起来了。

沈家祥　记

五月二十一日星期四，我家的母鸡孵出了十六只小鸡。小鸡太小了，不会吃米，母鸡啄米喂他们吃。小鸡不会捉虫，母鸡捉了虫喂他们吃。太阳出来了，母鸡带他们到门口去捉虫，夜里母鸡带他们到窝里睡觉。

沈志青　记

（2）中年级的：

五月十日的日记　张元

采桑果　吃过早饭，跑到一棵桑树底下去玩，忽然看到树上的桑果，青的，红的，黑的，累累满树。我就爬上去采。采到就吃，黑的味甜，红的味酸，青的没有吃，吃得非常痛快。我还请娄锡纯同来吃。

洗澡　天气真热，吃午饭时会流汗。我约了王宝铭、陈烇、王兴农秘密同去洗澡。走到塘边，看见娄锡纯在校门口站着，我们喊他，他飞也似地跑来了，同时余家声也来了。我们大家一同下塘洗澡，洗完了把身体擦干净，头发晒干，回到学校里来。

种菜　我和宝铭去锄地，锄了一半，留了一半。锄的一半，分成一行一行，把菜秧种下去，浇了些水，我想这样干，就这样干了一回。

第十三章　小学生的日记

最后，秦女士又说了几条重要原则：

（一）我们不要轻视儿童。儿童会讲整段的话，就会写整段的日记。这次，我已经证明了这句话。

（二）开始，我们要特别注意，写文是比较艰苦的，教师首先要不畏难，方能引起儿童爱写。

（三）不厌烦地批改，这是不容易做到的。只要我们能将儿童日记当做小品文看，并能巧妙地节省批改的时间，这个难关就能度过，并可得到无上的快慰。

（四）提出新的工作来。即使是低年级的儿童也会每天有新的工作。只要教师来引导他们，他们自然会有头有尾地写出一件事情来，可以避免记萝卜白菜日常流水账式的日记。

（五）不要间断，以身作则。这次试验我没有间断。可惜最初没有计划自己写日记与儿童作伴。若能做到这一步，进步或能更快，不过我们不要用自己的经验去束缚孩子。

秦女士讲完后，掌声如雷。
夜已深了，下星期再谈吧。

祝健

弟　纪晓

第十四章　少年乡村改造团

问津吾友：

　　你还记得金楼先生吗？我们初来办学时就是他替我们找校舍订合同，介绍乡村人民。今天讨论小学社会问题，就在他的小学里开会。该校有两班，儿童约九十人，教师四人，由于各班人数不平均，所以采取二、四合级的复式制，就是一、二年级合在一课室，三、四、五、六年级合为一课室。今天我们看到的是高级生的活动。该校高级的社会科和自然科的一部分是采取集会式来活动的。他们组织了一个会，名叫"少年乡村改造团"。从实际活动中来获得社会科与自然科的常识，从儿童问题上着手研究，这种方法很有意思。

　　该团今天十时开会，我们听到钟声便去看，儿童刚刚陆续进教室。有一个儿童在黑板上写开会程序：

　　（一）开会；（二）唱国歌；（三）向国旗及总理遗像行三鞠躬礼；（四）主席恭读总理遗嘱；（五）主席报告；（六）讨论；（七）其他；（八）散会。

　　程序写完以后，他回头看看，儿童都坐定了，导师也来了，于是暗示另一儿童当司仪。到主席报告这一项，他先是代表全体团员欢迎来宾，其次宣布开会的内容："因为前次会上有人提议调查本乡，昨天得到金校长的指导，拟出调查纲要。今天有许多来宾，可以多多指导，所以趁此机会提出讨论。"他说完后，拿出一张油印文件分给大家。我们也得到一张，上写："少年乡村改造团第一次调查松树冈村纲要"。

　　　　我们要调查下列几件事：
　　　　（一）画本村地图。本村的河流、池塘、山冈田亩、住宅区、道路，都要画上去。

（二）调查本村出产品。本村以农产品为主，亦有许多小工业品，列表调查。

（三）调查日用品。本村日常生活用品，种类很多，大多数是外面运进来的。

（四）调查户口。要调查乡村成人若干，儿童若干。只有我们本村人最能调查清楚。

（五）调查公共机关。如庙宇、祠堂、学校、商会和其他人民组织的团体。

（六）调查风俗习惯。婚丧礼节、买卖产业手续，以及许多不成文法，如家族法、田家法等。

（七）其他。如本乡历史，对于世界或部分有影响的人物，最近发生的大事等。

主席请金校长说明。金校长除逐项说明外，并提议采取分工合作的精神使本调查表的成绩整个实现出来。办法由当场推定每队人选，校中导师为当然队长，友校导师为特约队长。

主席把金校长议案付讨论后，就有导师易纲君起立修正。

根据纲要所列项目和金校长提案，应有两点修正：

（一）画地图是全体团员应该参加的，所以不能用分工办法。

（二）其余六项分为六队，每队由导师担任指导工作，其进行步骤，详细办法，概由各队自己决定。但每星期必须有报告一次，如遇重大困难，可以提交大会讨论。

主席先征求附议者，然后付讨论，原提议者接受修正，众无异议。忽又有一学生提出修正案："原案由当场推定每队人选，此事不应如此办，应在散会后由各会员自己签名加入，并限两天办了签名手续。"主席征求附议者，竟有多数儿童举手。讨论结果，先请校长请定各队队长，由各队长征求队员，但每个队员至多不得加入三队。

其次讨论怎样辅助低年级小朋友案。提议者是导师王志诚君。原因是

乡村教育经验谈

昨天有低年级儿童叶家耀在晨会中报告高年级生王文成在路上欺侮小朋友。

主席先调查事实，原来王文成是叶家耀的表哥，前天放晚学时，家耀到黄豆田地去跑，文成劝止不听，便追上去拖出田来打了几下，所以并不是欺侮。

提议人请组织各社儿童辅助队，今天推举三人起草，明天开生活周会时以改造团名义提出组织。主席付讨论后，儿童发表了很多意见，原案通过，并推定了起草员三人，其中一人是导师，二人是儿童。导师当选的是韦奇先生。

讨论完了，小朋友还要请我们演说，由于时间不多，所以只请指导员讲了一段大战后的德国儿童生活给他们听，就散会了。

问津，我当时就有两种感想：

（一）这样的学校实在不配称学校，只配称生活团。

（二）儿童是有能力的，决不是只会吃知识的货箱，我们在实际上来指导儿童活动，比让他们读多年的书本还要有效。

儿童回去后，我们便开会。这是本会的成例。今天是金君报告："怎样指导儿童社会科？"

小学社会科的目标与国语、算术等工具科目不同，与自然农事等科亦不同，与美术劳作等科也不同。因为社会科是解决日常生活的，也可以说是各科的中心点。日常生活可以有三方面，一方面是远近，是本地、本县、本省、本国以及全世界；二方面是古今，是今人生活，古人生活，以及今人与古人生活的种种关系；三方面是深细，社会的生活状况，风俗习惯、生产、消费、法律、政治、宗教等。其一是寻常所谓地理；二是历史；三是社会——包含政治法律等。其实这三方面是一件事，不是三件事，正如一块三棱镜，不能把它分开。小学社会科就是儿童研究他们本身以及和他们有关系的社会日常生活。那么当然要以儿童为着力点，至少要以现有儿童的生活作为出发点。根据这个原则，现在市上流行的社会教科书，也只能作我们的参考材料，因为它不是整个的而是分割的。

由整个的儿童生活出发，我们做的时候，必须有下列四个步骤：

（一）儿童能够运用思想。在日常生活中，不是人人会提出问题的，多数人以为这是当然的。倘若有了"这是当然的"一句话，那就什么问题都没有，什么事情都可以不动手研究。例如机械，它自己从来不会提出要改良的。所以必须先培养儿童对于日常生活能够提出问题来，有了问题才有解决问题的目标，才能动手来解决问题。这件事开头是有些困难的，但是到了后来比什么方法都容易。

（二）儿童先有一些基本能力。这些能力好比是工具。例如要解决一个有关数字的问题，那么必须对于数学有一些基本能力，才能动手研究。又如要测绘本村地图，必须有极初浅的几何学能力，才能动手。

（三）学校供给相当指导者、参考书籍和工具。解决日常问题是很复杂的，儿童虽有基本知识也不能完全解决。例如研究食物必须有实在的食物、炊具、菜谱等，尤其需要有指导的教师、农友和许多朋友。问题得到解决，儿童方能产生兴趣。

（四）儿童继续提出问题。产生了一个问题，必须求得相当解决，这是重要之点。但是因问题而能穷究深探，因问题而能触类旁通，更引出许多问题来，更属重要。

以上四个步骤在整个社会科里必需具备。今天开会讨论的两件事，都有这四个步骤的雏形。现在再来举一个实例。食物是每人每天遇到的事，如果儿童一旦产生这样的问题："我们的食物从哪里来的？""我们为什么要吃食物？"那么儿童便可以着手做许多工作了。例如：

（一）调查收集我们常吃的食物。

（二）研究本村对于这些食物的产量。

（三）调查各种食物的产地。

（四）研究各地的气候、温度、土壤等。

（五）分析各种食物的成分。

（六）研究人身的构造与需要这些食物的原由。

（七）研究卫生的原则。

（八）研究农业与工业的关系。

（九）自己动手来种植、烹饪。

（十）研究制作食物的工具。

此外还可以研究食物的运输、食物的分配、食物的市价、饥荒……这样研究下去，一个学期或者只可研究一个问题。不但本科只能研究一个问题，竟可联合各科都来研究这个问题，这是一件极合儿童兴趣的事。只有从实际生活做起的工作，才能合于儿童兴趣，这不仅社会科如此，整个小学课程都是如此。

从实际生活着手便会产生许多临时问题，例如1930年全国水灾是一件极重大的临时事件，是社会科极重要的材料。九月里忽然发生日本侵略中国的惨案，全国愤慨，于是抗日救国就是全国小学课程的中心问题，决不是社会科的局部活动。当社会上发生一件重大事情的时候，我们应当全体动员来干，决不应该拘泥于教科书或已经开始的研究题目。这也是应当注意的。

社会科既然是整个生活，它所联系的科目必定最多，小学教师决非万能，所以社会科不应由一位教师担任，而应请全校教师都来参加。也可以说以社会科为中心，各科以此为转移，这样，社会科必能收到实际效果。

社会是日进不息的。我们过了中年的人有时会安于现状不向前进，这样对儿童影响不好。所以最后的劝告是："小学教师要站在世界潮流的前列，不能做时代的落伍者。"

祝健

弟　纪晓

第十五章　上了一课音乐

问津吾友：

　　在新犊小学的门口，贴着一张粉红色的纸条，写着："今天上午十时，请来宾与小朋友同上音乐课。"我们看到这张纸条，都知道今天又可得到新的经验介绍了。十点钟，上课的钟声响了，在场地上玩的儿童都排队进入课室，我们也都跟着进去。儿童们坐在前排，我们坐在后排。

　　今天上课的教师是陆夫人，她和陆靖衫先生都很爱好音乐，办了一所本区有名的夫妻学校。陆先生于民间音乐研究极有心得，陆夫人的教学法也不亚于陆先生。

　　我们坐定以后，陆夫人把我们介绍给小朋友。有一个儿童提议唱一首欢迎歌，于是陆夫人弹琴，大家唱了欢迎歌。唱完以后，陆夫人说："小朋友，我们校里今天来了许多客人，他们都是做工的工人。我们的邻居有多少是工人？"

　　小朋友子桐说："农人也算做工的吗？"

　　陆夫人说："那是当然的，凡是劳动的人都是工人。"

　　爱兰说："我们的邻居都是工人呀！有的做瓦匠，有的做木匠，我爸爸是做缝衣匠的。"

　　陆夫人接着说："我们也是工人，因为都是劳动者。现在我念一首劳动歌给大家听：

　　　　你种田，我织布，他盖房子给人住。哼哼呵呵，哼哼呵呵。做工几点钟，教育几点钟，休息几点钟，大家要求生活才劳动。

　　　　认识字，好读书，工人不是本来粗。读书识字，识字读书。教育几点钟，休息几点钟，做工几点钟，大家要求教育才劳动。

乡村教育经验谈

槐树绿，石榴红，薄薄衣衫软软风。嘻嘻哈哈，嘻嘻哈哈。休息几点钟，做工几点钟，教育几点钟，大家要求休息才劳动。

谁能懂得这首歌的意思？"

来宾和儿童都有人举手，她便请冯韶老师解释。冯老师不但解释歌词，还讲了一个劳动故事给大家听。儿童个个拍起手来，我们也象上了一课劳动节的课。

冯老师讲完以后，陆夫人就按着赵元任先生所配的谱唱了两遍，接着请陆先生吹口琴，大家跟着唱。唱完第一首，又唱第二、第三首。不到四十分钟，全体都会唱了。

下课以后，休息十分钟，继续开会。今天讲演的是陆先生，他说：

凡是生物都用音乐来发表情感，昆虫鸟兽都有特殊的音乐。孩子们在未上音乐课以前也会吟咏的，野蛮人的音乐与舞蹈，几乎没有一曲不流传于现代的。小学的音乐课的目的也就是这个，决不是希望儿童硬认乐谱，硬学名曲。

小学音乐目的决定以后，选择材料就容易多了。近年来在小学里最流行的歌曲要算黎锦晖所编的。他确实具有一位儿童音乐者的天才，所编各曲如《麻雀与小孩》《月明之夜》《三蝴蝶》《小小画家》《葡萄仙子》等，确是合乎儿童口吻，又有东方乐风。平心而论，比从前无聊的教会派将中国古诗歌硬凑西洋曲调要好得多。可惜黎先生的心不肯整个献给儿童，所以有许多靡靡之音。此外如赵元任等能够自己作曲、作歌词，或配别人的歌都很有意味。

至于中国诗人对于儿童生活，大有不屑低头之概。陈鹤琴收集中国儿童可读的诗歌，到1931年，还不满百首。据我所知，陶行知的短诗，吴研因的韵语，刘大白为劳动者抱不平的诗歌，都切合儿童歌唱，可惜为数太少。至于古人诗歌，一来拘于押韵；二来好用古典；三来多是怨时恨世、男女爱情等事迹，对儿童实在不很适合，所以古诗词曲中找不到什么适合儿童的诗歌。

中国只怕没有好诗，不怕没有好调，全国各地的山歌，稍稍选择，就可应用。例如全国传诵的《锄头舞歌》《镰刀舞歌》，不是什么名家作的，而是南京一带的山歌。其他如《凤阳花鼓》《潮州曲》也都是激昂而且有民间风味的。就是大家认为不很高明的《孟姜女调》《五更调》《无锡十景调》等，儿童也爱唱，一般民众音乐家每逢需要，便以此配词。这些歌即使我们在学校里认为不应该教孩子，甚至禁止孩子唱，但是孩子唱得非常纯熟。与其不让他们唱，而他们自发地唱，不如教他们唱，还可以配些有意义的歌词，所以我以为收集中国的民间曲调，请当代儿童诗人配起好的歌词来，确是中国小学音乐的一条出路。

诸位，我不是一位保存国粹的人，如果有世界性的歌，我们也可以引用。例如《伏尔加船夫曲》是俄国民歌，但它是劳动者的呼声，能呼喊出劳动者的感情，激起劳动者热血，所以不妨引用。还有如《对日作战歌》也是从欧洲作战歌里翻过来的。凡是作战，都应勇往直前，不怕炮火而猛冲，这是没有民族的限制的。又如国民军北伐时有一首《打倒列强》歌，那首歌配的是西洋的催眠曲，但是由于曲调顺口，又不失鼓励之气，所以配了一首革命歌词也还过得去。我们固然不应该如基督教徒硬配赞美诗，但是也不应该固执地认为只有国曲方可配词。

对于选择材料方面，我以为，第一要义是须合乎儿童的喜好，含有教育意义，又不会闹出笑话来就算合格，不必拘于东西南北。

教音乐的方法近年来也渐有改变。我们体会有下列几个步骤：

（一）充分培养儿童音乐的情感。这件事可以在其他活动中来做，可于欣赏音乐中来培养。当要教一首新歌时，教师要先引起儿童对这首歌的感情，使儿童产生要表现它的情绪。在这种情况下教师只要稍稍带头，儿童便能听懂歌曲，跃跃欲试。

（二）教师先说明歌词的意义，详细解释，但是非如语文课般地解释。在说明的时候，教师可以与从前引起的情感联结起来，那就更易领会。

（三）歌词不妨先诵读一、二遍，使儿童通过平常语言的腔调来体会这首歌的真实意义。

（四）教师先示范唱歌，唱得纯熟，又能表达这首歌词的情趣。所以要求教师对于要教的歌，一定要事先练习得很熟练。

（五）不用乐器带着儿童唱，可以分段唱，一段唱熟后再唱下段，唱到全首纯熟为止。倘若校中没有乐器，就到这一地步可以结束。

（六）倘若有乐器，在口唱的中间可以用乐器伴奏。一来助兴；二来调整儿童的唱音。但是切忌大声演奏，也不必弹复音。

当儿童已经会唱后，有许多歌曲是可以表演的，教师可以示范表演，然后指导儿童表演。儿童表演歌舞，我们不反对，但是反对教师训练小戏子，并且带出去应酬表演。这样不但与音乐本旨不合，而且太不人道。

其次我们要谈谈乐器问题。儿童学音乐的目的有三：欣赏、唱、奏演。就是耳、口、手三者都要完备。乐器的功效在三种目的中都有。近来乐器用得不恰当，三种目的，无一达到。小学所用乐器大都是风琴，完全是外国买来的，价值都很昂贵，又因调音不准确，往往与儿童发音不相合。我们觉得小学乐器必须改换，口琴价值较便宜，声音与儿童的发音还比较相近，可以采用。至于欣赏用的音乐，我们不主张教师弹风琴供学生欣赏。因为学到能够供人欣赏，非用十年苦功不可，我们乡村小学教师有这样多的时间吗？就是有许多音乐家肯下乡，乡村小学招待得起吗？所以不如用买风琴的钱来买留声机和著名音乐唱片。这样不仅可供儿童欣赏，还可作民众宣传的工具，真是一举两得。

现代通行的中国乐器如胡琴、箫、笛、锣、鼓、磬、铙等确很简单，儿童接触也多，又很愿意学习，在乡村中也很通行。一来价值便宜；二来人人皆晓。要想指导乡村儿童演奏乐器，我以为不如采用中国乐器。儿童学会了演奏这些乐器，回到家里也有机会可以练习，不像什么风琴、钢琴、小提琴，乡村儿童很少见到。

最后，我劝我们从事乡村教育的同志都学会演奏一、两件乐器，学会唱几首名曲。我们相信，音乐最能激发人类的情感，它能调和急燥的性情，能消除沉寂的气氛，能恢复工作的疲劳。在被压迫得不可喘气的中国乡村里，只有音乐才可以安慰我们，才能唤醒民众。

祝健

弟　纪晓

第十六章　儿童作品展览会

问津吾友：

　　小朋友欢呼雀跃的新年已经过去了四天。这里过新年似乎都不惯，商店、农村都没有什么表示，只有学校里放假三天，悬旗三天以示庆祝。不管社会状况如何，小学的三天年假总是要放的。聪明的指导员又想出新花样来了。他在一月以前便算到元旦后一日是研究会期，在放假期中开研究会是极不合宜的，所以他就发起一个"儿童作品展览会"，又定于那一天本区教师联合参观并公开评判。

　　这次展览会的展品很多，约有三千多件。其中以美术、劳作和农作物的陈列品最多，也最精彩。我认为乡村小学的展览品应该注重这三项，不然罗列了许多国语笔记等作业实在没有什么意思。这许多展览品非有很大的场所来展览。那位当值的校长吴上枝先生很能干，预先借了一个宗祠做会场，分门陈列，井井有条。

　　午前十时，全体教师都到了，我们先开一个会，进行分工。全队分三组：语文算术组、美术劳作组、农事自然组。我分在美术劳作组。评判标准由各组自由规定，指导员只有一句话："我们从指导方面着想，不从惩奖方面着想。"这就是我们的总目标了。

　　美术和劳作的评判标准最难定，因为完全没有客观标准。我们决定午前共同来看一个大概，午后议标准，然后依照标准来评判。

　　参观的时候，蒋老师忽然叫道："这里有一个新的展览法！"我们便都去看，原来是冯韶老师的说明书和儿童的成绩。这张说明书确有教育意义，儿童的作品也只选了合于说明中的条例的，好象是举例。我们看了这张说明书得益不少，我便摘了一个大纲：

　　（一）内容。本校这组成绩包含美术、劳作、写字三科，其中有的是三者合一，有的是二者合一。

（二）艺术作品是描写人生，表达思想的。儿童的艺术作品便是描写儿童生活，表达儿童思想。例如儿童放风筝，便画出放风筝。他做了一个梦，便把梦中的事画出来，写出来。他听到一个故事，便把故事画出来。有一次，他们想到船，便找了木板、碎布、竹竿做起一只帆船，在池塘里去玩，因为做得失去平衡，翻倒在水里；第二次再做，便做出这个样子（都有实物）。

（三）儿童艺术作品和他的环境大有关系。姚化小学靠近秦皇山，所以画的大都是山景和樵夫；雁紫小学在江边，便都画的是船、渔夫、鱼、蟹等画，又喜欢做钓竿钓鱼。

（四）美术作品可以分为临画、写生、自由画三种。三种各有特长，临画可以给儿童欣赏的机会，学习画图的基本技能与鉴赏；写生是实物描写，有观察和描写相联的功效；自由画是兴之所至，可以表达整个思想与意志。这三种都应该有，不可偏废。如果需要有所侧重，那应着重自由画为好，因为自由画比较前两种来得快，也更有意思。

（五）小学艺术活动中，欣赏著名作品，也极重要。所以我们应该选择杂志上的名画，日用品中的名产，如江西瓷器、杭州绸缎、福建漆器、湖南刺绣等，都是家常可见的。只要教师提示几次，儿童便能随处可以得到欣赏的机会，比上几次课堂的效果要大得多。

（六）要训练识别能力与美术的基本观念。所以低年级的识别色彩，爱清洁；高年级能调配色彩，表达自己的意愿；以及布置房间，使其雅洁、卫生，收拾自己，讲究卫生，讲话清楚悦耳，都是小学生艺术活动应有的。

（七）劳作科作品应以日用为主。例如修理日用器具，制作简单的日用品，是极有意义的。我们不必做许多纸细工、豆细工、编纸工、粘土工，以及不相干的金工。这许多工作要看是否有用，如果无用，可以一件也不做。因为劳作科的目的不在多，而在于解决自己生活中的问题。本校因为没有编纸等需要，所以该项成绩暂缺。贴纸、剪纸可用于布置房间，我们做了一些。木、竹工完全只做修理等。粘土工、金工暂时没有需要，也没有更多经费，所以也不做。

（八）艺术作品是代表个人的，但是在初学时就非得有切实指导不可。

本校曾经把学生分为二班，作了一个月试验。两班最初能力是相等的（陈列着测验成绩），甲班用种种方法指导，乙班让他们自由发展。一个月后，甲班成绩优于乙班（举出测验成绩）。艺术教师尤须以身作则，时时拿出艺术作品来，又能布置艺术环境。儿童在艺术空气中浸染，久而久之，自然会有进步［此处他又举奥国画家薛石克（Cizek）教画的方法，原文载《儿童教育》二卷二期］。

最后，她又附了四个问题：

（一）教育部在1929年颁布的《小学课程暂行标准》（以下都根据此项标准），把美术和劳作勉强分开是什么意思？

（二）《标准》要求美术每周低年级六十分钟，高年级九十分钟；劳作低年级一百五十分钟，高年级二百一十分钟。倘若用它规定的内容支配，小学教师就是变成孙行者，也来不及指导。我们应该如何取舍？

（三）劳作科的内容实在太复杂，把校事家事放进去，还勉强可以说得过去；把农事、商情放进去，实在有些不得当。有人以为这许多都是人生工作，这是很对的。试问读、写、算、自然、社会……是否是人生工作呢？如果像现在这种排法，明明暗示除劳作科外都可以变为书本知识。倘若以劳作是属于"做"的活动，那末每星期一百八十分钟，平均每天三十分钟。全天以八小时计算，至少有四百八十分钟，劳作只居全日生活时间的百分之六，未免太少。我们倘若完全照部颁课程标准做去，是否会弄得不成样子？

（四）中国字的美术成分比实用成分来得多，写字是否可以并入美术科？倘若认为是美术活动之一，应该怎样实行？

我们得到这样一组展览说明，好象在迷途中得到一个指南针，便决定下列的几个标准，作为取舍和评判的依据：

（一）展览品是否能体现儿童生活？

（二）展览品对于模仿、创作是否偏重？

（三）展览品能否表示儿童进步的历程？

（四）展览品有无教师的作品冒充儿童作品？

（五）教师对于儿童的成绩做了多少整理工作？

（六）教师平时对于儿童美术与工作的活动是否有指导计划？如有计划，儿童的进步情形怎样？

（七）在一个学校中有没有美术、劳作或写字的天才儿童？

以上七个标准，我们十二个人分为两队担任。（一）至（三）归一队负责，（四）至（七）归二队负责。我们足足看了半天，所得结果实在不大好。各校大都是模仿活动。画是临教师的，劳作是仿制的，字是临帖的。又大都是偏于细小的劳作，如编纸工、豆细工等教得很多。表示儿童生活的已经不多，至于儿童成绩进步的历程更无从找起，因为这些成绩都是代表作品，没有注明年月日，无从查考。教师冒充的作品，实在免不了，至少有许多是师生的共同作品。教师的整理工作只着重在代表作品上，不做其他。至于天才的儿童，由于教师冒充的作品太多，无从找起。我不相信乡村中没有艺术的天才儿童，可惜许多教师想要替学校撑场面（或者说是自己显本领），加了许多教师的作品，把天才儿童湮没了，这真是艺术的罪人。

我们虽然都失望了，但是在沙漠中找到一个绿洲，这就是冯老师的说明书和展览品。因此觉得这次展览会是成功的，至少下一次的展览会可以改进。

祝健

弟　纪晓

第十七章　乡村小学的运动会

问津吾友：

筹备了一个月的运动会，昨天已经在我校开过了。昨天是我校最热闹的一天，小朋友有一千余人，大朋友也有几百人，来宾更多，操场上站得满满的。运动会的会长是洪游先生，主任干事是叶先生，我是副主任。我虽会踢球赛跑，但是对于这种运动会却一筹莫展。因为那位叶先生太会想了，你看我们的运动会节目单，真是开中外的新纪录：

第一区联村运动会节目：

（一）五十米　挑柴竞走；（二）五十米　挑水竞走；（三）五十米　挑粪竞走；（四）五十米　救火竞走；（五）百米　披簑衣赛跑；（六）五十米　插秧竞走；（七）五十米　装锄头柄竞走；（八）十米　垦荒竞走；（九）千米　爬山竞走（农友、教师）；（十）踢毽子；（十一）跳绳；（十二）跳高；（十三）跳远；（十四）团体操；（十五）打靶表演；（十六）玩石担、石锁表演；（十七）武术表演；（十八）角力表演；（十九）耕牛队表演；（二十）猎狗队表演。

运动员是小学生与农民。因为这时候农忙还未到，正是预备农事时期，各处都在赶集。我们这个运动会也可以说是一种集会，所以各村的农友到会的很多。人数多了，维持秩序是一件极不容易的事。我们预先请各村村长做纠察长，由纠察长再请若干纠察员维持各村的队伍。所以虽然有几千人的规模，也没有发生骚扰会场的事。

运动员的服装规定穿农夫的短袖衫、短裤、草鞋。一来便于运动，二来这些服装是农民本色，不必多花钱预备。

奖品有两种：一种是团体的，以村为单位，是红布金字的奖旗；一种是个人的，主要是日用品，如肥皂、火柴、布、手巾、牙刷等。

乡村教育经验谈

最有趣的要算预备开水、点心。当时大家都想不出好办法，因为几千人的开水、食品是不容易准备的。后来想到村中应该人人有事做，妇女们既然不肯参加运动会，可以把这件事交给她们办。她们在两天前便预备了十几担麦糕，按人数，每三人合吃一斤糕，由各村纠察员凭票来领，秩序极好。开水是用木桶挑的。散会后，看到妇女们收集木桶、竹筐都极有条理。谁说乡村妇女不会办事？全在于怎样组织。

运动会于上午九时开始，下午四时半散会。最远的距离是十五里，这里来往都通船，两小时内便可到达，小学生还不致于太累。远处来的农友们都是坐着"田庄船"来的，这种船是此地农民运肥料粮食的船，和北方的大车差不多。我村河边泊满了大大小小的船，真有趣呀！

奖品是当天发给的，恰巧县长夫妇都来，我们便请他俩来给奖。当雁紫山村村长来领团体优胜旗时，真是欢声震天。个人第一名凌森领了奖回去，竟被同村四位农友高高举起来了。儿童第一名是沈小岳，也被同村的农友抬来领奖的。虽然奖品只不过是一面布旗、几件日用品，但是大家热情高涨赛过任何正式的运动会，这才是民众运动会的真正意义。

叶尘先生出了一张布告，通知各校体育教员第二天上午开讨论会。所以今天上午，我们开了一个小学体育讨论会。

（一）修正教育部小学体育标准课程（指二十年代末的标准）。二十年代末教育部所订小学体育标准，外国气味实在太重，很有些近乎替外国人推销体育器械的意味。例如运动会完全是直抄美国小学的项目，有哪几项能给乡村孩子用的？这样多的球类，乡村小学实在没有这么多的钱去买。从这点推测上去，他们对于课程中所列入的踢毽子、跳绳等都是敷衍。对于"课内活动材料，最好和课外的活动一致，以使儿童在学习之后，可应用于实地；在学习时也可以因有应用的目的而格外努力"。这一条更是说门面话。试问中国儿童在课外玩的是什么运动？乡村孩子能有什么足球、篮球、队球、垒球吗？所以议决修正下列三项：

（1）运动会项目依照这次的情形，并且应该与民众共同开。

（2）低级标准暂时不改，高级毕业标准取消球类游戏，把球类放到普通标准里去。加上挑重、举重、角力三项。

（3）小学体育科除每日有一次短时间的排队开步走等基本训练外，其余完全由儿童自由游戏或与农事科合作。每周时间不限于一百五十分钟或一百八十分钟。

（二）乡村小学体育教师应该具有怎样的修养。我们只决定乡村小学不必有专任的体育教师，全体教师都要能够指导体育。换一句话说，就是凡是乡村小学教师，至少要有健康的体魄，又能擅长一、二项运动。

（三）乡村小学是否要童子军？大家决定不要。一来童子军用品大多数是外国货，实在没有这种购买力。二来童子军主要应是服务，而这一精神可以在其他活动中训练。乡村小学要做的事太多，决不应该教孩子只会消费不会生产的勾当。

（四）歌舞是否应该并入体育。歌舞根本不是体育，不过分科与归入哪一科等等都不是急需问题。乡村小学只要各种活动，不要什么精确的分科。

（五）民众运动场应该怎样组织。乡村中的民众运动场应该办在乡村小学里，其中需要几件简单的器械，如双杠、石担、石锁、悬索、直枪等都是极有意思的，而且极合农民的需要。

在讨论这个议案时，一位唐先生报告江苏某县民众教育馆因球类不全被当地的大学毕业生赶走一事，引起全场愤慨。大家认为无论什么民众教育馆、民众运动场，都应该为大多数民众服务，决不能成为少数公子哥儿的消遣场所。办民众事业的人也要真正到民众队伍里去，不可奉承少数人，对大多数民众摆官架子。

我们还决定以后每年春季在农事未开的时期开一次运动会。因为那时候正是农民赶集的日子，起的作用可以更大。

祝健

弟　纪晓

第十八章　医药卫生常识

问津吾友：

　　昨天研究会是吉翔小学当值，讨论题是乡村卫生，刘校长请了一位陈医生来演讲。刘校长在介绍中说："乡村卫生，我虽知一二，可是医药常识太浅，所以只好转请陈医生来讲演。陈医生曾经做过乡村教师，也曾经在乡村里搞过卫生运动，这次初从英国回来……"

　　一个乡村小学教师决不是万能的，有做不到的事情，当然可以请专家来指导，刘校长的主张是很对的。

　　熟悉国情的陈医生开头就说："各国卫生运动的进步都非常迅速，我们可以从设施上来直接证明，在死亡率上来间接证明，可是那些设施，我国似乎都难以引用。例如英国对人粪处置极好，因人粪中含有许多传染病菌，所以他们造了极讲究的粪窖，能使粪便深入地下，一切病菌无法重出地面。但这样一来这些粪便就不能再用来肥田。试问这件事中国做得到吗？今天谈三个问题：一是医药的常识常能；二是小学里的日常卫生；三是乡村卫生运动的工作。"

　　（一）乡村小学教师应有的医药常识常能

　　医药是保全人类生命的事业，人人都应该有相当的常识常能。不过乡村小学教师更要特别注意，因为乡村医生太少，乡人生病，无处求医，教师自己生病也无处求医。倘若懂得医药，就可以替乡村人民解决一部分困难，为自己的健康和工作取得保证。

　　医药常识可分为预防与治疗两种：

　　（1）预防。预防的范围很广，一切卫生常识都是预防。自从细菌学发展以后，预防的方针也得到一定依据。预防可分两种：一是使病菌不得进入人体。凡杀除病菌，消灭病菌发源地，除去传染物，都是属于这方面。

二是增加人体的抵抗力，如增加白血球的抵抗力，或身体局部的抵抗力。近代发明许多预防针，如霍乱、伤寒、猩红热等都已有预防针。种牛痘也属于这方面。关于预防的常识有以下几条必须做到：

①知道苍蝇、蚊子等是传染疾病的昆虫；②痰是传染肺痨、伤风等病的；③生水中免不了有痢疾与伤寒病菌；④病人的房间与病区必须少去；⑤会种牛痘。

（2）治疗。治病是医生的专职，不是常人可以轻易尝试的。庸医杀人是极可恶的事，常人更不如庸医，所以乡村小学教师千万勿轻易替人治病。不过有些药是特效药，可以医治日常小病。

……

（二）乡村小学应注意的卫生工作

教育不仅是知识的传授，最重要应该养成种种好习惯，又能使身体强健起来。乡村小学的体育课程就是属于后者。但是据我所见，注意日常行动与生活设备的卫生，实在很重要。现在谈三件事：

（1）扫除。现代许多乡村小学已经都能师生共同扫除校舍了，这是一件极好的事。但是也要注意。

①扫地。在未扫以前，应该先洒水，然后用扫帚轻轻扫，扫帚头勿向上挑，否则灰尘飞扬，为害很大。若扫场地，扫地者应站在上风，可以免去灰尘倒扬。

②抹桌。千万勿用鸡毛帚，否则是使灰尘搬家，不能真正去尘。抹桌必须用抹布，抹一次，洗一次布。否则，一块抹布抹几十张桌子，不但不能去污，反而会涂上垢污。

③痰盂。痰盂人人怕倒，而且痰盂附近的墙根常常是脏的。可用煤油铁箱一只，做成炉子。吐痰者把痰吐在废纸上，丢入炉中，每天加些柴烧一次。这样不但省事，又合卫生。平常我们把痰盂倒在沟渠中实在太不卫生。

④擦黑板。这是一件最成问题的事，吸了粉笔灰，喉头、肺部都会得病。教师为了保护自己与儿童的健康，应该用湿布擦黑板，减少粉笔灰飞扬的机会。

（2）关于建筑的。在现代的中国，谁也没法来讲究乡村小学的建筑，能得古庙、家祠为校舍已是万幸。好在古庙、家祠大都是南向，我们若借用大殿做教室，对于阳光、空气与体积都不成问题。不过有三点要注意：

①古庙的墙壁需要用石灰刷白。

②大殿南向，入秋后便是太阳满屋，对于儿童眼睛大有妨碍，应用浅绿或浅蓝的布做窗帘，以免此弊。

③江南乡村小学对于调节温度最为困难。夏天或可在树荫下，冬日如有太阳还勉强过得去，碰到冬季阴天，倘无火炉就极困难。在温度到冰点的环境中，与其枯守大殿，不如到小房子里去，或者常常运动，倒还好些。

（3）清洁检查。清洁检查与疾病检查都是极重要的事情。前者可以养成卫生习惯，后者可以预防传染病，并可及早医治。清洁检查可以利用表格，每星期不定期检查几次。遇有实在不干净的学生，当与家庭合作设法教育和解决。疾病检查较为困难，因为这是医生的专门知识，不是普通教师所能办到的。不过有一部分皮肤病、眼病与齿病，教师也可以检查得出来。查出后，记明姓名，按时上药。至于传染病如白喉、天花等，一经发现，便应该立即通知家属，赶快就医。

以下即清洁检查表：

小朋友，你的头、脸、口、手、脚、衣服，都干净吗？

日期＼姓名＼不干净	裴吉生	王永发	林得根	李七一
九月二日	齿，内衣	内衣	脸	手，内衣

（三）乡村卫生运动

中国农村的不卫生，实在不可讳言。由于穷困，所以厕所土屋，六畜同居。除了白天在田野劳动，能得到较新鲜的空气以外，晚上全家一室，空气当然污浊。道路的不整洁，厕所林立，食物上爬满苍蝇，都是极普遍的现象。有人说乡村中除阳光外，其他卫生条件都有缺点。这种种缺点多数是由于乡村经济问题而导致的，也有一个习俗问题。尤其是习俗，虽经济充裕也不易解决。例如闽南与广东一带回乡的侨民，经济比较富裕，但是依旧保留许多不可理喻的旧俗。例如造新房子，也不肯多开窗户，卧室必须黑暗等。改变习俗是教育问题，乡村小学也能做到一部分。据我所知可以做下列数事：

（1）清洁运动，打扫村中道路，集中垃圾。教师们可以先从校门口与附近区域先动手做起来，然后渐渐推广到较远的地方去。只要教师肯持久坚持下去，是可以见效的。

（2）医小病。用常用药替乡人医小病。当病人来校时，向他宣传疾病传染的可怕。如苍蝇、蚊子、生水、吐痰等为害的常识，这时病人听了才能记住。

（3）种牛痘。手续极简单，只要买到新鲜痘苗，用酒精洗净种处，切开表皮（不必见血），放上痘苗，就能见效。种牛痘时，对于养育婴幼儿的常识可以乘机宣传。

总之，教师有了医药的常识常能，便能吸引乡村人民，也就容易开展乡村卫生运动。至于其他乡村卫生展览会、卫生委员会、母亲会、婴儿会等等，在表面上都可以干得轰轰烈烈，实际上的效率都不会很大的。只有教师切实地为乡村人民做些实事，才能逐渐起到移风易俗的作用。

祝健

弟　纪晓

第十九章　乡村幼稚园

问津吾友：

　　前天给你的信，想已收到。我不是说这几天闲着无事吗？哪知我应当做的事来了。

　　前天早饭后，我正在田头看农友插秧，一个农妇左手提着筐，右手拉着一个四岁的孩子，一面走，一面骂孩子。她看到我，打一个招呼就过去了。这种情况使我想到，在农忙时节办一个乡村幼稚园不是对农家很有帮助吗？哪知到了昨天早晨，那个农妇又拉着孩子走到学校里来。她一手拿着农具，对我说："先生，我要去锄黄豆，这个孩子关在家里不放心。先生，费心替我照看照看！"我就把他留下来了。

　　一个孤寂无聊的人只要是伴侣，必定欢迎，何况是小朋友呢？但是昨天的洋味实在难受。这个孩子看到母亲走了，就放声大哭："妈呀！妈呀！"哭了一个多钟头。我真是着急，有什么办法可以使他不哭呢？我起初想抱他，毫无用处。"失了母亲的孩子，决不会马上接受任何人的抚慰。"我想到这句话，就不去抱他了。送糖果给他吃或者是一个办法，但是我并没有做，一来我素来不吃零食，二来用糖果引诱孩子是一件不应该的行为，所以不做。

　　当他哭的时候，直向大门外跑，口里喊着要回家去。那时候，他的母亲、父亲必在田里，家里有谁呢？所以"不使他回家"是我的一个目标了。我起初还问他些话，他都不回答，不过哭声渐渐转弱。这时我上别的屋子去，他哭得厉害起来。我猜他也怕孤寂，于是拿出一个皮球、两副彩色积木和一套六面图来玩。他当然不和我玩，我就独自玩。忽然他不哭了，我回头去看，他正在注意我玩六面图。这时，我就把他抱来，和他同玩六面图、积木、拍皮球。一直玩到中午，他的母亲来叫他回家去。当她

第十九章 乡村幼稚园

看到儿子与我玩得很有趣味,她恐怕比我还要高兴呢!短期的游戏伴侣当然敌不过母亲的爱。他看到母亲来了,立刻抛下玩具,跑到母亲怀里去了。下午他没有来,我又寂寞了。起初我想这个孩子现在不知怎样了,忽然又想到为什么全体学生都不来了,难道都去做农事了吗?或者有的照顾小孩子。那么我为何不去邀这些照顾弟妹的小学生以及他们的弟妹们来开一个学校呢?这样不是更好吗?我想到这里,不禁跳起来。立刻到全乡去跑了一趟,发现有二十三个小学生在家里照顾三四岁的弟妹,兼看家的。我问他们愿意去学校玩吗?他们都很愿意,不过想到弟妹,不得自由。我又说明天可以带弟妹去,他们喜欢极了,都说:"很好很好!"吃了晚饭,我又到这二十三个孩子家跑了一次,告诉他们的父母,明天可以叫某某入学,而且可以带弟妹入学。农友们也极喜欢。今天学校里热闹极了,共有四十九个大小孩子。

四十九个孩子中,有二十一个是一年级学生,十一个二年级学生,十五个已经会走的三四岁孩子,两个背在背上的孩子。这些大小不同的孩子聚在一堂,叫做什么呢?有些像幼稚园又有些象小学,更有些像婴儿学校。我想不如称为儿童团吧!(Children University 此词不应译为儿童大学,你以为如何?)

今天是开学第一天,早晨我先把室内外打扫干净,又把一间教室的桌子完全搬出,只留着凳子,放成半圆形。另一间教室放许多玩具,有的放在桌上,有的放在地上,都用分团方法放置。这间房间起初不开放,因为我打算先和他们订几条规则。院子里本想放些玩具,如木马等等,可是我们到现在还没有这种设备,只好暂缺。

早晨七时左右,儿童们陆续来了,我招呼他们在大树下玩。到了八时打了一次铃,让他们进屋去。先在树下排队。要三、四岁的儿童排队是一件极不容易的事,我也料到这着。所以我就请他们排双行队,哥哥姐姐可以拉着弟弟妹妹们排队,这样一来,不但没有困难,而且都很快活。我也教他们开步走,也教他们向前看齐,都没有困难。有人说老学生带新学生好比酵母在面团内。我很相信这句话。

走进房内,我指导他们兄弟姐妹坐在一起。大孩子是旧地重游,没有问题;小孩子因为兄姐们的静肃,也一声不响。我弹起风琴来,弹了一首《摇摇歌》。全体旧生都会唱,他们都站起来唱歌。小孩子们也跟着哼唱,

245

乡村教育经验谈

这首歌实在使孩子们太愿意唱了。唱歌完了，我就开始下面一段谈话：

小朋友，你们爱玩吗？我叫你们到这里来玩，大的带着小的玩，小的跟着大的玩，我也告诉你们怎么玩。我们这里有大树，树下可以玩；有房子，房内有玩具。我们都可以尽量玩。我会讲故事，也会唱歌，还会做游戏，谁愿意跟我玩的，我都可以帮助他玩。不过有六件事要大家遵守的：

（一）大孩子必须帮助小孩子，并且要让小孩子。例如一个皮球，小孩子不会玩，大的要帮助他玩。小的愿意玩，大的就不应该抢来玩。

（二）玩具要大家玩，不能抢夺。

（三）别人做事的时候，不能去捣乱。

（四）玩过的玩具要放在原处。这件事要哥哥姐姐负责照顾弟弟妹妹。

（五）要回家去，必须对我说明。我们每天上午十时放午学，下午四时放晚学（因为这里农忙时节十时吃午饭，四时半吃晚饭）。

（六）听到铃声要到大树下排队。

小朋友们愿意这样做的请举手。

他们都举手了，三、四岁的小朋友也跟着哥哥姐姐们举了手。散会后，我带着他们去看另一间教室。桌上都分别陈列着玩具或图画故事书，或白纸、铅笔、蜡笔等。我告诉他们这些东西都可以随意玩的，不过玩过以后要归还原处。参观以后，我们又到大树下去解散。

散队以后，小朋友们都分头去玩，我也跑东跑西地照顾他们。有事做，时间便过得很快，两个小时一会儿就过去了，我们便排队放学。

下午他们也都来了，情形与上午相仿。我在两点钟时召集一个会，讲了几个故事，唱了几首歌。大家都很快活，也很有秩序。

四时放学以后，还有几个二年级生愿意留下帮我整理东西。这是他们从前做惯值日生的，所以自告奋勇来帮忙。我起初以为他们的弟妹们会阻挠他，但是结果很好，他们也能够帮助哥哥姐姐们，这是出乎意料的。

我回想这一天的工作，有几件事打算着手做的：

（一）设法布置幼儿的午睡场所。今天中午十一时以后，就有几个三四岁的儿童闹着要睡觉。幼儿早上醒得很早，中午是应该休息的。

（二）多准备些原料的玩具，如木块、旧木箱、贝壳、麦草等。这些东西变出的花样很多，又不费钱，儿童们能玩得很快活。

（三）收集这里的歌谣。他们整天都唱着"张打铁，李打铁""咿呀嗨"等歌谣，十分好听。

你有什么好意见吗？赶快告诉我。

祝健

弟　纪晓

第二十章　农民怎样还租

问津吾友：

农民和田主谈判，这是付出相当代价的一件事。这里还租的苛刻，在二十年代以前十分严重。我们读刘大白的诗，知道田主每年不但要拿足原定租额，并且用大斗重秤来欺骗农民，稍不满足，便把农民捉到官里去，还要拿农民的副产品鸡、鸭、猪、鹅等等。农民都是敢怒不敢言。有一次田主把一个孩子的老母鸡捉去，孩子哭了，母亲只好说，我们的鸡被偷鸡贼偷去了，叫孩子不要哭。田主如此横暴，农民弄得冬天到来，连棉袄也没得穿。

租额各处不同，北方是田主出种子，到收割时田主、农民平分其半。在苏州、常州一带有米麦一石的成例，就是一年收租二次，米租六斗，麦租四斗。在南方是一年三熟，米熟二次，杂粮熟一次，租额是每次四六分，就是田主拿四，农民得六。不过有的强暴田主，就会反过来收租，田主得六，农民得四。在这里有规定的租额。每亩田有两个田主，一个是大田主，一个是小田主。大田主年租每亩要净干谷三百二十斤，小田主年租每亩米三斗或四斗，所以每亩田的租额至少要纳租谷三百八十斤或四百斤。每亩田稻的产量在丰年不过收六百斤，平常只有四百斤左右，倘遇凶年，那更不得了，所以这里有"今年收成好，种田人吃稻草"的歌谣。因为田里所产的谷米都被田主拿去，只留稻草在家里。有时农民迫于饥寒，先吃了些自己种出来的谷米，那就必定交不足租额。这时只有两条路，一条是出重利借钱，利息有重到五分或对本利的；一条是被捉去坐监狱。所以农民到冬季所受的苦，实在比夏天在烈日下耘田还要加倍。

1918年以前，有一位农民名叫李承虎，真是被逼得没办法，一天，他跑到省议员沈君家里去诉苦。这位沈君本来是同盟会会员，富有革命思

第二十章　农民怎样还租

想，家中住满了革命的青年，听了李君的话，他心里为农民谋福利的根苗，骤然萌发起来。于是他就与许多青年草拟计划，起初是绝对主张耕者有其田，不劳者不得食，后来改为以田中出产为四份，一份偿地价，一份作肥料，二份作劳力的酬报。议定以后，他就到省议会里去提议，自己以身作则来实行。他家原有田一千余亩，他的岳家以及所有的亲戚都实行起来。这一年四处农民都响应起来了。那时候正是军阀横行、极力庇护资本家的时代，这个方法哪里行得通呢？所以不久李承虎和许多农民以谋叛罪下狱了，沈君也被迫离开本省到广东去了。那时候杀戮很惨，有一位小学教师在村子里报告这个消息，被官府知道了也抓去砍头。这样的代价所换得的就是二五减租，这是国民军到该省的一年起实行的。那年沈君也北来，第一件工作就干这件事。那时候反而有人说他太守旧、太腐化，其实他并没有嗜好，思想极清楚，南北奔走，都是为着农民谋福利。他的计划终于实现了，后来江苏省所行的减租办法都是他的计划。他在1929年终于被敌人杀死了，但全省农民的脑子里仍留着他的印象。

1930年，在这里实行了这样的还租法：在晚稻将熟时，县政府和农民协会各派代表二人到四乡去视察，估计各乡最好的收获每亩可出谷若干，最不好的若干，然后来求一个酌中数，以酌中数来用对折七五扣计算，就是 $1 \times \frac{1}{2} \times \frac{75}{100}$，所得之数就是农民应还的租额。又因为预防田主用大斗重秤起见，所以已经定有公秤公斗，并且各乡指定有农民的公证人。这一年的估计是每亩收获净谷四百斤，所以租额是一百五十斤。租额比以前轻，又没有大斗重秤，农民比较能喘一口气。

但是在欢笑之中已经深埋着苦痛的根了。这个就是小租。小租一名田脚，起于自耕农与佃农之间。农田制最初是自耕农，后来一方面产生田主用金钱向自耕农买来田地或用暴力劫夺田地；一方面自耕农无力自耕把田租给没田耕的农夫，自己坐收其利，种田的即佃农。因此佃农要交纳两重田租，给田主的名曰大租，给从前的自耕农的名曰小租。这一年此地由于大租减轻，农民可得微利，大家争着想种田，所以小租飞涨，已涨到每亩白米六斗，不折不扣，也无公秤公斗的限制。每亩田脚的时价也由三十元涨到六十元有余了。我很为这里的佃农担忧。

第二件隐忧是农民协会问题。农民协会是应该由真正的农民组织的，

乡村教育经验谈

这是天经地义，谁都知道的。由农民自己组织的农民协会才能替农民谋福利，防除灾害。但是二十年代该省大多数的农民协会是新式土豪把持的。他们一年到头只做两件工作，一件是陪着政府去视察，凭着各乡代表的口头报告，估计产量，吩咐各乡农民代表做事；一件是每到年底向农家催农民协会费，每亩田每年大洋四角或六角。全县以三十万亩计算，全年至少可以收到十万元。这些会费照理应该办农民银行，用轻利借给农民，又可以办许多合作社，如信用合作社、水利合作社等。但是该县农民协会已经成立五年了，不但没有农民银行，而且对于改良种子、介绍新农具等工作都没有做过。这几十万元不知飞到哪里去了，这些都是农民的汗血，也等于是剥削呀！

以上两个问题关系到政治和教育，要唤醒农民，这个担子就要我们来挑。

祝健

弟　纪晓

第二十一章　农暇工业

问津吾友：

　　农暇在北方是一个极长的时期，黑龙江几乎有半年是农暇，河北也有四个月不能到田里去，福建、广东只要农人肯做，终年可以到田里。江、浙两省也是终年几乎都可下田，除非下雪结冰不能去。不过农民可趁着稻上场、麦下田的时候做他们的特种工作。

　　这里的农暇工作一是酿酒，一是打锡箔（烧给亡人的纸锭）。这两种工作严格地说都不是生产。酒是消耗品，与烟同害，锡箔更是迷信的产物，应该消灭。

　　前几天北乡肖先生谈到该乡设立布厂一事，倒很有意思。自从1927年以来，中国的丝绸业一落千丈，各大织绸厂几乎完全破产，织工失业人数有数十万，这是一个极大的恐慌，当局似乎不以为意，或者可以说他们忙着打仗升官，没有工夫问到小百姓的饥寒。北乡本来家家户户都以织绸为业，现在都渐渐改行织布。在农暇时期，产量更能大增。

　　我又想到江苏南通海门一带的居民生活。那里沿海一带都是新垦之地，每年产棉极丰富，除去被上海纺织厂吸收去大部分以外，余下来的都是自己纺织，纺织的时期也恰恰在农暇。在江苏，说起通海小布是很有名的。纺织实在是农暇工业中最有意思的一种，倘若全国都来提倡，帝国主义的洋布便不能以中国为市场了。照二十年代中国人民生计状况来看，哪一件事更比增加生产量来得重要呢！我觉得这里的人民有自救的远见，比只会空谈的经济学家、哲学家来得有见识。

　　除了纺织工业以外，可以做农暇工业的还很多。浙江富阳用稻草做粗纸，宁波温州等一带沿海人民的捕鱼，深山人民的砍柴烧炭等都是极好的农暇工作。乡村妇女农暇纺织、缝纫，实在是最正当也是最方便的工作。

竺因君还主张办小规模的工厂，如肥皂、蜡烛、火柴等工业，不需要多大的资本。他还举了泉州挑英小学蜡烛工厂为例，据他说只要五百元资本，有二十人便可以工作。可是难免有三个弊病：一是那些小工业品在市上不能太多，否则便会无销路；二是机器要继续工作，不能长期休闲，这就与前者矛盾；三是各种原料难免仰仗外国，就会受他们操纵。

最后就是在农暇期中应该办民众教育。民众教育当然也是极重要的事，不过只教农民识几个字，于他们的生计上、农业上毫无补益的民众教育，我们又怎样能够勉强去劝学呢？况且在"身无余帛仓无粟，儿哭饥来妻号寒"的穷村里，又怎样能够忍心来提倡这种少爷式的民众教育呢？久处穷乡，常常想到贫穷常常谈到救穷之事，几乎忘了自己是掌村学的人，你会笑我太寒酸吗？

祝健

弟　纪晓

第二十二章　联村自卫团

洪游学长：

　　常常听到先生对我们说，要想乡村小学办得发生实效，必须与社会打成一片，教师必须努力做"社会事业"。我来此半年，虽常与父老谈话，时时访问学生家庭，终觉不能充分实行先生的话。前天忽然来了一个机会，我就稍稍为本乡出了些力，现在把情况报告给先生。

　　半月以前，本乡十二社都接到土匪的恐吓信，索款三万、五万不等，约定日子在某处交款，否则约期洗乡。当时村民毫不介意，以为各社都有枪械，又有壮丁，抵抗不很困难，所以各社不过加紧巡夜，早关门户罢了。哪知到了五天以前的黄昏，本乡枪声四起，各社都各自戒备，保护本社。未几，东社枪声益紧，我校在中社，隐隐听到叫喊声。约莫两小时以后，枪声始息。事后调查，该晚土匪共抢劫两个社，损失约三万。且打伤四人，掳去二人。

　　经过这次教训，十二社的民众都怕起来了。有的以为非去请兵保护不可，但是在事实上是难以做到的，并且也没有多大好处，此事不久就没有人再主张。到了前天，村长陈先生召集各社家长开了一个会，我也被邀。当时所谈的完全是怎样联合起来抵抗土匪的骚扰。讨论的结果，发现枪支还够用，前天的事主要是由于各社互不救援，因此我就提议办联村自卫团。当场推定三人起草办法，我也是其中一个。昨天又开各社代表会议，通过草案，选举团长等，并聘请本乡人曾服过军役的童珊先生为教练。今日已经开始操练了，我对于这件事非常兴奋。我现在已计划在校内引起儿童对自卫团的注意，在校外我就献身做本团团丁之一，

乡村教育经验谈

去保卫本乡。我并被任命为自卫团秘书,正打算告诉我们的四个乡村小学的校长。兹附奉小学自卫活动计划和联村自卫团计划各一份,敬希详细指正(略)。

敬祝诲安

学弟　纪晓上

第二十三章　中心茶园

洪游学长：

　　前天竺校长来这里，看到我们这里的社会工作，他贡献了一个意见，就是办茶馆。我们那天商议了一个办法，昨天已经通过了。现在抄奉，请指正。

　　（一）名称。某某村中心茶园。

　　（二）地点。借小学的一间课室，或借邻居的一间厅房。

　　（三）经费。由承办人自理。

　　（四）人员。学校短期校工陈长江愿意做这件事。他一面管茶馆，一面种菜园，有空还可以帮助我们做些杂事。

　　（五）办法。农民终日辛劳，到茶馆是休息，也是娱乐，所以我们的一切办法都从便利农民出发。

　　（1）开放时间。每日早晨到中午，每夜晚餐后都开放，开放时间都可泡茶。

　　（2）茶馆学校。这是一个新名词，意思是在茶馆里施行民众教育。我们已经约定，每月至少有四次，时间临时通告。其中有说书、科学魔术、农事幻灯、唱戏、敲锣鼓。我们打算每件活动都有负责人，另外公推一位茶馆学校的主任。

　　（3）娱乐品。这个茶馆是全村人民的，无论何人随时都可以进去坐，谈天、下棋、打乒乓球、看小说、看画报、玩七巧板。以上娱乐品都打算去置备，并且公开放在架子上，不必有借还的手续。我们相信农民的公德心，只要稍稍指导便可具备。

　　（4）纪律。一不赌钱；二不抽烟；三不卖酒；四不打架骂人；五不随地吐痰。

（5）茶钱。农民到茶馆来坐坐玩玩，可以不泡茶，既不泡茶便不必付钱。倘若邀了朋友，或要听说书，就要泡茶。茶价以本地茶馆价格为标准，每碗铜元六枚，不限钟点，到开放时间完毕为止。

（6）代卖商品。管茶馆的人，这里称为茶博士，可以代卖日用品，只要不违反以上纪律的东西，都可以代卖，并且可以卖小吃。不过货物的堆放不能妨碍茶馆的生意。

（7）装修与卫生。有许多装修得极华丽的场所，农民会不敢进去的。这是农民的自谦，也是数千年来衣冠人物轻视农民的遗迹。所以我们的茶馆布置可与其他茶馆相仿，不过对于清洁卫生必须极力做好。例如桌子必须抹得一尘不染，地上也没有痰唾，窗子要多开。

（8）设备的来源。我们在开幕时打算举行一个开幕典礼，事前发请帖，声明如有礼物以日用品为限。这样农民供应一部分设备，他们与茶馆的关系可以更深一层。

这个茶馆开幕后，至少可达到以下几个目的：

（一）可以做全村集会的场所，解决村中许多问题，促进全村的联合。

（二）可以做民众教育的实施场所。

（三）可以做村民、农友谈心接洽事情的场所。

（四）可以做村民娱乐消遣的场所。

（五）倘有各种推广事业可以在茶馆里办。如农事推广，平时难找一个机会与民众讨论，有了茶馆就方便得多。

（六）可以作本村各种活动的集合之处。

（七）可以作乡村邮政交通的枢纽。平时乡村收发信件最不方便，茶馆打算与邮局订约，办一个乡村邮政代办处，做本村的收发信件工作。

我乡中心茶园要能持久办下去，必须做到以下几条：

（一）这个茶园是全村民众的，不是某人或某团体的，所以在开办以后，一切监察、改进、维持的责任应要全村民众来共同负责。

（二）茶园学校主任应设二人，小学校长可任副职，然后可聘请表演者。

（三）茶博士要诚实可靠，富有平民思想，不谄上也不压下，又能自己计划使茶园生意兴隆。

（四）一切负责人互相监督，既然答应便用心去做，决不敷衍了事。

（五）设备力求平民化。

近年来各地中心茶园办得很多，我在无锡、镇江等处也看到一两个。但我想："为什么农民不愿意上他们的中心茶园，反而愿意到旧式茶园里去呢？"得出的答案是主持者太书生气。农民不是书生，气味不投，当然不愿进去。以那些茶园的办法、设备和规则，若在上海吴淞或南京成贤街（二十年代末大中学校汇集之处），那么必定生意兴隆，因为大学生们是喜欢那种茶园的。我们想改掉我们的书生气，所以一切事都征求农民的意见。

茶园开幕日期如决定，当邀请你来喝一杯乡村苦茶。

敬祝安好

弟　纪晓上

第二十四章　说书和壁报

竺因学长：

　　住在乡间稍久的人忽然进城去，会觉得事事都很新奇。这次进城的结果非常满意，我在实地做的上面学到了一些本领。

　　第一就是说书。我们小学教师会对儿童说话、讲课，也会对教育界人士寒暄、讨论，但是一到乡民聚会，上台演说，就弄得听众完全不懂，甚至会无形中驱散群众。前天进城，认识了一位说书者夏孟闻君。听了夏君两个晚上的说书以后，觉得此中大有道理。我在第二次听书以后，和他讨论了两小时，现在把我们的谈话摘录如下：

　　（一）为什么要说书？（略）

　　（二）民众最喜欢听那几种书？（略）

　　（三）怎样说书？

　　我听了夏君的说书，真真叹服。说书是一种艺术，比起对儿童讲故事，以及演话剧来，有同样的价值。夏君对此举出八个条件：

　　（1）精神饱满，目光四射。

　　（2）口齿清楚，声音响朗，这是说书的先决条件。所说的话要字字清晰，如珠落玉盘，音调又能保持常度，始终如一。平常说白的声音以听讲人最后一排听到为度。在极静寂的人群中，就是一枚针落地也能听得清楚。所以许多有名的说书家决不会大声嚷的，这样才能保持常度，并且也是吸引听众的方法。在农村用本地话，在各地工人聚集的地区要用普通话，不过都要纯熟。

　　（3）态度和蔼，注意小节。一副微笑的脸庞，开口"列位大哥"的腔调，都是博得听众好印象的方法。在群众笑着或出声说话的时候，说书人千万不要大声怒目地嚷，或用教师压迫儿童的手段来镇慑。这些都是小节，但极有关系。

（4）形容毕肖，熟悉世故。说书人能否将该书传神地说出来，全在乎是否会形容。形容人物最要紧是毕肖，所以说书人平时要时时留心世情，注意世人的动作举止。老实说，现实的社会就是一台最好的说书。

（5）会几种口技，熟悉成语、术语等等。例如鸡啼、孩子哭、狗叫、马嘶、兵马行军、睡觉打呼噜，以及几种重要的虫鸣、水声、风声都要有相当的训练。成语如农谚、本地谚语、歌谣都极有用。术语是各行中不同的行话，这些都有地方性与职业性。

（6）中途穿插新知识。民众既然喜欢听旧小说，许多新知识只好在中途插进去。例如讲《西游记》时，二郎神与孙行者斗法，大家变化，就可以宣传民权大于君权。又如武松犯疟疾一段，可以加入名医送金鸡纳霜丸。在无意中加入科学常识，用旧材料教新知识，枯树开鲜花，效果很好。

（7）利用关锁的方法。这就是章回小说"且听下回分解"的手段。到了紧要关头，惊堂木猛然一拍，说道："这事实在奇怪，要知道某人的下落，下次再和列位详谈。"在民众教育机关里的说书，可以用来预约下次的听众。

（8）时时练习，处处留心。

（四）说书用具。夏君的说书用具简单极了，惊堂木一块，摺扇一把（冬天也用），茶壶一把（没有茶杯），手巾一条、烟袋一根。我以为还应该加黑板、粉笔、挂图、钟表等，说完书可以教他们认字。这件事我和夏君谈了，他也以为很对。

拜一位说书人做老师，收获真不少。世界上各行各业的人都可以做我们的老师，只要他于此事是精的，是真的。

第二是壁报的编辑法。民众教育馆的薛君紫先生编壁报很有经验。他说了十二项条件：

（一）每次壁报的篇幅不能太长，最好有两张新闻纸大小。

（二）每篇文字最好是百字左右，句子要简短，多用成语，勿用粗俗的语句。

（三）字体要端正楷书，不可用草书，但是不妨用简笔字，字的大小约如铜元。

（四）不能用注音字母拼音，因不能为农民接受，也不能多用"啊，吗，啦，呢，呀"等字。

（五）文字要分栏，每篇文章要在一期登完，又要连在一起。

（六）有吸引人的插图，或名胜、名人的相片。

（七）编辑者应有一个中心思想，如科学、时事都可以，但必须与当地有密切关系，切忌海阔天空。

（八）多登当地歌谣谚语，改编为短诗歌。

（九）要用彩色，做到黑白分明、鲜红碧绿，才能引起读者的兴趣。

（十）张贴的地方必须在通衢大道旁，好像商品广告，看的人才会注意。

（十一）可在墙上做一木条框，题"壁报"二字就能应用。

（十二）贴的日期一般是三天，但在时态紧急的时候，例如日本侵入东三省，一日数变，就要天天换材料，不能等三天才换。

夜又深了，倘若我在练习中再有所得，再寄信给你吧！

祝健

弟　纪晓上

第二十五章　官样文章的民众教育运动

竺因学长：

　　这几天我真不知要怎样计划我的工作，前天教育局送来两个训令，说要创办民众学校，并举行识字运动。二十年代末，大家似乎都在注重这两项活动。例如第二次全国教育会议的实施成人补习教育的方案，几乎完全是这两项。我们对于这两个运动的目的决不敢厚非，不过对于它的实施办法，实在有讨论的必要。

　　民众学校的起源在中国是二十年代初的事。最初是晏阳初和陶知行等提倡办平民学校，全国盛行一时。不久他们都感觉到自己的错误。晏先生集合同志跑到河北定县去做小规模的试验，成绩很好。陶先生也到南京晓庄去试验乡村教育，可惜被解散。平民学校含有平民和贵族对峙的意味，所以国民政府定都南京的时候便改为民众学校，不过内容已渐渐改变了许多。

　　民众学校照平民学校的规程，学生入校四月便可毕业。毕业的标准是能看普通报纸，能写普通信件。十年来共三十个四月，照例中国城市民众识字人数应该很多。但是实际上又怎样呢？民众们不但毕业的很少，就是毕业以后，三个月不用，便会把从前所学的全部还给教师。这可以和我们读外语来相比。我们不是都读过一学期的日文吗？现在离校不过半年，我把字母都忘掉了。这是民众学校办法的缺点之一。

　　民众学校所用的课本，大都是千字课本。这些课本所用的字是否有根据？那一千个字是否都是最通用的字？还有一件事是极重要的，就是我们平常所用的语句，是词多呢？还是单字多？只认得了许多字，是否能应用？更有一件足以怀疑的事，我与问津曾看过几种不同的千字课本，其中字类大有出入。

再论千字课本的内容与小学国语读本相差无几。那时感到学生们对课本没什么兴趣，现在回想起来，原来是成人与儿童的心理完全不同，不应该用同样的体裁来编材料的。所以我们倘若要办民众学校必须有优良的课本。

其次是课程。照发给我们的课程纲要，分文字科、技能科和公民常识三科。文字科包括识字、习字、注音字母三种，计占全量十分之三。技能科包括珠算、写信、记账、职业常识四种，占全量十分之三。公民常识包括党义、科学常识、时事谈话三种，占全量十分之二。每日上课时间二小时。这个课程我们倘若平心静气，仔细与小学课程对比一下，又有多少不同呢？我总以为这个课程对于广的一方可说是做到几许，对于真正唤醒民众们的政治、经济、社会等意识，那就有问题，或者竟可说不一定能做得到。

乡村民众所需要的是怎样认识民族，怎样改进农业。有人以为要施行这两种教育必需民众先有识字的能力。这话虽然很对，但是母鸡要生蛋时，不必再来问人们是否替它预备好鸡窝没有。我们倘若认定识字是应当最先做的，那就集中全力来做这着，不必牵涉到别的方面。倘若认定应该做农民教育，那就想别的方法来唤醒农民，不必先做这许多缓不济急的事。

谈到民众学校的教师，更是难之又难。这次所定是叫小学教师兼任，津贴月薪六元。小学教师为了增加收入起见，倒不妨来做，但做了实在有愧。以时间而论，我们当然极少可以顾到夜校。白天不但要忙着教育儿童，还要忙着社会活动，再加上夜校，那真是无法应付。没有时间便做不出什么好事来，至多不过依照课本来敷衍一下。况且我们小学教师平时是对付儿童的，一旦要去对待成人，又难免格格不入，这也是一件不容易解决的困难。至于课程方面，以我个人来说，文字科勉强可以应付，技能科的职业常识在乡村当然是农事。我仅有的农事常识可以对农民谈吗？老实说我做他们的徒弟还不及格。公民常识的科学常识，似乎也应该应用到农事上去，这事我也做不到。我敢说，全国的小学教师实在都有同样的困难罢。许多大学教授近年来正在那里替我们小学教师宣传，说某事可以交给小学教师，只要给他若干报酬；某事也可以交给小学教师，只要鼓励。我们小学教师们一面感激他们的赞扬，一面也实在有些力不胜任的苦衷。所以我觉得办民众学校，倘若责成小学教师去做，此路实在难通，至少在乡村里不容易走通。

最后是学生问题。在农暇来设立民众夜校是一件极合理的事，这在欧美都有相当的效果，如德国的冬季农业学校，美国的冬季农民学校，都有极显著的成绩。中国的乡村民众学校，正在萌芽时期，学生的成绩当然无从知道。但是从城市民众学校的统计表上看来，学生入学的与毕业的比例数相差太多了。乡村或者会更不如城市。倘若学生入学三天，便一去不来，又有什么方法可以再招他来呢？有位督学说可以先叫他交保证金，这是他的理想谈。在乡村里办民众夜校最困难的是招生，倘若要交保证金，竟可说不能开办。况且交保证金的方法实在有阶级性，有许多农民，在一定时间内要拿出一二块钱来是不容易的事，尤其是许多雇农与佃农。那么那些交不出保证金的农民是否应该受民众教育呢？有没有受民众教育的权利呢？

总之，我对于举办乡村民众学校的主张，是赞同的。但是对于这许多吃民众教育饭的官老爷们颁布出来的理想办法，我们实在难以奉行。因此我提出几个要点来：

（一）请全国确实干过民众教育的人们，老老实实把经过情形宣布出来，做此后乡村民众教育运动的切实参考（老实说，我们不需要许多只有空谈的贩卖货）。

（二）请办民众教育的工作人员到乡村去切实调查，作为草拟一切法规的背景，千万勿笔头上写得漂亮，实际上都难以做到。

（三）调查农民们常用的字与辞，编成字典辞汇，作为编辑课本的根据。

（四）确定乡村民众学校的目标，以越专一越好，与其多而做不到，不如少而做得到。

（五）乡村小学教师应该作乡村民众教育的主要人物。但是切不可过高估计小学教师的能力与精神，致使他们难于从事。

以上是我对于民众学校的意见。其次是识字运动。我以为在目前的中国，确实文盲太多，应该有大规模的运动来消除文盲。所以识字运动我也十分赞成，不过方法方面我有些怀疑。前几年大家都热烈做这件事，几乎各省市的政府人员全力以赴。到了二十年代末，教育部才有"识字运动委员会"是"临时性质"的解释，从此热度稍减，好像全国文盲已经扫除将尽，所以可以稍缓举办。更不知谁又想到乡村里还有文盲，于是余波重起，识字运动推行到乡村来了。也可以说把城市里玩过的把戏到乡村里再来玩一次。

我记得很清楚，1929年，我们在校时，有一位教师一天对我们说："今天倒霉，被朋友拉住写一篇宣传文字。"这位先生在国内教育界稍稍有些名气，常常喜欢玩弄文墨。那天他去省城，被某科主任拉住，逼着他写一篇识字运动的文字。他是一位有憨性的，就说："这算什么一回事呢？我不赞同做这样的工作。"但是那位主任老实说："请你不要骂我们了。我们本是闲科，本来可以终年无事，这次遇到识字运动，我们足足筹备了三个月，又在厅务会议、省政府会议上通过两个规程和数千元经费，正想大做一下，你来凑一凑热闹罢。"他不管三七二十一，便大骂起来："你们是闲着找空头事做，我们是忙着早餐没晚餐，哪有闲工夫做这些与民无益的勾当！"经此一骂，骂出一餐酒席。结果那位教师也就替他们吹了一番。从这件事看起来，许多所谓"民众教育专号""识字运动专号"、刊登着铜版照片，名人文字，究竟是为着民众，还是为着这些闲衙门的官爷们维持场面呢？

有人说："识字运动好比开山的大炮，把民众间的沉梦惊醒，使大家都知道识字的重要。"我以为他们这样干识字运动，好比不装弹药的开山大炮，向着天空放，不但开不了山上的泥石，连沉闷的空气都轰不动。我们看到他们发出来的宣传品，不但满纸都是字，并且字体很小，又是文言文，很有布告四六文的气概。还有他们宣传的办法真是奇妙，他们选择一个什么日子（当然不是黄道吉日），衙门里停止办公，于是大家拿着旗到街上去游行一次，带着照相机在路上拍几次照，分发几张传单，或者先在礼堂里开一个会，请要人演讲一次。这种做法要想唤起民众，简直是官样文章，也很像清末举子秀才下操场时叫仆役打着伞，以为这样可以打退外国人。如此办法，不知是欺骗民众？还是自己玩把戏？

前天督学给我看的办法里有这样一条："在星期六的下午，教师带着全校小学生，到四村去宣传，并且贴出宣传品，在村中讲演。"这种做法，只要我们出去一次，会把从前所做的成绩都毁灭。我说："不如在中心茶园里做！"他硬说："效力太小！"倘若真的照他所说的那种办法，不如请卖解者做。但是城市里的经验告诉我们说："此药不灵！"我们又何必做这种无谓的勾当呢？

退一步说，这次的识字运动已经发生效力，试问继续的工作是什么？有什么准备？好比一座山真的轰开了，那么辅路的工程呢？我们再来看看城市里开展识字运动以后，我们继续做些什么工作呢？闲衙门热闹了一天，依然是大家闲起来。民众们对于他们也好比看了一次出殡的音乐队，喇叭声过去了，棺材抬过去了，这件事也就跟着群众观看先而消失了。老实说，官样文章让官爷们去做吧！我们一天忙到晚的乡村小学教师，实在没有这种买空卖空的吹拍能力，去干这些事。

我已决定暂时不干这两件工作。同时，我也决定了贯彻民众教育的方针，并且已经着手做了。我以为那样干下去，总比空头宣传来得切实些。虽然照我预定的计划是比较艰苦、不容易做的。不过贪舒适和走捷径，都难以在乡村里发生效力。这是我的信仰，官爷们或者会骂我是呆子。

写得太多了，或者有太露锋芒之处，请你多多指正。

祝健

　　　　　　　　　　　　　　　　　　　　　　　　　弟　纪晓上

第二十六章　农家的新年

问津吾友：

　　旧历新年已过去三天了。乡村年假很长，本可乘此机会到南京来玩，但是我觉得这是一个很好的社会教育的机会，宁可不进城。

　　这里的风俗从十二月初起，家家户户都忙个不停。先做年糕再包粽子，杀鸡宰鹅，买食物，制新衣。所以腊月中旬以后，城市里充满了办年货的乡人。到了农历十二月二十日以后就有"谢年"的活动。谢年就是一年平安过去报谢天神的意思。谢过年的祭品，请亲友们来吃，名叫吃年夜饭。这餐饭很讲究。我自从腊月十八开始，足足吃了十二天的年夜饭，轮流去吃，真是有趣。二十三日是送灶神，家家户户都把贴在灶上的灶神像扯下来焚化，还撒些麦秆豆类，说是喂灶神的马的！小孩子这天就有糖吃，名叫祭灶糖。除夕最热闹，夜饭是一家团聚吃，名叫分岁酒。饭后，小孩子就向长辈辞岁，父母给孩子们压岁钱、糖果，放在床头。但是在年尾也有不少人是苦恼的，在风雪交加的深夜，还听到催债的怒骂声，在除夕的黄昏也看到有几家相骂，有几家灶上没冒烟，儿女啼号。幸而全国有一个很有趣的风俗，就是经过除夕，债主就不能在新年索债，所以在初一的那天真是如赵孟𫖯诗"大小易新衣，相戒未明起"。

　　因为我和本村社会很接近，因此我与竺因君约定，给两村做了个计划：

　　（一）与村长约定，新年不开赌禁。

　　（二）中心茶园在正月初一添加说书、游艺。

　　（三）开放村中所有的寺院、庵庙三天。

　　（四）小学开成绩展览会三天。

　　（五）初二化装游行。

（六）初三开角力竞赛会。

以上六件事我村都做到了。由于赌禁不开，所以不准抽头聚赌。至于在家庭里掷骰子、滚金钱、打麻将、玩接龙等，算是新年娱乐，都不禁。这些玩意儿只要稍稍改良，或者只要不以金钱为目的，就不会发生多大的弊病，与抽头聚赌、诱惑青年的赌场大不相同，所以我们打算只劝而不禁。

中心茶园经过我们的布置，焕然一新，又添买了许多茶具。年初一那天，茶博士穿起新装，满脸喜气，忙个不停。那天的游艺节目很多，我说了一套《水浒传》里的"智劫生辰纲"，青年们做了许多游艺，如口技、山歌、笑话等。连一个族长老头也说了一个笑话，引得大家都笑个不停。村中的庵庙照例开放，吸引许多妇女与幼孩去玩耍。全村没有一个赌场，我从此感到，民众们只要能够得到正当的娱乐，必可减少赌博等恶习气。

初二的化装游行，是初一在中心茶园议决的。我们约定上午大家准备，下午在中心茶园集合出发，绕村一周，先约定八位农友敲打锣鼓。这天有的扮老太婆，有的扮少妇，有的扮出整出的京戏来，如"二进宫""三娘教子""武松打虎"等。我也化了装，借了一位族长老头的衣帽烟袋，还带了一个小学生做"孙子"，在开路旗的后面走，是族长领路的意思。引得族长的亲人都笑得不得了，将要出发时，他的孙女（八岁）还认错了来拉我的手叫"爷爷"呢！真好笑。这天可说是全村大乐，几乎没有一个人不笑。

初三那天是角力竞赛会，可以说是乡村运动会。每逢新年，这里本有玩石锁、石担等游戏。初一日在茶园里提起这件事，我们便决定初三上午在社庙的空场上来玩。节目不多，有比石担、石锁等游戏，五十米挑水竞赛，百米挑柴竞赛，拳术、耍刀、耍棍等。我只会耍一套长凳，大家都很惊奇。孩子们也要求参加，他们做了两个游戏，一是抢凳子，二是写字竞走，这也是老幼共赏。我们足足开了半天会，凡是参加比赛的都有奖品，奖品就是用红纸包的肥皂、火柴、洗脸毛巾，还做了三面红旗送给竞赛得优胜的。这三面旗是我预先做好的，都被农民得去了。

今天上午虽然快乐，可是太累人了，维持秩序真是一件极不容易的事。我预先约了村长和族长做正副主席，又请了几位青年人中的领袖在场中巡视。我是报告节目的，一时找不到扬声筒，就用一张厚纸糊了一个。

维持秩序用竹竿和划白线都没有什么用，只有一位农友拿着一面锣，依着这个圈子敲了一周，群众马上让出一个大空场来了。从此，他的话几乎是全体服从了。

　　下午来了一队玩猴子戏的。我为了学他吸引群众的本领，又去看了。这些走江湖的人能够玩一两套猴子把戏，能够使群众乐意拿出钱来给他。他的工具是一面锣、一面鼓，一只毛猴子，一只老山羊，一根竹竿，几件破旧的孩子衣服。他的锣鼓声一响，就有群众来看；他的话一说出来，群众就能让出大空场。当玩完把戏以后，他用锣去讨钱，真是满锣的铜元。我们干民众教育的倘若也能如是，比只坐在衙门里做民众教育官不知要好多少呀！

　　祝快乐

弟　纪晓上

第二十七章　怎样改良私塾

问津吾友：

　　自从去年冬天我做了些民众运动工作以后，农民们对我有一定的认识，对学校也有一定信仰。因此他们决定扩充小学，设法筹款补助小学，一面又设法代为招收新生。筹款一事已有办法，至于招生，他们主张停办私塾。

　　我对于私塾，主张改良而不主张取缔。在二十年代的中国乡村尤其应该如此。我们在公文上、在报纸上常常看到普及教育的计划和方案，最初我们也很欢喜，以为大有希望。哪知一次两次以后，才知道这位没有奶汁的奶妈是不能满足孩子的食欲的。试问，在乡村里能够使儿童们略识文字，或使商人们能打算盘的，靠谁呢？实在全靠私塾。二十年代中国所有的小学校与学龄儿童数比起来，差得太多。因此，强迫教育当然谈不到。就是与愿意入学的儿童数比起来，小学校也实在太少。私塾就是人民自己设法补救的办法。例如一九二七年的南京市，全市在小学的儿童不过一万，在私塾的儿童至少有二万人以上。又据我村去年冬季户口调查，内有学龄儿童五百三十一人，我校的房屋与设备至多只能容纳一百人。至于我们二人是否能担任教一百个孩子又是另一问题。要想添办学校，在政府只注重军费的二十年代，恐怕无论如何难以办到，我村有了学校还是如此，其他没有学校的乡村更不堪设想。幸而在古庙中有教蒙童的私塾先生可以替农民解忧。

　　私塾与小学比起来当然有很多不及之处，但是私塾也有好处，学校也有坏处。小学的班级制，无论天才、庸人都是从这班级整批地赶到另一班级去。比起私塾的个别教读，实在不如。另外，私塾教师对当地社会工作很热心，有的私塾教师几乎是一村的中心人物。此外还有私塾师生感情浓厚，有的甚至是终身朋友，而学校中是一时的师生关系。这种种都是私塾的优点，应该承认的。

其次是私塾应改革的弊病。私塾教材陈腐。教法虽然采取个别制，但大都是敷衍了事，并且完全不加讲解。其他如设备的破烂，房屋的不卫生，也到处如是。教师也有好的，但大多数是失业的伙计，或前清的生员。有的大烟瘾很深，有的昏聩得不成样。倘若以"师表"二字来解释，使全国大多数儿童尽如私塾教师，中国必定灭种。

"敬其所长，改其所短"。私塾在现代中国的乡村里，只有改进的必要，决不应该取缔。我已向村长说明，从今年起，我来帮助私塾改良，由地方上筹些款子来改进它的物质环境。我打算照下列计划做，你看怎样。

（一）关于增进教师知识与技能的

（1）依照浙江教育厅师资训练部所拟的书目摘要介绍给他们读；（2）每星期至少来我校两次，参观学校教育；（3）每天看日报，每星期看杂志两种；（4）在春季未开学前看完小学教科书与教学法书各四本，作为准备工作，以后每本都看；（5）学普通话；（6）学笔算；（7）脱去长袍，穿短衣，戒去吸烟等恶习。

（二）关于儿童学科的

（1）废去《百家姓》、《三字经》、对字课等；（2）定课程为国语、珠算、写字、写日记、写信、唱歌、游戏、常识等科，美术与劳作暂缓；（3）学生一律要买教科书；（4）每天课程可以参酌我校而定；（5）每天上午八时必须上课，下午四时半必须放学；（6）减少朗读，增加默读，并指导看报；（7）有的学科可由我校教师去帮助，或组织学生来我校上课。

（三）关于改造环境的

（1）由地方上筹出三十元作为改造环境的费用，这件事大约可以做到；（2）添做小黑板两块；（3）开窗子、粉刷墙壁、除去院子里的污泥垃圾；（4）布置课室，使其清洁美观，除去孔子牌位；（5）买清洁工具，简单农具；（6）开辟前面院子为花园，后面空地为菜园；（7）开空场为运动场，场中竖旗竿，每天早晨升旗；（8）课桌的排列仿照分团式。

（四）关于指导的

（1）由我呈报教育局准许登记；（2）允许该教师出席本区研究会，倘能加入研究更好；（3）平时与我校合作，共同进行；（4）教育局来视察时如有优良成绩,当给予奖励。并于一年后认为可以登记的作为正式小学教师;(5)教育局在可能范围内酌给经济补助;(6)教育局倘能以此为试验,经过半年,能开一次私塾教师讨论会更好。

(五)其他

(1)学生学费一年分三次收;(2)学生父母如要求加授某课,暂时可以照做,但时间与分量不得超过全部五分之一;(3)学生服装可以自由,但以穿短衣为原则;(4)废除体罚。

以上各条虽然极简单,我以为第一步能够做到这样,已经差不多。老实说,只要学校老师肯真心帮助私塾,没有一个私塾不可以改良的。

祝健

弟　纪晓

第二十八章　改良蚕桑与农事推广

问津吾友：

你大概还记得去年我报告此地的风景吧。半县是山村，半县是水乡，在这个有山有水的乡村里，男子种田，女子养蚕。前星期，大学农学院的蚕桑教授唐先生到我乡来接洽推广改良蚕种的事。他校有改良蚕种一千张，要到这个村来试养。他把详细情形说了一遍，我觉得很好，便介绍他们到村长家里去说明来由，并于当天下午在中心茶园开会宣布。

唐先生先说明去年本县蚕丝的损失数达几十万元。今年如不及早准备，又要象去年那样整担地倒掉，岂不损失很大？蚕的好坏与蚕种大有关系。许多不好的蚕种，往往到中途就发生传染病。中国的旧蚕种百分之四十以上有病，改良蚕种经过选择病害就减少很多。现在大学农学院来本村办蚕桑指导所，分发改良蚕种给农家，并派专门人才在这里指导。办法很简单：

（一）每家农户领改良蚕种至多不得超过十张。

（二）每张改良种价五角，以茧价作抵。

（三）改良种在催青与头二眠要极小心，所以催青与头二眠的工作归指导所做。

（四）二眠以后农家领去饲养。

（五）农家要绝对受指导所指导，如房子的布置，生火的温度等都要小心，并且切忌焚香、点红烛祭神。

（六）改良种的茧子价值较贵，所以不要自己缫丝，可以由指导所设法来代做缫丝工作，或先来烘焙，出市卖茧。

那天，当场签名预约的约五百张，大多数是只签三五张，这是农民小心谨慎之处。以后又有陆续来签名的，大约可满一千张。

指导所就设在我们校内，但因地方太小，所以我提议把后屋的神像迁

第二十八章　改良蚕桑与农事推广

移到邻庙去。迁移小神像在乡村里本不要紧，况且有半年的社会活动的经过，又有这次养好蚕的希望，所以没人反对。前几天正在这里忙着这件事，请出神像，开了两个窗子，装上纱窗纱门，打扫干净，于是这间破泥像陈列所，大大改了样，这间房子成了育蚕室。

另外需要一间作催青室。把我们教员的住室空出一间，四壁密密地糊起来，连窗子缝和门缝都用牛皮纸糊得密不透风。又用消毒水来消一次毒。打了药水以后，门关起来，人也跑出，足足关了一天多才开门，满屋的臭味，据说这是杀菌妙法，倘若人畜多闻了也会死的。

农学院派来工作人员二人，另在本村雇一工人。从昨天起，他们已在做催青的工作了。催青室是不允许杂人进去的，所以我也不能进去。据说室内没有别种设备，只有温度表、湿度表、火炉、水盆和蚕匾子。据他们说，大约一星期可以孵化。我于养蚕完全外行，但是因此可以学些本领。这几天我正在抽空看养蚕的书籍，并且与指导所约定，我校也试养两张，桑叶就向农家去讨。这是预先约定的。在几万株桑树上抽出两张纸蚕用的桑叶不至于发生问题。我们说明将来所得茧丝费，作为指导所基金。由此，我推想出三个问题来：

（一）中国大家闹着穷，怎样才能富起来？

（二）中国从本世纪初就提倡新农业，为什么新农业还跑不到乡村里去？

（三）育种学于生产量的关系甚大，中国许多农作物的种子为什么老是这样？甚至几千年来著名于世界的蚕桑事业，也一落千丈，远不如人？

这三个问题的答案，有很多人在寻找，社会学家和经济学家固然特别注意，就是许多教育杂志也正在讨论这些问题。所以有什么"致富教合一"的论调，有职业教育"使无业者有业、有业者乐业"的鼓吹，又有新兴的生产教育的宣传。那些方法，只要能够切实去做，都会有效的，至少也可以使全国有一时的相安，但是谁真正到民间去呢？

现在的小学教师实在太贫穷，也实在太无聊。贫穷是害自身，或使他中途离职。无聊是课业无味，于是影响到儿童。在这个时代，应该找出一个方法，救自己的贫穷，解自己的无聊，就是救全国的贫穷。我从这次推广蚕种一事体会到，凡是小学教师至少要擅长一门自然科学，熟悉一二件生产技能。

从前我听竺因说起泉州有一所桃英小学，因为校长会做蜡烛，使全乡人民都学到生活技能。又听说有一位石井坛先生擅长种麦，在一个村子里改良了麦种，农民的收获也增加了许多。我想我村这次改良蚕种倘若能够有成效，据唐君说至少可比本地蚕种每张多收十元，一千张就有一万元。这些实利比我去年干了半年的社会活动还要大。我是一个不谙农桑的书呆子，没有大学农学院的帮助，简直毫无实利于当地的农民。

不过这次唐先生很赞许我。前天洪游局长给我一封信，其中提到他的话："农事推广倘若没有乡村小学的协助，无论怎样好的推广员也是没有办法的。西乡改良蚕种所以能够在一星期内销到一千张，完全是纪先生的协助。"我虽然有愧，但细细一想，我国农民的保守习气太重，平时对于农事决不肯随便跟人学样。几十年来农科大学所以不出成绩，决不能完全归咎于大学，农人们不肯从劝，不肯改良也是一个重要原因。你大概还记得前二年我们家乡拒绝某教会大学农科推广优良麦种的风潮吧。那些麦种实在很好，不过价格较贵。但是推行的结果是推广员被殴辱回校，几乎弄出农民暴动来。倘若那时候有几位忠实的乡村小学教师协助推广，决不致如此，或者我家乡的麦子已经改良得大有成效了。

所以我认为农科大学非请乡村小学教师作农事推广员不可。乡村小学教师要想对于乡村、对于自己有实际利益，必须乐于做农科大学的推广员。我曾经听到过美国推广玉米改良种是利用儿童做的，成绩极好。乡村小学教师的能力无论如何比儿童大，只要诚恳与勤勉。

我相信这次必能收到一定的成绩，使农民相信改良种子的实在利益。倘若真的成功了，明年蚕种推广必定毫无问题，或者可以远播四乡，因为农民间的宣传效力比任何广告来得大。第一次试验有效后，我们可以渐渐来改良其他种子，如稻种麦种，以及茶树的种植法，烟草的改良都可着手。这些都是此地的特产物，倘能改良，获利必厚。

还有就是除螟虫，这件事今年秋冬或可着手干了。

写得太兴奋了，难免有过分的话。我愿切实做些这类工作，望你能多多帮助我。

祝健

弟　纪晓上

第二十九章　乡村小学怎样放假

问津吾友：

照现行小学行政历，一年中放假日数很多，暑假七星期，大都是七月初至八月下旬；寒假二星期，一月中旬至月底；星期日假期共四十三天；此外各种假期共约十三天，合计约一百十三天。许多学校寒暑假提早放假，学期开始延迟开学甚至达一星期以上。还有许多小学星期六下午也放假。这样算起来，一年中至少有一百五十天假期。这样多而长的假期，无论什么职业都是没有的，无怪乎有人说"小学教师是最容易而又懒惰的职业"。

为什么小学教师喜欢放假？除去不合理的行政规定以外，某些小学教师把职业作为糊口的工具，对儿童对学校对乡村都不热爱，这是主要的。要正确处理乡村小学放假问题，首先要改变教师的观点，不然，无论教育行政当局怎样规定，也是鞭长莫及。我们知道许多乡村小学不但例假放得十足，而且在不应该放假的时候，只要教师方便，就随便放一二天，甚至放四五天。

我们对于乡村小学的放假主张如下：

（一）关于暑假，我们主张不放。农民在烈日之下，污泥之中，哪一天能避暑？小学教师带着儿童读书做事，不但可以在大树下，而且有房子能遮日。这种工作比起在烈日下的农民怎样？至于儿童放了暑假真是使家庭受累，儿童吃亏。许多儿童放了暑假成天在河塘里玩水，有的去干妨碍别人的勾当，弄坏水沟、踏毁农作物。有人把孩子关在家里，请先生来补习，或者在家闲住。所以在暑假后的第一个月，无论新生、旧生都一样难教，因为他们的学业经过放假的闲散而荒疏了。许多小学教师在暑假中无钱去避暑，只好闷住在家里。即使有暑期学校，但教师进修的学校又何必在暑期中开办呢？

（二）关于寒假我们是主张放的。不过我们主张放儿童而不放教师。因为几千年的习俗，民间有新年的热闹场面，这时正是农闲，也正是大家可以快乐的机会。教师可以趁此机会做社会工作。

（三）关于其他纪念日，我们都不主张放假，主张开展有意义的活动。如国庆日大家庆祝一天；劳动节大家劳动八小时。我们不主张只开一个纪念会，贴几张标语就算完事。与其在纪念会上演说，不如在纪念日表演一段有关的事迹，小学生、农民或许能有更深刻的印象。不过无论如何都不应有放一天假让儿童在家里莫名其妙地住一天的理由。

（四）关于星期六放半天假，这是完全没有理由的。

（五）关于星期日放假，我们主张每七天有休息半天的必要。因为藉此可以料理许多私事，或真正休息半天。但是学校依然要开放，儿童愿意来校的依然要让他们来做事、玩耍。如有教师二人以上，可有轮流休息的制度。儿童就可以不致于没有教师带着玩耍、做事了。

（六）我们主张乡村小学放农忙假。在乡村中农忙时期真是全村无闲人，男的种田，女的或烧饭或收拾农作物。儿童在十岁以上就帮着父母做事，七八岁的儿童要负担带领弟妹的任务。所以每逢农忙，各处乡村小学的儿童缺席极多。有时全校没有一个儿童。成人因白天太累，晚上也不到学校里来玩耍。许多农村纠纷在农忙时期也减少到最低限度。许多喜庆事也大都不在农忙中举行。在这个时候，乡村小学应该放假。

中国因为地域辽阔，各地农忙不尽相同。大约可分四个区域：黑龙江吉林是一区；辽宁与黄河流域是一区；长江流域是一区；广东、闽南、湘南是一区。寒带与北温带一年只有一熟，所以农忙一年只有一次大忙，一次小忙。温带因为有蚕事和农副作物，所以一年必有两次大忙。亚热带的农忙时节比较长些，如两广、闽等地稻子一年能成熟两次，又有果子成熟之忙。不过由于农产品登场容易，各种手续可以简略些，所以亚热带区的农忙一年有三次以上，但是每次时间都较短。

农忙时节乡村小学虽然放假，可以安排一些家庭作业，并让儿童在家协助工作。儿童在实际工作中可以学到许多生产技能，实在比在小学中读些教科书，唱些歌谣，来得有效。我们应该重视儿童在家庭里帮着父母做事的成绩，更要重视儿童田间劳动的成绩。

不过农忙中，教师太闲了。这时有两种办法：

（1）进城去参观，或集合许多教师到外地去参观。

（2）集合乡村小学教师开个乡村教育讨论会，不是比进什么暑期学校更有意义吗？

我这几天正在整理一年来的日记信件，也学习一些种田的技能。

祝健

弟　纪晓

第三十章　办乡村师范的一个建议

叶尘先生：

自从先生筹备本县乡村师范的消息传出以后，我们都切望先生早日宣布计划。现在把我所知道的一些常识写出，供先生作为参考。

中国办乡村师范最初是袁希涛提倡义务教育，注重县立师范。一九二四年中华教育改进社曾经通过关于发展乡村教育的提案，其中便提及乡村师范。一九二六年该社赵叔愚等便发表计划，并在南京晓庄创办试验乡村师范，该校办法确实开中国教育史的新纪录。虽然只有三年历史，确是发明了许多好方法。与晓庄学校相仿的有浙江湘湖师范、福建集美乡师，因为两校都是晓庄师生创办的，虽然几经易人，然而根本主张仍不磨灭，此外能有局部影响的要算江苏省立的四个乡师科，虽因种种关系，不能尽量发展，然而历史较久，且能与当代社会周旋，得以不遭整个摧残。其他各省各县，由于中央曾有法令提倡，当地又急需，所以大都设立乡师，均有相当的贡献。

其次是乡师的课程问题。全国乡村师范如此发达，而乡师的详细课程，并无规定。所以各处所办大都各出心裁。有的完全打破一切课程的形式，从实事上去做，如晓庄的各项教学做合一；有的是调和形式课程与实地做，如比较有改进精神的乡师；有的就直抄县立师范的课程。《中华教育界》十九卷一期登载《乡村小学教师应有的本领》一文，可以说是乡村小学教师的职业分析，或者可以说是乡村师范的具体课程，可供参阅。

本着教学做合一的精神，以及这一年来的经验，晓庄学校的"学园制"是办乡村师范的好方法之一。晓庄主张师范办在小学里，小学是师范的母亲，这是学园制的根据。所以当时他们办了五个中心小学，两个中心幼稚园，还特约了几个成绩优良的乡村小学做特约小学。所谓学园就是中心小学与中心幼稚园。每个学园有园长一人，指导员一人或二人。平均每个学园可以招收师范生十二人。师范生便跟着园长办小学，办幼稚园，办一切社会教育事业。在学园中是师生同生活、同甘苦，并且是共同立法，共同守法，俨然是一个民主集团。各种指导，凡园长能力所能指导的都在实事上指导。师范生遇有困难，可以尽量提出，由园长及指导员设法解答。全园工作，每月有计划，每周有计划，每天有计划。每月开工作预算会、决算会各一次，一则规定进行事业，一则总结作出的成绩，同时还要批评个人的行为。每天有寅会，分配当天工作。同时指导者有讲演，每人有当天工作计划表，天天要填写，日记也是天天要写的。每周工作六天，其中五天在学园，一天回师范部，每人轮流休息，这样全园工作才不致中断。

该校师范部的组织极完备。师范部一名"后方"，学园一名"前方"，这是取从事乡村教育如打仗的意义。师范部在设备上有图书馆、科学馆、工场、农艺馆、电气处、生物研究所、艺术馆、自卫团、剧社等。这些设备都是供给"前方"的材料，以及为"前方"解答困难问题的。在"前方"的师生，每逢星期日，回到"后方"，共同讨论问题，有时且请各种专家来讲演。星期日可说是该校特别有意义的一天。

全校无训育主任，但是有极严格的纪律。这个纪律是从全体师生工友所组织的"乡村教育先锋团"里产生出来的。该团完全采取民主集团制的精神又加以军队的组织。有两句话可以形容："铁的纪律，鸟样自由。"平时一切言论、行动、信仰都非常自由，一旦有所决议，就全校都须遵守。例如吸烟是该校禁止的，凡发现此恶习，即须离开，就是参观者，也时时遭他们的劝阻。起初，酒是不禁止的，后来有人提议禁止喝酒。自该案通过以后，不但平时无论何人不得喝酒，就是偶而有人赴宴会也不喝酒。所有纪律，全校师生工友，一律待遇，违反后也同样处罚。所以该校虽无训育主任，实则全校都是训育主任。

考核成绩是该校重要工作之一。他们常说："扼要指导，严密考核。"该校是双重的考核，各学园有考核股，考核各园师生的工作；师范部又有总考核股，专司各学园及留在"后方"同志的考核事宜。考核股权力极大，他发出来的命令也是全校要遵守的。定有几种考核表，全校同志每月每周都要填交，由考核股统计，送给指导会议，作为指导的依据。

指导会议由指导员组成，专司全校指导事宜。全校应兴应革事项，都由指导会议决定，然后分配给各部各园去执行。实际上指导会议握有全权，校长除全校重要决定、全面计划及经费问题以外，其余概由指导员决议进行。

学园制办法大致如前。我以为如此办师范，至少有四利：

（一）能实行教学做合一的主张，收到实地学习的效果，不致发生死读书的弊病。

（二）平时用小集团训练，容易开展工作。一旦有问题各学园又能互助，"后方"有继续不断的接济，既可减少许多不经济的手续，又能收到实效。

（三）指导员与学生互相切磋，师生可以共同前进。不致于发生矛盾。

（四）遵守纪律，一律平等，这是真正的民主精神。

用学园制来办乡村师范，在二十年代的中国，可以救急，亦可补充实习的不足。此外还有两点，也请先生注意：

（一）毕业生是否肯在乡村小学服务？目前师资如此缺乏，乡师毕业生不怕没有工作。但是乡村小学教师的待遇如此微薄，是否留得住青年？许多青年所以投考乡师，由于乡师交费较少，不是真心有志下乡。所以许多毕业生竟向城里跑，这是社会上的损失。但是在这样的社会环境下，又有什么办法留住青年人不跑呢？我以为在招考时可说明乡村小学教师的清苦，必须要有坚定的决心者方能录取。

（二）如何训练生产技能？小学教师必须学会生产技能，才能教育儿童掌握。乡村师范对于生产技能的训练应该充分注意，然后走上工作岗位，才能应付裕如。乡师聘请教职员，决不能凑合，必须选有一技之长者。至于教育指导员应该由先生自任。一校的兴衰，一事的成败，全在于人员的好歹，请特别加以注意。

敬祝努力

弟　纪晓

怎样办乡村师范

中华书局

绪　言

中国除非立刻走上了下列两条路的一条，那么就可以不必再办乡村教育，也就不必再办乡村师范。哪两条路呢？一条路是把全国农田，立刻严格实行苏联的集体农场制度，把全国农民组织成一个大集团，把全国农场化为一个大生产机关，农民也就工人化。另一条路是把中国农民立刻变为南美洲的黑奴，把农民与耕牛机器列入同等地位。前者的农民是需要更深更精的技术，需要集体的教育，更需要政治教育，所以不是一般的乡村教育。后者的农民是耕牛、是机器，当然不必有教育，管理耕牛者手中的鞭子便是耕牛一切的教育。

在事实上，中国的乡村人民，既不是苏联的农民，也不是南美的黑奴。中国乡村人民以比例说，无论如何比城市居民多出几倍，农民与农村手工业者，也比大工厂的工人多出几倍。我们虽然不敢用"以农立国"一语来夸耀，但是乡村人民占全国人口的绝对多数，这是不可否认的事实。这许多人民，你说他们无用、无能力，那么他们确实太守旧，太怕官吏，不敢求长进（注意，不是不能求长进，而是不敢求长进）。你说他们有用、有力量，那么确实全国的税源在农村，全国的衣食原料出于农村，经过训练的农民，确有很大的力量。所以孙中山先生手订国民党政纲中的三大政策，其中最重要的一个是农工政策。从这里，我们可以看出中国农民是有力量的，是需要训练的。换一句话说，中国需要乡村教育，教育农民，教育住在乡村的人民。

在中国的乡村里，几千年来就有教育孩子的机关，这就是乡村私塾。它的唯一课程只有识字读书，主持这些教育者是私塾的教师，所以谈不到训练民众，当然更谈不到改造乡村，以及改良农业，改善农民生活。自从学校代替私塾而起，虽然仍然没有做到改造乡村的地步，但是只要这个小

怎样办乡村师范

学教师能够认识清楚农民在国家中的地位,能够认识清楚世界形势,更能够了解中国政治机构,再加以肯替农民做些工作,那么他在乡村里必定可以起很大的作用,决不止于教几个蒙童识字了。这种小学教师不是天生成的,而是需要培养出来的。培养乡村小学教师的学校,就是乡村师范学校。

要办一个乡村师范,使它的毕业生将来可以去改造乡村,必须这个乡村师范自身在当地乡村里可以起到改造的作用。依照一般的学校方式去办乡村师范,决不会与乡村发生任何关系,当然更谈不到改造乡村了。所以乡村师范决不是一般学校,与普通师范学校也有几许不同。

谁能够办这样的乡村师范呢?依照成例,办中等教育者必定是大学毕业生,办师范者当然是大学教育学院学生,或师范大学学生。但是在大学里所授的功课是否适用于办这样的乡村师范呢?据我所知道,大学生要运用在课堂上所接受的功课去办学校,都得经过一番融汇贯通,就是都得"实际化"。至于办乡村师范,因为不但要办好一个学校,而且主要的还在于如何改造乡村,所以需要各方面的理论与知识。这是比较更为繁杂的。

我们不应该把一切教育技术都一笔抹煞,但是必得有所选择,选择它最有效、最能发生力量的技术。同样,我们不愿意把一切大学生都看做无能的书呆子,我们也得选择,选择有能力的人来主办乡村师范,来做乡村师范的教师。当然啦,我们是主张优良的乡村小学教师才配做乡村师范教师的。在合理的乡村师范的方式里,师范教师必须在乡村小学里教师范生办小学,所以小学教师与师范教师是不应该分的,而且也无从分起。有人说,一个大学毕业生还不会办一所乡村单级小学吗?事实告诉我们,即使是留学的教育博士,跑进乡村古庙去办小学,依然会手足无措,没法应付。近年来大学生对于这件事,已经渐渐有所觉悟,渐渐觉得在书本上、在课堂里、在教授的口中所学到的学问,不一定实用,因为这许多材料,与实际情况都有些不同。

在事实上,社会是要求大学生干实际工作的,当然希望大学教育学院毕业生的一部分能够办乡村师范,能够教乡师的学生办小学。另一方面,大学生也处处感觉到大学毕业后必须找到实际工作来做,有志下乡的大学生就到处寻找实际的方法与材料,作为自己去做的参考。这是一个极好的转变。

我们的话再说回来，中国的乡村究竟怎样呢？老实说，到现在还没有一个确切的答案。因为部分的调查不足以代表全国，零碎的观察又太偏于主观武断。不过有一个全国相同的现象是全体乡村工作人员都承认的，就是全国乡村都在崩溃中，或将崩溃中。还有一个全国不相同的现象也是全体乡村工作人员都承认的，就是全国乡村情况不是一律的，最显著的是近郊乡村与离都市遥远的乡村大不相同。在这样一同一异的情况中，乡村工作人员就得仔细认清，不能用同者去齐一不同者，也不可把不同者去强认同者。例如，全国乡村正处于崩溃之中，有某省因为帝国主义搜括工业原料而提高农产品的价格，因而有人认为这是农村复兴的现象，其实这是农村崩溃的过程，但是决不是已经完全崩溃了。所以，认为这种现象是农村复兴者，固然错误；认为已经走到了崩溃边缘者，也是不正确的。又例如农民问题中，以土地问题为最重要，土地问题一日不得解决，农民问题就一日不得解决。倘若有人看到了某省因为农民交租的问题已经得到相当的改善，当地自耕农的生活渐渐改善，就以为土地问题已经获得整个解决，这是错误的。又如近郊农民的生活问题，比内地农民容易解决，从事近郊农民运动者倘若将现成方法使用于内地，必定失败；反过来，从事内地农民运动者倘若用迂夫子的方法来教育近郊农民，也会遭到失败。乡村问题千头万绪，各有差别，但是有一个总枢纽，就是中国乡村正在崩溃之中或将要崩溃之中，不过各处崩溃的情形是不同的，也就反映到农民的生活有所不同。从事乡村运动者抓得住这点，便有办法。这是第一点。

乡村小学教师应该是实际从事乡村运动的工作人员，乡村师范应该从事乡村运动。这是第二点。

宇宙间最有效的学习是"做上学"，最有效的教育是"做上教"。乡村师范是培植乡村小学师资的场所，所以乡师学生必须在"做上学"做教师，乡师教员必须在"做上教"学生学做教师。换句话说，乡村师范的有效方法是教学做合一的。这是第三点。

根据第三点，乡师应该把它的小学为中心，也可以说小学是师范的母亲。乡师学生不应该单独在师范讲堂里受训练，应该在小学里学做教师。乡师的教员不应该再作知识掮客，必须在实地上指导师范生学习。这是第四点。

今日的乡村社会是几千年来逐渐造成的，一个小小的乡村与整个社会机构都相关联的。所以要对于乡村现状有所改革，必有许多助力，当然有更多的阻力。助力固然应当运用，阻力更应当重视，化阻力为助力是改造社会最主要的原则。乡师不干社会改造工作则已，倘若要干，那么必须注意这方面。这是第五点。

我们并不认为做教师为最神圣的事业，不过做教师是我们值得干的事业；同样，我们并不认为教师的能力是万能的，不过教师在社会上有它的功用，尤其在乡村里有很大的功用。这是第六点。

我参加办乡村师范的工作已经十年了。十年来，都是抱定这六点来做的。十年前帮助陶行知先生办南京晓庄学校是如是的，以后在厦门创办集美乡村师范，在四川办四川乡村建设学院，在湖北办教育学院的乡村教育系与师范专修科，在山东邹平办简易师范，现在回到上海参加山海工学团的工作，都是坚决地抱定这六点来做的。我主办的乡村师范虽然大半都受摧残而停闭、解散，但是我们的事业在当地，在全国，不但没有停止，并且因学校解散而迅速开展。此中原因当然很多，但是我们能够坚决抱定这六点来做，也是重要因素之一。

六年前曾经写了一本《乡村教育经验谈》，是叙述指导办乡村小学的办法的小册子（在世界书局出版，已印销万本以上），当时本想即刻继续写关于指导乡村师范的一部分，因为一来材料不够（实在是经验不够），二来进行全国周游的计划，无暇写述。前年在湖北教育学院讲师范教育时，曾经收集关于办乡村师范的材料，但并没有整理。今年（民国二十六年）在光华大学讲乡村教育，高年级生选习这科者较多，所以决意整理关于乡村师范的一部分，作为该学程三分之一的讲演材料。

虽然乡村师范在乡村教育中只不过是整个工作中的一部分，照常理不应如是注重，但是大学教育家及大学毕业生去办乡村师范已经成为极普遍的事实，那么大学里的乡村教育学程当然应该有几许实际材料。虽然教大学生办乡村师范应该在实地上教，更为有效，但是迫于环境，不能在实地上指导，只得引用实事来讨论，这样总比空谈理论实用些。我就在这两种估计之下，把这本小册子写成了，将付印而请教于全国同志。

末了，我将郑重声明，这本小册子里所讨论的各种方法，决不是解决各个问题的惟一方法。方法必须与当时的环境配合起来，才能获得显著成效。我不知道在世界上是否有"万应灵药"，但是我至少敢说，办乡村师范并没有"万应灵药"，我希望使用这本小册子的同志们，注意这点。

目 次

绪 言 …………………………………………………… (283)

第一章 乡村师范是什么 ………………………………… (289)

第二章 行政 ……………………………………………… (292)
 第一节 学校行政总说 ………………………………… (292)
 第二节 乡村师范的行政 ……………………………… (294)
 第三节 关于行政的零星事项 ………………………… (299)

第三章 课程 ……………………………………………… (304)
 第一节 课程总说 ……………………………………… (304)
 第二节 现行的乡村师范课程 ………………………… (305)
 第三节 怎样排乡师课程表 …………………………… (314)

第四章 教师与学生 ……………………………………… (318)
 第一节 谁配做乡师的教师 …………………………… (318)
 第二节 乡村师范应该招收怎样的学生 ……………… (321)
 第三节 师生怎样过共同生活 ………………………… (324)
 第四节 考核与肃纪 …………………………………… (327)

第五章 乡村师范的小学 ………………………………… (330)
 第一节 乡师与小学的关系 …………………………… (330)
 第二节 小学行政 ……………………………………… (332)

第三节　小学课程 …………………………………………（336）
　　第四节　乡村幼稚园 ………………………………………（340）

第六章　社会活动 ……………………………………………（343）
　　第一节　乡村师范可以做的社会活动 ……………………（343）
　　第二节　怎样做社会活动 …………………………………（346）

第七章　辅导工作 ……………………………………………（352）
　　第一节　教育辅导总说 ……………………………………（352）
　　第二节　师范区制与中心小学区制 ………………………（355）
　　第三节　乡村师范是否可以做辅导工作 …………………（357）

第八章　几种办乡村师范的类型 ……………………………（360）
　　第一节　农业学校式和普通师范学校式的乡师 …………（360）
　　第二节　艺友制 ……………………………………………（362）
　　第三节　学园制 ……………………………………………（364）
　　第四节　小先生制 …………………………………………（368）

第一章　乡村师范是什么

中国办乡村师范已经有十几年了，但是一般人对于它仍然不甚明了，甚至误解。有人以为乡村师范与普通师范学校没有什么差别，不过它是办在乡村里的师范学校。十几年来，有人因为中国的乡村师范与一般乡村运动的关系太密切，于是以为乡村师范就是乡村运动。又有人因为看不懂乡村师范是什么教育，于是以为乡村师范是教育界里新出的怪物。这三种人对于乡村师范都有误解处，第一种人把乡村师范看得太一般化了，第二、第三种人又把乡村师范看得太神秘。其实乡村师范的发生与使命都有它的特殊性。

一　定义

照教育部及各省《师范学校规程》对于乡师部分有以下的规定：

"以养成乡村小学师资为主旨之师范学校，得称乡村师范学校。"（《师范学校规程》第四条）

"乡村师范学校应增设关于乡村及农业科目。"（同上，第二十七条）

"省立乡村师范学校以培植乡村小学师资改进乡村教育为宗旨。"（《江苏省省立乡村师范学校组织暂行规程》第一条）

陶行知氏对于乡村师范所下的定义是："乡村师范学校是依据乡村实际生活，造就乡村学校教师、校长、辅导员的地方。"（《乡教丛讯》第二期《试验乡村师范学校答客问》）

梁漱溟氏所下的定义是："省立乡村建设师范的旨趣是培养乡村学校健全师资，推进乡村建设工作。"（《山东省立第一乡村建设师范学校概况》）

这几方面所下的定义，虽然稍有出入，但是有一个共同点，就是："培植乡村师资。"不过对于乡村教师的职务，各人看法不同，乡村教师究竟应该做些什么事，以后详细讨论。

二　简史

中国正式开办乡村师范学校是民国十六年（1927年）以后的事。在民国十六年以前，有江苏的五个省立师范学校的"农村分校"，就是民国十一年开办的黄渡、吴江两处，民国十二年开办的栖霞、洛社两处，民国十三年开办的界首。到现在（1937年）这五所农村分校都是国内比较健全的乡村师范学校。民国十六年三月，南京晓庄试验乡村师范学校成立，这是全国乡村师范学校的嚆矢。民国十七年夏，浙江省立湘湖乡村师范学校成立，这是省款开办乡村师范学校的第一个。同年十月，江西开办乡村师范两所，一在南昌，一在上饶。湖北亦筹办省立乡师。民国十八年，安徽、山东都筹办乡村师范。同时各省旧有县立师范学校大都改为县立乡村师范学校。民国二十一年，国人对师范与中学合并的主张稍有改变，有几省自从民国十六年起合并于中学的师范学校，也逐渐独立起来，许多附设在中学的乡村师范科，亦独立成为乡村师范学校。例如江苏的六个省立乡村师范学校，有的虽然开办了十年，但是到了民国二十一年，方才独立。同年各省因筹办义务教育，倡议开办简易师范，简易乡村师范学校。民国二十五年山东省提议办乡村建设师范学校。不过简易乡师与乡建师范的性质，与一般乡村师范学校都是大同小异，详细处将于各章中说明。

三　种类

乡村师范是一个总名称，其中又有许多办法不同的名称，分述如下：

1. 乡村师范。现在称为乡村师范学校的，是招收初级中学毕业生，在学时期为三年，相当于高中师范科。但乡村师范可以附设特科，在学时期二年或一年，学生入学资格或仍为初中毕业或为高中三年级学生。

2. 简易乡村师范。学生入学资格是完全小学毕业，在学时期是四年。但亦有只训练二年或三年的。程度相当于旧制师范学校。

3. 乡村建设师范。这是山东省的单行法。自民国二十五年起山东计划把全省师范学校改为乡村建设师范学校，以试验乡村建设的理论，但因环境关系，到民国二十六年还只有三处——济南、济宁、邹平。办法尚未完全确定。

此外各省还有师资训练班、义教师资训练班、短期小学师资训练班等，大都附设在中学或师范学校内，但亦有短期的训练班，为期三个月、六个月等，那便由教育厅或教育局直接主办。又有许多优良的教育机关，招收练习生、艺友等，来训练几个月或一年的，例如定县的平教会、上海俞塘的民众教育馆、山海工学团等，就用这种办法。

四 使命

照着前二段"定义"说，乡村师范只不过是训练乡村师资的教育机关，那么它的使命也就很容易确定了。不过乡村教师应该干些什么事？对于乡村应该负些什么责任？对于民族以及整个的世界应该有些什么贡献？这许多事，办乡村师范者必须先有把握，然后对于它的使命不致于负担不起来，或者过分自夸。下列四点，可供学者讨论：

第一，教育所能做到的工作，是很广的，不过它必须与别的更重要的方面联系起来，那就更有力量。乡村教育就是必须与"改造乡村"这件重要工作联系起来，所以乡村师范的第一个使命是训练改造乡村的师资。

第二，师范教育的训练方法必须在实地上做，所以乡村师范本身就是一个改造乡村的机关，它的教育效能才能显出来。

第三，改造乡村应该是农民作主体，但是因为农民受环境的束缚，不能立即显出改造的能力，期待着别的知识分子等来发动、来领导。知识分子等与乡村实际情况是隔膜的，有时虽有下乡领导之心，也不过是一时的心潮。这二者中间就有一条鸿沟，倘若能够有一桥可通，那末二者都能发出力量来。乡村师范就是这条鸿沟上的桥，它可以引知识分子们下乡去，可以唤起农民们来接受这些有利的领导。

第四，能够做到上面三种的使命，那么乡村师范不独于改造乡村有贡献，对于"教育学"也可以开出一条新的途径，所以它在发展教育学上也负有特殊的使命。

我们了解了乡师的使命，对于它的希望，也可以有几分把握。我们承认"教育"是有效的工作，不过必须与别的工作配合起来，才会显出特殊的效能来。所以不要希望乡村师范能单独地发挥很大的作用，不然便难免流于夸大。换句话说，在今日中国办乡村师范，是为着当前最迫切的要求而办的，也就需要与全国力量配合起来办乡村师范。

第二章 行政

第一节 学校行政总说

"学校行政"不是"教育行政"。教育行政的范围、内容及职权等都与学校行政不同。学校行政的范围是一校或一校区，它的内容偏重于学校内部，它的职权也只能使一校或一校区的教育工作有效。教育部长以至教育局长所做的事是教育行政，校长们所做的事是学校行政。有人说，学校行政是教育行政的一部门，因为学校是隶属于教育行政机关的；又有人主张学校不必有单独行政，学校的行政事项，只须由教育行政机关直接管理。例如德国的教师便是教育行政机关直接管理，直接委任，无须校长居间。把教育行政与学校行政两部的内容仔细分析起来，学校行政确有许多事应该由教育行政机关直接来管理。例如教师的任免、图书设备的购买等，当然以直接管理为便利。不过无论在怎样主张直接管理的国家内，学校方面依然留着许多行政事项。

学校行政事项很繁杂，归纳起来有下列六类：

一、属于计划的。例如各种会议、全部工作的支配、校舍校具的支配、全校行政历（日程）的支配等等。这部分工作大都是校长主持，各部主任协助。

二、属于教务的。例如课程的支配，学生的进退、成绩的考核、教师的考核，以及图书仪器添置等计划与执行，这部分工作大都由教导主任主持。

三、属于经费的。例如编造预算、银钱收付等，这部分工作由会计主持。

四、属于管理与监督的。例如根据上级机关的法令，监督全校人员工作的进行。又如根据事业的方针,使事业不但无浪费,且能蒸蒸日上等。这部分工作,大都由校长督促各部主任主持,尤其是事务主任等。

五、属于辅导的。例如校长对本校教师工作的视导与考核,有时这个学校担任一区的辅导,那么校长或全校教师都是辅导员了。

六、属于社交的。一个学校倘若是干社会事业的,和社会的关系很密切,交往的事务就会很多。倘若这个学校只是办学,不问社会上的一切事,平时应酬往来,也有几许事务。

各级学校规模不一,行政事项的繁简不同,不但大学与小学不同,同是小学,有二千学生的小学与一间教室的单级小学,也大不相同。所以上述六类行政工作,不是每个学校都具备的,即使具备了,处理的繁简也是各类不同的,甚至同一个学校,处理同一性质的事,今年与去年也不尽同。所以学校行政工作是最繁琐复杂,变化也是最多的工作,无怪乎过份重视行政工作者以为它是最神妙的工作,不是常人所能做的。不过在极繁杂中我们仍然可以找出几条原则来。下列有五条原则是一般学校行政人员所公认的:

第一,确定方针。校长接办一个学校,要想把它办成一个怎样的学校,必须先确定一个方针才可以拟订计划,才可以领导同事们工作,遇到犹豫不决的事,又可以用这个方针作蓍龟。

第二,应付法令。许多教育法令或与教育有关的法令,必须遵守,也就必须应付。这点与第一点有时是相冲突的,在可能范围内,必须使第一点迁就第二点。所谓"绕道而达目的地",是行政上一句极重要的格言。

第三,纪律与公开。纪律是全体工作人员共同遵守的轨道,是一般主持行政者最好谈的法宝。不过纪律必须由大家公开来创设和维持,才能收到纪律的真效果。否则,一切表面的严肃,尽是"奉承""假装"。为了增加行政效率,必须严守纪律;为了使纪律有效,必须事事公开,尤其是公开立法,以及经济公开等几件事。

第四,迅速与认真。"做事迅速,效率增高"。在学习心理上,"迅速"与"优良"的相关极大,在行政上也是如此。一事到手就办,并且办得很快,办到有结果,同时还要认真,一点不放松,一丝一毫不苟且。"迅速而又认真,事事会有成就",这是事业家的格言,学校行政当然不例外。

第五,和平与坚决。这是行政人员对人处事的态度。只有前列四项,学校行政不一定就能顺利进行。有许多学者办学失败，有许多不是学者而能长期主持一个学校，成败都是在这点上。一个主持行政者对人的姿态、言词，必须和平；既经决定的方针与策略，必须坚决，绝对不因诱惑威胁而改变。和平不是敷衍与油滑，坚决也不是固执与迂腐，这点也得注意。

第二节　乡村师范的行政

本节分组织系统、职权分配、行政人员、行政历（日程）、各项会议及特殊设备等各项。

一　组织系统

依照教育部的《师范学校规程》，师范学校得设校长一人、教导主任一人、事务主任一人、附小校长一人，并设各种会议。所以组织系统应如下图：

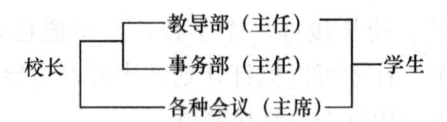

```
            ┌─ 教导部（主任）─┐
校长 ───────┼─ 事务部（主任）─┼─ 学生
            └─ 各种会议（主席）┘
```

至于附小的地位或者放在教导部之下，或者另立一部与教导部、事务部并立。

乡村师范的组织系统，可以与一般师范学校的相仿，但是不能完全相同，原因有二：

1. 乡村师范必须做辅导工作，或其他社会活动。乡师进行社会活动已经成为全国通例，虽然从事这项工作是全体教师的责任，但是必须由一人主持（或校长自己兼任），在组织上必须另添一部。有许多省，乡师兼任师范区辅导，或义务教育区辅导。这个辅导工作有的是全体教师兼任的，有的是指定一位教师负责的（大都是小学校长），也有的是由校长兼任。无论如何，总得为辅导工作特设一部，所以乡师组织上应该添设辅导部与社会活动部。

2. 乡村的小学与一般师范附小的意义与办法都不尽相同，详细情形以后再说。由于不同，在组织上就有大变动。它不能属于教导部，不能与教导部并立，所以一个比较合理化的乡村师范组织系统图应该如下：

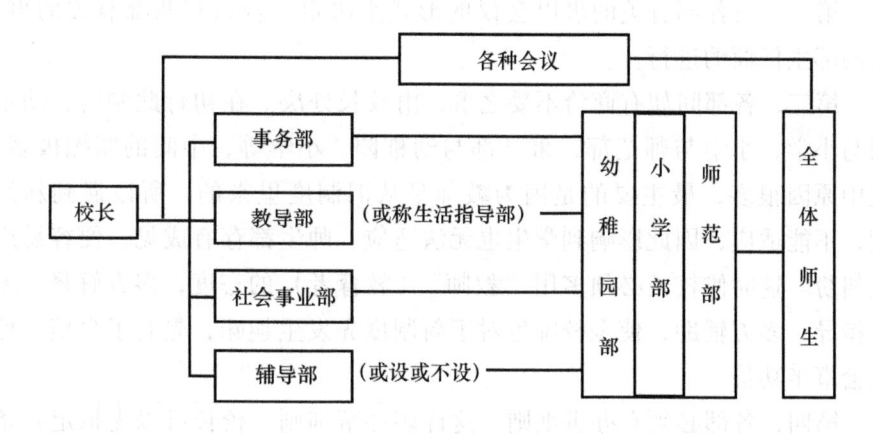

```
                    ┌──── 各种会议 ────┐
                    │                    │
         ┌── 事务部 ──┐              ┌─────┬─────┬─────┐      ┌─────┐
         │            │              │ 幼  │ 小  │ 师  │      │ 全  │
  校长 ──┼── 教导部 ──┤(或称生活指导部)│ 稚  │ 学  │ 范  │      │ 体  │
         │            │              │ 园  │ 部  │ 部  │      │ 师  │
         ├── 社会事业部┤              │ 部  │     │     │      │ 生  │
         │            │              └─────┴─────┴─────┘      └─────┘
         └── 辅导部 ──┘(或设或不设)
```

二　职权分配

各部职权清楚，行政效率便高，根据这张组织系统表分配各部职权如下：

1. 校长。主持全校。全校事项不论大小，校长有最后决定权。但既经分派给各部的职权，校长以不任意干涉或否认该部工作为原则。

2. 事务部。主持全校的会计、庶务、文书等，不但主持师范部的，即小学部、幼稚园部的事务亦须集中。

3. 教导部。与一般学校的教导部同，不过全校的教导事项，从幼稚园以至师范部都归它主持。

4. 社会事业部。也与一般学校的社会事业部同。它的主要工作除直接主持社会活动外，还得作全校师生从事社会活动的顾问，尤其是小学教师与幼稚园教师的顾问。

5. 幼稚园。应该单独立成为一部，不附属于小学，有独立的预算，独立的行政权，小学低年级可以列入该部。

6. 小学。与一般师范的小学权限相同，不过因为师范部的活动必须以小学为中心，所以它的责任必须加重。详细见第四章。

7. 师范。它的职权只能及师范生，不是全校的中心，更不是全校的重心。

这张组织表有下列几点必须注意：

第一，各部必须设主任一人。在行政效率上，主任制比委员制强，因为主任可以专职，也就负全职。

第二，与各部有关的事以会议的形式来决定，若只有两部有关的事，由两部主任商酌进行。

第三，各部间如有商洽不妥之事，由校长处决。在初行此制时，幼稚园与小学，小学与师范部，事务部与幼稚园、小学等，中间的摩擦极多。此中原因很多，最主要的是因为教师是从旧制度里来的，所以遇到新制度，不能适应，因此影响到学生也无法适应。师生都存有成见，便容易产生纠纷。这时候校长必须多用"教师"（教育者）的态度，多方解释，多方指导，多方辅助，使全校师生对于新制度先发生趣味，先有了自信，那就会事半功倍。

第四，各部必须有办事细则。这许多办事细则，校长可以先拟定几条原则，然后由各部主任分别起草，再由指导会议讨论、修改，最后由校长决定颁行。

第五，在各部办事细则未颁行前，必须有各部办事草约，可以由校长召集各部主任草订。此种草约可以依照教育部颁布的"师范学校法"中各条，再参酌新制度而草拟。

第六，依照此制，各部主任的职务与旧制度的各部主任的职务有许多不同处。例如旧制度的教导主任不问小学、幼稚园课程。在此制中的教导主任，必须将全校课程作通盘打算，然后才能排课程表，并且排课程表时，必须以小学、幼稚园的活动为中心，不得只顾师范部的便利。又如小学部主任从前是不问师范生的一切的，在此制中非把师范生当做直接受指导的学生不可。同时，对于小学内部的事务等责任，可以减少许多，因为这些工作可由事务部去负责了。

第七，各部工作人员数目，不必有呆板的规定。倘若各部为着工作方便起见，还可以有分部。如各个小学中有一个小学规模很大，学生有四五百人，那末这个小学的教导、事务等工作，必须指定专人负责，不能再由该小学校长负责。

三　行政人员

"在事事公开的原则之下，把全校教师及师范生完全视作行政人员，因才任事。"这是最合理的乡师行政。在这种办法之下，必须注意下列几件事：

1. 专职。在这种制度之下，很容易流于散漫，或紧张与宽弛无定。补救之道有二：

（1）可以把各部事件分析清楚，一一列出，以清权限。

（2）先将各部，分为若干股，各股指定专人负责，并且是专职，不是兼职。

2. 师生共同工作。照前条办法，必会感到人手不够，尤其是"专职"，全校哪有如许职员负责。这件事是不足顾虑的。因为学校事是全校师生的事，不是几个职员的事。只要全校师生都能够负责做，那么全校除校长一人外，不必有职员，每部每股各有教师负责，带着学生共同做，哪里还需要另设职员呢？

3. 人员的支配。校长对于人员的支配应该有全权。支配人员的程序如下：第一步先在教员中聘定各部部主任，组织指导会议；第二步订定指导会议的规程；第三步拟定各部组织及规程；第四步指导会议拟定各部各股负责人员；第五步规定分派学生于各部各股学习的办法；第六步指导会议决定事项，一一分发给各部执行；第七步指定考核委员人员或由指导会议负责。

4. 薪给。这是在这种制度之下最难解决的一个问题。因为在一般学校组织之下，校长、主任、职员、教师的薪给，都是由教育部或各省教育厅规定的，校长只要照章行事，可以毫无问题。现在全校教师都是职员，又无专设的职员，所以薪金的支配便成问题。这件事的解决，可以在聘请时说明"专任教师上课与任校务是并重的"一句话，那么再规定薪金的标准，就会没有多大的困难。

至于规定教师薪金的标准，有下列几种办法可以做参考：

第一种办法：全校教师除校长外，全体一律（因为校长是教育厅或教育部或校董会聘请的，不能自定薪额）。

第二种办法：除校长外，各人按照需要再参酌学校经费情况而订薪金的数目。

第三种办法：按照各人从前的薪金额，参酌本校的经费情况，订薪金的数目。若有初毕业的教师，可以参酌部章，订定薪额。

第四种办法：参酌部颁章程，依照本校经费情形，订定各人薪额。

寻常学校，校长为着安置私人或敷衍上级官厅介绍信起见，常常多设许多闲散职员，这是教育界里的恶习，乡村师范应该革去。若采用此制的乡师，校长还想维持旧习气，那末全校人员必有闲言，工作效率必定降低。

四　行政历

从每年八月一日起到第二年七月三十一日止，把学校行政工作，逐月逐周排出来，这是行政历。乡师行政历应该注意下列几点：

1. 放假。可以变通教育部规定的日期。因为农忙假是乡村特有的，星期假在乡村小学不很适用，星期天在乡师可以请城里学术机关的专家来指导，每年乡村有许多会集日期可以利用。这种种都与放假有关系，所以有人主张乡师不必有全校共同的假期，只须规定每人可以休息若干日，轮流休息即可（每人休息日期，全年至多不得超过二个月）。

2. 工作历。因为乡师的行政是全校师生共同负责的，各部的工作也应该全校通盘筹划，所以乡师不必有教导历等。在整个行政历里，可以把全校各项工作、民众集会、教师集会、各部会议常会、招生、成绩测验、小学视导、儿童各项竞赛、师范生工作讨论会、教师进修会及呈报上级机关公文等，各部列为一表，按照日期的先后逐日登载。全校师生都可以依此工作历，逐日进行预定的工作。

工作历的厘订必须经过两步手续：第一步是预订全年的一张草案，是一张只有纲要的草案。第二步根据草案，在每月月底预定下个月的工作计划。这张是比较详细的表，是一张从每月一日排到月底的计划表。

实行工作历的时候必须有考核。这个考核以每周为单位，就是在每周周末，校长将下周应办各事详细审查一遍，通知各部。在每周第一天，各部应将前周工作，口头或书面报告于校长。校长凭着平时的观察及报告，用指导的态度，评定各部的工作成效。

考核工作是交流的，由校长考核各部，部主任考核各股，股主任考核本股工作人员；同时可以由任何人考核股主任、部主任及校长的工作。这是集体考核，可以提高工作的效率。

五 会议

"会议不宜多。多了，教师和学生都为着会议而忙，耗时太多。"这句话可以适用于这个行政制度。关于会议有下列几点要注意：

1. 依据这个行政制度，可以有指导会议（每月至多二次），各部会议（每月至少二次，至多每周一次），各种委员会，如经济审查委员会，各种盛大集会筹备委员会等。

2. 全校各种会议除指导会议外，应该允许学生列席。若与农民有关系的会议，应该邀请农民列席。

3. 会议时绝对民主化，若遇有困难，校长可以有最后决定权。同时，校长可以将意见提出给各种会议。

4. 校长以不出席各部会议为原则，各部主持人以不互相出席各部会议为原则。

5. 决议案如无特殊困难（如法令或环境的限制），必须做到"议决必行，行必有果"。

第三节 关于行政的零星事项

做学校行政工作的，有时在大体上是过得去的，在极琐碎的事情上稍稍不留意，虽然居心无他，但是受累很大，有时甚至会影响整个事业。下列几件事值得注意。

一 关于经费的

"经济公开"是主持任何学校的行政人员必须遵守的原则。怎样公开呢？是否可以让全体师生都参与查账与监督呢？这里有几条极平凡的办法：

1. 校长向主管机关商定预算。

2. 校内组织经济审查委员会，除各部主任为当然委员外（事务主任只能列席，不能算为委员），另由教师推选数人，学生推选代表数人组织之。但人数总额以不超过九人为原则，不然周折太多。经济审查委员会之职权只限于审查已用的账目，这是很不够的，应该把它的权限扩大，可以在预算的范围内，有建议支配用途权，监督支付权。该委员会如遇有困难，校长当然有最后决定权。

3. 会计员在许多省份已经规定由教育厅分派，这是可以免去许多无谓争执的最简便的方法。倘若省府不能分派，那么校长以不任用亲友为原则，但必须聘请有经济信用者，不然发生卷逃或不负责时，校长赔累亦不轻。

4. 一切会计上的手续，校长及事务主任必须责成会计员依法办理，不得有一丝一毫的错误，也不应有一丝一毫的通融。

5. 每月公布用账一次。

二　关于膳食

中等学校的风潮，大都以膳食为起因，这是一件极不应该有的现象。关于解决膳食问题有三种办法：

第一种办法：由学校征收膳费，一学期一次征足，再由学校委托事务部招包饭者承包，节余交给学校作公积金。此法极不妥，最易引起学生误会。厨子与学生的冲突，必将学校当局卷入漩涡，于是引起学潮。

第二种办法：完全由学生主持，无论收费、包饭、支配膳费节余等，统由学生公推代表主持。此法可以省去学校行政人员许多麻烦，可以免去学生与学校当局的误会，但是也容易发生流弊。二十年代时期，何炳松主持浙江第一师范，采用此法，以致不良学生因亏欠膳费公款，而下毒药于饭食中，闹成毒死四十余人的惨案。三十年代，湖北省立教育学院亦发生过同类惨案。学校行政人员对于学生膳食问题，虽然感觉麻烦。但是不得嫌麻烦而完全不问。

第三种办法：学生膳费由学校代收，教师膳费由学校在薪金内代付，学校当局指定教师一人为膳食顾问，由学生推选三人主持全部膳食。膳食或包给厨子，或由学生轮流买菜，轮流烧菜。饭也如此办，或由学生轮流煮，或请烧饭者煮。学校付给膳费时，每星期付一次，或三天付一次，决不能每月总付一次。所有节余，全部交给全校师生，在师生大会上共同商讨动用办法。

此外，还有采用由学生自由组合分炊的办法。此法于学生学习时间及学校秩序都很不便，不能引用。至于由学生自由包给包饭作，在乡村中根本不会有此现象，所以不加讨论。

以上三法，无论采用何法，进餐时以师生共食为原则，且必须师生共同订立规约，共同遵守。进餐时是师生每天聚会最自然的机会，做乡师教师者，必须做到这一点，千万勿以为与学生共食太苦，太不自由，放弃了一天三次聚会的机会。

三 关于庶务

学校庶务是最繁杂、最难办的一项职务。属于庶务工作者，有购买、保管、修理、监督校工等。全校事务从修理校舍校具到打扫茅厕，没有一件不是庶务的工作。做庶务工作最不容易恰到好处，不过也应尽力做到周到的地步。担任庶务工作的人有下列几点必须遵守：

1. 不贪钱。庶务是经手购买物品的人，不但不应谎报，且不应取任何回扣。

2. 办事有条理又能分缓急。一个人办事有条理，不是天生成的，可以因训练而成。庶务员必须有备忘录，把应做的事一一记上，然后分缓急来做，一件一件地支配，一事一事地去办，一事未办完，不做另一事。

3. 利用科学方法。最重要的是事件分类，把应办与已办及各处应注意的事件，做成索引片，分类收存，作为办事的参考。此法可以采用卡片索引法（Gard Method），但规模不大的学校，庶务员只要采用小册子分类，也就够用了。

4. 自己做事认真，督促别人做事认真，接受别人委托的事也认真。庶务接受校长、各部主任、各种会议以及学生的委托事项很多，每件事到手时必须估计该事是否可以办，若有困难，应立即向委托者说明，并且说明该事不能办，或只能部分办的理由。倘若困难不大，当然还是应该认真照办。倘若办了无好结果，或结果不如预料，则必须向委托者说明办理经过与失败的理由。有许多事是要交给校工办，或雇工匠办，或包给工匠办的，那就必须认真监督。监督不认真，工作的成绩是不会良好的。不会监督工人做事的庶务，等于自己不会做事。

5. 寻找事情做。庶务员不但要把别人交托的事认真办成，还要常常注意全校的环境，以及许多可以改进的事务。若有所见，可以自己办的，就自己着手办；不能办的则建议各部主任或校长，斟酌情形办。

四　关于文书及各种表册

学校文书是极简单的，因为学校与教育行政机关，来往公文，每学期只有几次。不过有一件极繁重的事应该由文书负责，就是印发讲义。这件事，学校当局必须请定一个主持人，主持全校讲义。主持抄印讲义者应注意下列几点：

1. 在学校行政不公开的学校里，不但全校公共的油印品很少，教师的讲义也不敢多印，因为多印讲义，于校长的收入是有损失的。但是，学校一切经费、用人、事务等全部公开，油印品必定突然增加，这时，就得考虑到不得超出预算。

2. 在施行此制的乡师，各方面的浪费也是要特别注意的。讲义与一切油印品的浪费最大，所以，主持油印者必须向指导会议请求预算，规定各部印刷的数量，然后按照预定数印刷，如有超过，主持油印者有权拒绝接受。

3. 各省教育厅规定预算中的油印费是极少极少的，但是在实际上竟可超过数倍。此事可以斟酌由其他各项经费中支出。在制定各部预算时，千万注意此着，不然，每月巨额油印费便无法开支。

4. 抄与印是两件事。抄的方面，必须规定每页字数的最低额，这件事不仅可以节省蜡纸，尤其是可以节省白纸。印的方面，必须节省油墨与技术熟练。此事大都由经验中练得，所以印刷者不应常换人。

5. 师范生学习油印，不必全体参加。只选择有兴趣、抄印能力较强者给以练习机会。

6. 如有数量很多的印刷品（每种需千份以上的印刷品），以付铅印为合算。

学校图表簿册，各省教育厅都有规定，且须保存备查，此事只要依法做去，没有什么问题。不过各省所规定的只是寻常学校能用的，而施行新制的乡村师范，有许多不同的应用表册。若全部说明，篇幅不许可，现在提出最重要的几点来：

1. 属于全部总务的，有全年工作历，每月各部工作预算，每月工作报告，每月经济报告，师生全体会议记录等，都是新添的。

2. 属于教导的，有全校学生工作进度考核簿（每个学生一本），全校学生工作进度片（教导处保存）等两种，是与一般成绩簿不同的。师范生在小学工作时发生的问题簿，在社会上工作时发生的问题簿，在担任校务时发生的问题簿，教师对于这些问题簿上提出的问题的答案片，问题索引片，答案索引片，指派学生工作索引片，逐月师生担任工作一览表等，都是一般学校所没有，而必需新添的。

3. 属于全校师生的，有个人生活计划表、谈话会记录、讨论会记录等，也是必须添置的。

最后应该提出的就是全校除各部有办事日记外，各人应该有"日记簿"。个人写日记是属于个人进修的，校长在可能范围内，可以用行政力量鼓励全校师生人人写日记。至于如何指导学生写日记，在教师与学生章内另详。

第三章 课程

第一节 课程总说

课程是什么？各人解释不同，应用到各种学校里去又不尽相同。照"课程"的最初意义是："一个可以继续前进的场所。"其次便是比较含混的解释，例如美国的课程专家巴必脱（F. Bobbit）说："课程是人生的活动。"他对于这个广泛的定义，虽然加了许多解释，但是并没有明白指出人生为什么而有活动，由于什么而活动等主要点来。中国教育理论学者孟宪承氏给课程的定义是："课程是教师和儿童在学校环境内进行的控制的学习的活动。"这个定义已经明白指出"学习"二字，又指出"控制"二字，并且给了一个范围，就是"在学校环境内进行着"的。这个定义就"课程"二字本身说，再没有可以增加的了。苏联教育家品克维支（A. Pinkevitch）对于课程有这样的意见："教育者把被教育者底生活环境适当地组织起来，全部或局部地统御着这个环境，努力于一定社会环境的创造。"他的意见大部分与孟氏相似，不过他把为什么要有课程的本意也说出来了。就是说学校教育有它的目的，为了实现这个目的，所以制定课程。

制定课程，既然是为着要实现一定的目的，所以课程的内容（教材）与形式（科目）都与这个目的息息相关，丝毫不能有差。这个目的是整个社会要达到的目的，不是仅限于某个学校或学校本身所要达到的目的。这里先来讨论学科部分。在欧洲中世纪是以读、算、写（尤其是希腊文或拉丁文）为中心，产业革命以后，一般平民也有入学校的机会，所以地理、历史、手工、图画等也渐渐被列入课程。到了资本主义发展到昌盛时期，课程又变了。例如美国杜威的实验学校，以人类衣食住的基本活动（如纺织、缝纫、烹饪、木工等）为小学的中心，比利时德克乐利对于小学课程的内容也有同样的试验。自从社会主义在苏联实行以后，学校课程也大变了，特别注重于劳动、自然、社会三种，并且以"劳动"为三者的中心。

其次要讨论的是教材。教材的内容当然与时代的需要、学校的性质更有关系。本世纪初的中国，虽然大家感觉到中国非自谋富强不可，但是任何学校教材仍以尊皇尊帝为中心，因为那时候国家是皇帝的国家。现在我们正在力求民族的独立自由平等，学校里的教材决不再以尊皇尊帝为中心了。这是证明教材与时代的需要的关系。至于教材与学校性质的关系更来得明显，同是一门心理学，用于商业学校与用于师范学校应该是不相同的，前者着重广告心理学，后者是学习心理学与儿童心理学。至于教材的组织与选择，当然也因学校性质的不同而异。小学以采取活动课程的混合组织的教材为最适合，中学便应该略略分科，到了大学，应该是有系统的有专门性的组织教材了。

近世各国对于各级学校的课程，有采取自由式的，有采取统一制的。前者，国内各级学校的课程只有自然的标准，没有强制的标准，但是全国各级学校的程度也并没有多大上下，例如美国、英国就是采取这个制度。采取统一制的，全国各级学校各科的内容规定得详详细细，教材部分也有相当的规定，很少有自由修订的可能，例如德、意、日本就采取这个制度。三十年代中国的小学、中学已经采用此制，从幼稚园、小学到中学已经由教育部制订了详细的课程标准，通令全国遵守。

第二节　现行的乡村师范课程

本节先引述几种乡村师范的课程，然后再作综合的讨论。

一　晓庄试验乡村师范学校的教学做纲要

该校于民国十六年拟订教学做纲要，民国十七年又订教学做考核簿一册，各引录如下：

1. 民国十六年拟订的教学做纲要

（1）中心学校活动教学做共三十学分。其中计有：国语教学做，公民教学做，历史地理教学做，算术教学做，自然教学做，园艺农事教学做，体育游戏教学做，艺术教学做，童子军教学做，其他学生活动教学做。

（2）中心学校行政教学做共三学分。其中计有：整理校舍教学做，布置校景教学做，设备教学做，卫生教学做，教务教学做，经济教学做。

（3）分任院务教学做共六学分。其中计有：文牍缮写教学做，会计教学做，庶务教学做，烹饪教学做，洒扫教学做，招待教学做。

（4）征服天然环境教学做共十六学分。其中计有：科学的农业教学做，基本手工教学做，卫生教学做，其他教学做。

（5）改造社会环境教学做共五学分。其中计有：村自治教学做，平民教育教学做，合作组织教学做，乡村生活调查教学做，农民娱乐教学做。

2. 民国十七年拟订的教学做考核簿

（1）结交了几位农友？为谁写了生活史？

（2）结交了几位小朋友？为谁写了生活史？

（3）种了多少地？地上种些什么？费了多少时间？用了多少资本？收获数量？收获价值？用过什么农事书报？写过什么农事书报评？

（4）做了几套仪器？什么仪器？做了多少标本？什么标本？学会了几种科学幻术？什么幻术？养过多少动物？什么动物？种过多少花木？什么花木？认识多少星？什么星？认识几种矿物？什么矿物？熟练了几种数学方法？什么方法？研究过什么问题？用过什么科学书报？写过什么科学书报评？

（5）认识人体哪几种构造及其作用？会防治几种病？什么病？认识几种药品？什么药品？会玩几种运动？什么运动？会练几套国术？什么国术？自己的病治好了几种？什么病？自己的体力有什么进步？用过什么卫生书报？写过什么卫生书报评？

（6）会唱几首歌？什么歌？会弹几首歌？什么歌？认识几个调子？什么调子？会弄几种乐器？什么乐器？画了几张画？什么画？会烧几样菜？什么菜？会煮几样饭食？什么饭食？为儿童作了几篇文字？什么题目？为农人作了几篇文字？什么题目？为乡村教师作了几篇文字？什么题目？写了几幅字？为谁写的？会了几套游戏？什么内容？公演几次戏剧？什么戏？什么角色？还会什么艺术？用过什么艺术书报？写过什么艺术书报评？

（7）打过几次靶？十枪中几？中心菜园去过几次？有何贡献？对于村

自治有何贡献？你住的村得过整洁旗吗？你自己已得过整洁旗吗？调查过几个乡村社会？有什么报告？参加过几次农民娱乐？有何贡献？和农民谋过什么共同幸福？和农民共同解除过什么痛苦？还做过其他什么社会改造工作？每天看几种日报？向农民报告过几次时事？向小朋友报告过几次时事？用过什么改造社会的书报？写过什么改造社会书报评？

（8）到前方工作了几次？做些什么？对前方有些什么贡献？上过前方吗？在那里耽了多少日子？担任什么工作？有计划书吗？有报告书吗？自己觉得有什么贡献？参观过几个小学和幼稚园？做过几个报告？参加过几次教学做讨论会？做过几次报告？参加过几次系统讨论？提出过多少问题？用过关于小学与幼稚园的什么书报？写过什么小学幼稚园的书报评？

（9）做过什么校务教学做？做过多少日子？作了什么报告？招待过几次客人？对客人有什么贡献？从客人那里得到什么批评？对后方还有过什么贡献？用过关于校务教学做的什么书？写过什么校务教学做的书评？

（10）写了几天日记？共计多少字？听了几次演听？写了几篇记录？作过几次主席？什么会议？参加过几次别的集会？什么内容？向指导员提出多少问题？什么内容？有什么记录？

二 山东省立第一乡村建设师范学校课程纲要

该校成立于民国二十五年春，有普通师范部，招收初中毕业生，修业三年；简易师范部，招收小学毕业生，修业四年；特别师范部，甲种招收高中毕业生，修业一年；乙种招收初中毕业，并在社会服务二年以上者，修业二年。各部课程如下：

1. 普通师范部。精神陶炼（包括公民）第一学年每周二小时，第二、三年各一小时。乡村建设大意第三年四小时。军事训练第一年二小时，第二年五小时，第三年七小时。体育第一、三两年一小时，第二年三小时。女生习军事看护第三年四小时。家事第二年三小时，第三年二小时。医学卫生第一年二小时。国文第一年五小时，第二年四小时。中国文化要义第三年三小时。算术第一、二年各三小时。地理第一年三小时。历史第二年三小时。生物第一年三小时。化学第二年三小时。物理第三年三小时。工艺第一、二年各二小时。音乐第一年三小时，第二年二小时，女生在第三年加二小时。美术第一、二年各二小时。农业及实习第一年四小时，第二年三小时。教育概论第一年二小时。教育心理第二年二小时。小学教育（包括行政及教学法）第三年三小时。乡村教育第二年三小时。幼稚教育女生习第二年三小时。教育测验及统计第三年四小时。社会学及社会问题第一年二小时。农村经济及合作第三年三小时。会计及簿记第三年二小时。现行法令第三年二小时。应用文第三年三小时。总计每年每周三十六小时。

2. 简易师范部。精神陶炼四年各二小时。乡村建设大意第四年四小时。体育第一年四小时，第二、三年各二小时。军事训练第二、三、四年各四小时。军事看护女生习，第四年四小时。医药卫生第三年三小时。国文第一、二年六小时，第三、四年五小时。算术第一、二年三小时，第三、四年二小时。地理第一年三小时，第二年二小时，历史（同上）。植物第一年二小时。动物（同上）。化学第二年三小时。物理第三年三小时。工艺第一、二、三年各二小时。美术（同上）。音乐第一、二年各三小时，第三年二小时。农业及实习第一、三两年各四小时，第二、四两年各三小时。家事女生习第二年三小时，第三年二小时。教育概论第二年二小时。教育心理第三年二小时。乡村教育及民众教育第三年三小时。小学教育第四年三小时。教育测验及统计第四年三小时。幼稚教育女生习第三年二小时。农村经济及合作第四年三小时。会计及簿记第四年二小时。社会学及社会问题第二年二小时。现行法令第二年二小时。应用文第四年三小时。总计第一、三、四年每周三十六小时，第二年三十八小时。

3. 特别师范部甲种，分必修科与选修科：

（1）必修科。精神陶炼二小时。乡村建设四小时。军事训练十小时。军事学二小时。国学概论三小时。中国文化要义三小时。农村经济及合作三小时。农业及实习三小时。教育学三小时。乡村教育三小时。医学卫生二小时。以上三个月内修完。又精神陶炼二小时。军事训练六小时。现行法令三小时。应用文三小时。县政建设实验二小时。乡农学校实施二小时。以上六个月内修完。

（2）选修科：（a）教育组。教育心理二小时。教育法三小时。小学教育三小时。幼稚教育二小时。教育行政二小时。教育测验及统计四小时。（b）合作组。合作分论四小时。会计及簿记三小时。珠算二小时。市场学二小时。作物学二小时。教育行政二小时。畜牧学二小时。（c）自卫组。

步兵操典二小时。野外勤务二小时。简易测绘一小时。夜间教育一小时。射击教范二小时。战术学二小时。拳术二小时。劈刺二小时。自卫研究二小时。

总计前三个月每周三十八小时，后六个月每周三十六小时。

4. 特别师范部乙种，分必修科与选修科：

（1）必修科。第一年有精神陶炼二小时。军事训练十小时。童军训练二小时。国学概论四小时。科学概论二小时。社会学二小时。教育概论三小时。乡村教育三小时。农村经济及合作三小时。农业及实习五小时。第二年有精神陶炼二小时。乡村建设四小时军事训练八小时。政治学二小时（上学期）。医药卫生二小时（下学期）。现行法令二小时。应用文二小时。县政建设试验计划二小时。

（2）选修科：（a）教育组。教育心理三小时（上学期）。教育法三小时。教育思潮二小时（上学期）。教育行政三小时（下学期）。幼稚教育二小时（上学期）。小学教育二小时。教育史二小时（上学期）。教育测验及统计四小时（下学期）。乡农学校实施五小时（下学期）。（b）合作组。合作分论五小时。会计及簿记二小时。仓库业法二小时（下学期）。财政学三小时（下学期）。珠算二小时（上学期）。市场学三小时（上学期）。作物学二小时（上学期）。畜牧学二小时（下学期）。（c）自卫组。步兵操典二小时。野外勤务二小时。射击教范二小时。战术学二小时。劈刺二小时。拳术二小时（上学期）。简易测绘（上学期）。夜间教育二小时（下学期）。自卫研究二小时（下学期）。

三　教育部颁行的乡村师范课程

教育部颁行乡村师范的课程计有高中程度者一种，简易师范者一种，现在摘述如下：

1. 高中师范科程度的

公民一、二学年每周各二小时。体育一、二年各二小时，三年上二小时。军事训练一年三小时。军事看护女生习，一年三小时。家事女生习二年三小时。卫生二年一小时。国文一、二年各五小时，三年三小时。算术一、二年各三小时。地理一年三小时。历史二年四小时。生物一年上三小时，一年下四小时。化学二年三小时。物理三年上六小时。伦理学一年二小时。工艺一、二、三年各二小时。美术一、二年及三年上各二小时。音乐（同上）。农业一、二年各四小时，三年三小时。农业经济及合作三年上三小时。水利概要（同上）。教育概论一年上三小时，下四小时。教育心理二年三小时。小学教材及教学法二、三年各三小时。小学行政三年下四小时。教育测验及统计三年上四小时。乡村教育三年下三小时。实习三年上三小时，下十八小时。

2. 简易师范程度的

公民一、二、三、四学年每周各二小时。体育一、二、三及四年上各二小时。卫生一年二小时，二、三年各一小时。国文一、二、三年各六小时，三年上四小时，下三小时。算术一年四小时，二年三小时，三年及四年上各二小时。地理一、二年各三小时。历史（同上）。植物一年二小时。动物一年二小时。化学二年三小时。物理三年三小时。工艺一、二、三年各二小时，四年上一小时。美术（同上）。音乐（同上）。农业及实习一、二、三及四年上各五小时，四年下三小时。水利概要三年上二小时。农村经济及合作四年上四小时。教育概论二年三小时。教育心理三年三小时。小学教材及教学法三年三小时，四年上四小时。教育测验及统计四年下三小时。乡村教育四年上三小时。小学行政四年上三小时。实习四年上三小时，下二十四小时。

上面三种课程表，可以代表中国近年来乡村师范课程的三种类型。这三种类型里显然有二点不同：

第一，以科目分别与以活动分别的不同。教育部颁布的课程，自幼稚园到高级中学止，都是以科目分的，所以乡村师范的课程也不在例外。晓庄乡师所订的课程是以活动分的，第一次教学做纲要内已具雏形，第二次的教学做考核簿，可说整个是以活动来订的课程了。

第二，在课程里注意点的不同。山东乡建师范是以乡村建设来标榜的，所以在课程里处处表示出来乡村建设为本位的意味。晓庄是主张用教育的力量推动农民做主人翁，同时并主张教师应该跟着儿童学习的，所以对于农民运动及尊重儿童两点，都显得十分浓厚。教育部所订的是为了养成一般乡村教师而订的课程，所以在两种课程标准的首页都注着"设在乡村之师范学校及乡村师范学校适用"一语。全部科目及时数与普通师范学校及普通简易师范学校相差亦不多。下面附着一个对比表：

乡师与师范科目时数不同对比表

师　范	乡　师
	体育第三学年上多每周二小时。
	军事训练第一学年多三小时。

师　范	乡　师
	军事看护一年三小时。女生习。
家事一年三时，二、三年二小时，男女兼习。	家事二年三小时。女生习。
	卫生二年一小时。
	国文一年级多一小时。
算术三年级多五小时。	
	历史多一小时。
	生物学第二学期多三小时。
化学多一小时。	物理集中在一学期。
物理两学期分授。	伦理学在一年级。
伦理学在三年级。	农业及实习一、二年各四小时，三年三小时。美术三年上多二小时。
农业称为劳作科一年三小时，二、三年各二小时。	
	农村经济及合作三年上多三小时。
	水利概要三年上多三小时。
教育心理二年下多一小时。	实习三年上三小时，三年下十八小时。
实习三年上九时，三年下十二小时	

简易师范与简易乡师科目与时间不同对比表

简易师范	简易乡师
体育第四年下多二小时。国文第四年上多一小时。算术三年授完，总时数较多。	国文第三年多一小时。算术三年半授完，总时数较少。
历史在二、三年级授。	历史在一、二年级授。
植物、动物各多一小时。	
化学、物理各多一小时。	
音乐工艺第四年上各多一小时，四年下各多二小时。	美术四年上多一小时。
	农业及实习前三年及四年上各五小时，四年下三小时。
农业称为劳作，只三、四年各三小时。	水利概要三年上二小时。
	农村经济及合作四年上四小时。
小学教材及教学法四年六小时。	小学教材及教育法三年三小时，四年上四小时。
乡村教育及民众教育二年下二小时。	乡村教育四年上三小时。
实习三年下三小时，四年上九小时，四年下十二小时。	实习四年上三小时，四年下二十四小时。

关于本节还有下列几个问题必须讨论：

第一，课程的内容问题。乡村师范是造就乡村师资的教育机关，是训练职业人才的教育。所以它的课程内容比较容易确定。凡是乡村教师所必需具备的本领，就是乡村师范课程最主要的部分。其他便要视与此关系的密切与否而定。乡村教师必需具备哪些本领呢？这是职业分析的工作，中国还没有人做。民国十八年，我曾经做过关于乡村小学教师的本领这一部分，详载在《乡村教育经验谈》第三十章内。该项分析计分七类：第一类属于改造社会的，计二十一种；第二类属于教育儿童的，计十四种；第三类属于干农事的，计二十种；第四类属于科学的常识常能的，计二十种；第五类属于医药卫生的，计十八种；第六类属于艺术的，计二十六种；第七类属于杂务的，计十八种。总计有一百三十七种（因为太冗长了，所以不附录于此，学者如有需要可以参考该书）。这许多本领，是否在短短的几年内能够学得会（当然更谈不上纯熟）？况且这许多本领是否已经够用？在十年后的今日，已经大有修正补充的必要。乡村小学教师的职业分析如此，还有别的乡村教师呢？乡村中学，乡村职业学校，乡村民众学校，乡农学校等。说到这里，对于现有的乡师课程都发生了根本的疑问，试问他们的根据是什么呢？

第二，教材问题。课程的范围，每科应达到的标准，已经有成文可以作根据。但是每科的材料又是一个绝大的问题，这便是教材问题。乡师的学生是青年，所以应该受青年应受的教育；同时，他们又是学做乡村教师的青年，所以要受准备做乡村教师的教育。同一种学科，在普通中学所用的教材是否可以用于师范？同是一种学科，在普通师范所用的教材，是否可以用于乡村师范？这都得重新估计。在课程标准里已经有相当规定，例如算术，普通中学的算术教材与师范不同，但是这个不同是程度的不同，而不是具体教材的量尺，这点我们应该认识清楚。关于选择师范教材从来有两派主张：一派是主张将来实用的，就是将来做教师用不到的都不必学；另一派是主张学了自然有用的，不问将来是否有用，只要学了，做教师时自然有用。前者对于算术必定偏重于四则、珠算等的熟练，后者则主张学习几何、三角及理论算术了。此外，如教材的深浅，教材的配置，教材的联络等问题，师范学校虽然已是中等教育阶段，不象小学那样严重，但是整套的教材比杂凑的教材总要有效，所以这些问题，在乡师里，仍旧是极为重要的，到今日还有待解决，所以我们研究的领域，实在极广大。

第三，教科书问题。乡村师范的教科书大部分是借用师范学校的，乡村简易师范的教科书也是借用简易师范的。这是过渡时期必有的现象，不过终究不是正当办法。乡村师范需要具有特殊性的教材，当然需要具有特殊性的教科书。编辑乡师教科书应具备下列几个条件。

一　确切注意这本教科书是为着乡师用的

例如"化学"科当然要注意普通化学上的原理，但是在解释原理时就得用乡村实际的材料。这句话也可以这样说："用化学上的原理来解释乡村中发现的事实。"例如乡村中的"肥料"是一个极重大的问题，解释这个问题就可以用许多化学原理。用这样的体裁编乡师化学教科书，这本教科书就是活的，可以实用的，学生学了这门功课，不至于与实际生活分离。化学如是，物理、生物、卫生、算术、美术、伦理学、农村经济及合作、水利概要等，都应如是。国文、音乐、公民三科不能完全依照这个办法，但是可以选择与乡村关系最密切者放在主要地位，次要者作为附带说明。历史、地理是说明乡村中各种变迁最好的科目，当然不应该再在编年上用功夫。所以一般学科的教科书，应该切实注意"为着乡师学生用"一语，也就是应该处处以乡村问题为中心来编辑材料，来解释应该解释的原理。

二　不必拘泥于每种学科编一部教科书

例如关于教育的学科，在乡村师范里便不必每种都编一部教科书。在乡村的教育学科是实际问题的解答与应用，不是引用教育家的名言与公式。乡师学生发生的教育问题，有一部分当然是教育上的普通问题，这些问题可以用教科书的方式来解答。但是实际问题的发生有它的当时状况与背景，要解决这些实际问题便不是教科书的方式可以解答的。这时候，教师最好能够指导学生用许多参考书，运用参考书里的方法与材料来解决当前的问题。"解决一个实际问题，胜读十条原则原理"。这句话用于乡师学生学习教育学科最为恰当。

"乡村师范的教科书恐怕终究会成一个极不易解决的问题。"照上述二种办法来编教科书，一来编辑人才不易物色，二来教育部审定上也有许多困难处，此外印刷发行等在在都是问题，这虽然不是乡师的单独问题，但是乡师因为比其他学校更不受社会注意，所以解决这个问题也就更困难，只好请教师在实施上来谋解决的途径了。

第三节　怎样排乡师课程表

一　排课程表的一般方法

倘若一个学校的活动是以科目为单位的，那就必须由教务处排课程表，使全校师生能够按时上某科，或自修等。排课程表有几条原则必须遵循：

1. 全校科目必须分成主要科目与次要科目。所以除遵照教育部规定的标准以外，校长及教务主任必须确定希望全校师生共同注意的那些方面，然后把与这方面有关系的各科列为主要科，其余列为次要科。许多办学者以为国文、算术及理化是主要科，其余是次要科，这是不必拘泥的。有的校长是注意艺术的，当然可以把艺术作为主要科，有的校长注重理科的，也可以把数学、生物、化学、物理等作为主要科。

2. 排课程表必须运用学习心理的原则。例如一个人每天从早到晚学习能力的强弱是有分别的；每种学习的时间，集中学习与分散学习的成效是不同的；每种学习时间在集中以后经过数天的停止，对于学习的成效是有影响的；等等，在学习心理学中已经都有证明。这许多原则，都是教务处排课程表时必须注意的，并且只有教务处才能注意到。

3. 寻常上课时间，小学每节三十分钟，中学以上每节大都为四十五分钟到五十分钟，每节以后休息十分钟或十五分钟，这是通例。但是在中学里有许多科目必须连续二节的，例如自然科学的实验、工艺、美术、作文等；有的必须连续三节或半天的，如师范学校的实习等。

4. 个人工作在大肌肉比较剧烈的动作后，不能立刻做小肌肉的细巧工作。例如上体操以后，不宜立刻写小字。还有在剧烈运动以后，不宜立刻做静坐工作，尤其是只用脑力的思考工作，例如运动以后，不宜即排作文、算术等。但是接连三四节都是静坐工作，也不相宜。

5. 毗连的课室必须顾到邻室的工作。倘若能够配置特别课室更为方便。例如音乐、工艺、理化实验等对于邻室都是有妨碍的工作，最好能配置特别课室。

此外还有要顾到课室的容积，教师上课时间的不冲突，各班上课时间的匀称与不冲突等，当然更是最初步应该注意的工作了。

二 排乡师课程表必须先决定乡师全部课程的支配办法

因为乡村师范的课程可以分为三大部分，第一部分是人生基本知识与技能；第二部分是做乡村小学教师的知识与技能；第三部分是改造乡村的知识与技能。这三部分，在普通师范学校里，第一部分是照中学课程上课；第二部分又分为两小组，甲组是与普通课程同样上课，乙组名叫实习，排在最后一学期；至于乡师的第三部分课程，有的乡师是列入的，有的就不列入。所以乡师课程表的排法有三种类型：

第一种类型，把乡师全部课程分为单独的三部分，并且把实习也单独列为一科，集中在最后一学期。这种类型与普通师范毫无分别。

第二种类型，除课程的第一部分照普通中学上课外，把最后一学期的全部时间列为实习，分派师范生到小学或其他可以实习的教育机关里去。

第三种类型，以课程的第二部分及第三部分为中心，并且着重在"做上学"。因此把全部师范生分派到小学里去，跟着小学教师学习。同时师范生对于课程第一部分及第二、三部分中少数科目，仍旧采取课堂上课等方式。

以上三种类型，第一种类型排课程的方法与一般学校没有什么不同，所以只要遵守一般排课程的原则，便没有多大困难；第二种类型便小有困难，因为必须将最后一学期的功课除"实习"外，都要支配在以前几学期里。这里就大有斟酌处。因为照教育部规定的课程标准，其中各科时数与各学期上课时数，不但"数目"有规定，"分量"有规定，在哪一学期上课也有规定。最后一学期上课的总时数，决不会与规定的"实习"总时数相适合。解决这个困难的办法有二：

1. 先将末了一学期属于第一部分的科目提前到前几个学期里去教。

2. 分析课程第二部分与第三部分中有哪几科是必须用上课方式的，有哪几种只须用讨论方式的。例如"教育心理"用上课方式较易，"教材与教法"用讨论方式较易，尤其是经过实地"做"了以后讨论起来更有效。

所以类乎后者排在末一学期，类乎前者勿排在末一学期。如何决定，现在还没有共同的意见，但是可以由校长、教务主任、小学主任与教师等会商决定。

至于第三种类型，困难极多。最重要的有：

1. 有哪几门必须用上课方式？有哪几种可以不必用上课方式？分辨时比第二种类型更难。因为第二种里所要分辨的只是属于课程的第二、三部分，现在是要把课程第一部分也得加以分辨。

2. 排第三种类型的课程表必须以小学课程表为中心，师范生上课的时间必须与小学上课时间不冲突。

3. 因为有1、2两层困难，于是教师、课室、材料等都发生一般学校所不会遭遇到的困难。

解决第三种类型的困难不必从困难点上去想办法，只要拿定三个总原则，就可以迎刃而解。

第一，把全部课程完全重加估量、分析、归类，合并而做成一个师范生必须达到的能力表。于是根据这张表中所列各点，分别进行。哪几项必须在小学、在乡村社会实际生活中去学习才能获得？哪几项必须用上课的方式由教师直接指导？哪几项是既须教师直接指导，又须从实际生活中去学习？这样分类以后，再把它依年分列，每年规定必须有哪几项？可以有哪几项？

第二，把全部学生的能力都重加估量（因为没有精密测验以前，只好估量），某生在"师范生应有的能力表"上已经达到何种程度；某生对于能力表上某几项是完全不宜学习的；某生对于能力表上某几项不但已经达到，并且是一个天才，可以深造。估量已定，于是照能力兴趣，分成若干组，应该加紧上课式的训练者，加紧于这方面；可以直接去小学者，便直接分派去各小学。

第三，乡师教务主任，既然可以重配乡师课程，那对于小学课程也可以重加估量，不必拘泥于一般小学的定则。"小学固然不应迁就师范，但是师范生也不应学习刻板的小学办法。"这是师范学校的小学主任应有的认识，乡师当然不在例外。

运用以上三个原则，第三种类型的乡师课程表便成为与"小学能力分团制"相似的课程表了。能力分团制的支配课程表的"重心"在各个教师，不在教务主任；能力分团制注重在各个学生学习的支配，尤其是各个学生自动的支配学习时间等等，对于全体划一的课程表是不必十分注重的。所以采取第三种类型的困难不是怎样排课程表，而是怎样准备课程，怎样估量学生的能力，怎样把学生分组诸点。

第四章　教师与学生

第一节　谁配做乡师的教师

我们综观上述许多事实，乡村师范与普通中学不同，与普通师范不同，所以谁配办乡师，也就成为问题了。现在从现有事实与应该实现的事实两方面来说明。

一　现有的事实

中国自从开办学校以来，学生与教师几乎成为代代相传的事业。小学教师是中学毕业生，过不了几年，小学毕业生在中学毕业了，也可以去教小学。中学教师与中学生、大学教师与大学生，也是这样。所以师范学校教师大都用大学毕业生，也成为不可免的事实。按照教育部民国二十二年颁布的《师范规程》，其中详列师范校长与教师的资格。兹摘录如下：

1. 师范学校校长必须品格健全，才学优长，毕业于师范大学，大学教育学院教育科系，或其他院系而曾习得教育学科二十学分，或高等师范学校，且合于下列资格之一者：

（1）曾任国立大学教育学院教授或专任讲师一年以上者。

（2）曾任省、市教育行政机关高级职务二年以上著有成绩者。

（3）曾任高级中学校长一年或初级中学校长三年以上著有成绩者。

2. 简易师范学校校长的资格稍稍降低：

（1）合于1条的资格而从事教育职务二年以上著有成绩者。

（2）国内外大学本科毕业或高等师范本科毕业后，从事教育职务三年以上者。

（3）国内外高等师范专修科、专科学校或专门学校本科毕业后从事教育职务四年以上者。

3. 师范学校教员须品格健全，其所任之学科为其所专习之学科，并于初等教育具有研究，且合于下列规定之一者：

（1）经师范学校教员考试或检定合格者。

（2）国内外师范大学或教育学院科系毕业者。

（3）国内外大学本科、高等师范本科或专修科毕业后，有一年以上之教学经验者。

（4）国内外专科学校或专门学校本科毕业后有二年以上之教学经验者。

4. 简易师范教员除合于 3 的（1）、（2）、（3）、（4）外，还有下列三项：

（1）与高级中学程度相当之学校毕业后，有三年以上之教学经验于其所任教科，或确有研究成绩者。

（2）有价值之专门著述发表者。

（3）具有精炼技能者。

关于乡村师范校长与教员的资格虽无明文规定，但是在《师范法》里乡师与普通师范是列于同等程度的，所以乡师的校长与教员也需要同等资格。近年来各省厅行教师登记，对于教师的资格，审查极严。所以从前各省教师资格与教育部所定的教师资格或有未尽符合者，今后将日紧一日，非全数合于资格不可了。

二　应该实现的事实

用学校毕业等资格来作为选择乡师校长与教师的标准，在事实上有许多不切用的。因为办乡师与办普通师范究竟有几许不同处。下列有几条极简单易行的标准。

1. 有经验、有能力、有志于乡村事业的乡村小学好教师，配办乡村师范

小学是师范的"母亲"，小学不好，师范生从何处学习？不会办小学

的人，又怎样能够指导师范生办小学。这件事用游泳来做比喻，很恰当。会游泳的人才配教人学游泳，他识得水性，能够说出身体如何动才能上浮，能向前进，更能在水上做式样给学者看，又能用手辅助初学者在水面上动，有放手让初学者练习的胆量。这种种事，只有自己会游泳者能够办到，并且必须是会游泳的能手才做得到。乡村师范教师主要的任务是指导师范生办乡村小学，所以必须是会办乡村小学的能手，才配办乡村师范，才不致弄成纸上谈兵，这是一条极公道的原则。他识得乡村社会，懂得乡村人民的心理，确实了解乡村的需要。他可以做乡村人民的指导，可以做乡村儿童的"慈母"，那么他才配办乡村师范。指导青年师范生到乡村小学里去，到乡村社会里去，在实际中学习办小学的方法，了解乡村儿童的生活，认识乡村问题的真实性，共同打算，共同寻觅中国乡村事业的一条出路。

2. 有专门技能，有志干乡村工作的，才配做乡村师范的教师。

有一艺之长，就可以为人师，也只许有专门技能的人，才配做人师。乡村小学教师，虽不万能，但日常生活上的工具，至少要会用。简单的木工、种植、缝纫、烹调、整洁等，必须学得。这种技艺，平时被士大夫们所轻视，自己一经尝试，便会现出无能来。书呆子烧饭，大多数会烧成生焦烂的几个样子。江南人天天吃大米饭，长到三四十岁的士子，就不会烧饭。其他缝纫、种植等，都是同样的。在书本上、课堂里学烧饭种菜，是永远不会学成的。必须有专艺的人，亲身指导，在工作上指导，才可以免去学习者时间上的浪费与试验的失败。我们既然认为乡村师范生必须学习各种日常生活上的本领，所以必须请有实际能力者来指导。打破从前轻视百工的错误观念。乡村师范必须聘请会种地的老农、会做器具的工匠、会烧饭的厨工、会理发的理发师，来实地指导乡村师范生学习各种日常技能。

不过一般工匠与老农对于所习的技艺，大都知其然而不知其所以然，以致各艺进步极少。所以在选择有专门技术的人才时，必须注意他是否能"在劳力上劳心"以求进步，能否指导师范生"在劳力上劳心"去学习。

乡村不是一个好玩的处所。市民下乡游玩，觉得处处有味，住不上三天，便会生厌，所以非立志干乡村工作者，决不能久住。何况还需与农民接近，与土豪奋斗。所以以上二条，无论是否是好的乡村小学教师，或好的有专门技术的人，最重要的还须有下乡的志愿，还须肯做乡村运动，愿做乡村运动，这是一件有信仰的工作，不光是解决个人生活问题的教师生涯，更不是笔耕舌耕的玩意儿。

3. 除上述二条外，还有几件极普通的条件：

（1）身体强健，能劳动，能吃苦。

（2）头脑清晰，能在劳力上劳心，更能用科学方法推求事情的真理。

（3）做事有条理，不躁不迂，更能引用艺术的原则到一切工作上去。

上述乡村师范教师的标准并不是理想的，实行起来，比选择大学毕业生或者还要容易些。不过教育事业的改进是难以单独实现的，所以这样选择乡村师范教师的方法，是否可以做到？在目前的社会里，依照此法做了以后，是否还会发生不可知的弊病？主持乡村师范者，都得有切实的估计。不然话刚出口，攻评者群起，根本就没法改进。

第二节　乡村师范应该招收怎样的学生

训练做乡村小学教师的机关都应该称为乡村师范。受训练做乡村小学教师的学生，都应该称为乡村师范生。乡村师范的种类很多，程度不一。乡村师范生的入学资格，虽有规定，但也因乡村师范种类的不同，而不能把乡师入学资格划为一律。乡村师范有相当于高中师范科的，招收初中毕业生；有相当于前种程度而称为特科的，招收高中修业二年的学生，加以一年训练就可毕业；有相当于初中程度，称为简易师范的，招收小学毕业生，修业期间为四年；有相当于前种程度而称特科的，招收初中毕业生，加以一年训练。此外，有招收已经做过几年教师，加以短期训练的乡村师范；有训练私塾教师的乡师。所以乡村师范的程度，有小学、初中、高中。招收的学生有小学、初中、高中的学生，有已经做过教师的学生，有年在三四十岁的老先生，有十五六岁的青年，各省因地制宜，因需要而设立乡师，也就因需要而招收学生。虽有全国统一的法规，但省、县的单行法也同时并存着，甚至为着临时的急需，施行临时的办法者也很多。

所谓入学资格，在表面上看来，以为是雷厉风行，其实例外者很多，这件事至少在乡师的圈子里发现很多。不过，乡村师范入学的文凭资格虽不能一律，也不必一律，但有几条资格是必须规定的。

怎样办乡村师范

一、年龄，大都定为十六岁以上。因为十六岁若经过四年训练已有二十岁，做乡村小学教师不致于太年轻。但很少有规定最大年龄的，因为即使年龄在三四十岁的老学生，只要他有志求学，没有不可以造就成为乡村学校教师的。

二、体格，大都有"健全"的规定。这个标准比较笼统，因为"健全"二字没有确定的标准。大都以消极标准为准，例如无恶性疾病（梅毒、麻疯等），无重大的残疾（全盲、哑聋、手足不全）等。至于身长、身重、体力等，只要不是太差，也就不必列为标准。

年龄与体格是取得乡师入学考试权的资格，其实这两项资格也都是很不能划一的。十六岁以上固然可做乡村小学教师，七八岁的孩子也可以做教人的小先生。恶疾与残废者固然不能做乡村小学教师，但手脚有残疾者仍可做小学教师的例子很多。所以乡师学生入学资格是否需要象军官学校、航空学校那样定得严格，确是很大的问题。

有人倡议乡村小学教师最好由农家子女来做。理由是农家子女过惯了乡村生活，能吃苦耐劳，熟悉乡村情形，懂得农民生活状况，不怕乡村社会的不安靖，不厌乡村儿童的丑陋，更因从小有农事经验可以指导儿童从事农事，可以做农业学术机关的推广工作。以上是工作上的理由。其次便是社会学上的意义，一般学校只教乡村人民向城里跑，不教学生回自己的家乡，这是整个社会的危机。训练农家子女回乡村去做教师，这是可以促进回乡运动的工作。这个倡议曾经有人实行，现在也有人正在试行着。不过社会问题不是这样简单容易解决的。社会上确有许多农家仍旧有耕读的遗风。子弟们边耕边读，又可领导一村青年做改进社会的工作。倘若希望凡是进乡师的农家子女都能安于乡村教师的工作，在事实上是很困难的。不但自愿者不会有全数，即使用严厉的法律限制他们，也不能做到全部都不羡慕城市的物质享受。所以这个标准不是不可以用，而是用了以后不能收全效。

究竟什么样的青年才配做乡村师范的学生呢？根据上述的情况，应有下列几个条件：

第一，有志于从事乡村运动。乡村教师是乡村运动中工作人员的一种，乡村运动是否可以使整个世界或整个民族有影响是另一个问题，不过乡村运动在社会改革运动中是不可缺少的一种工作，这是不可否认的事实。青年人有了这个决心，可以树立更远大的目标，可以有更远大的眼光，一切困苦也就认为是当然的，不致于贪慕虚荣或物质享受而中途改变。

第二，有强健的身体。这条应该与第一条相提并论。一个青年只要不是完全残废，有了坚定的志趣以后，不怕工作紧张，并在工作中锻炼身体，这样不但能使身体强健，并且能够做到任重耐久，精思猛进。

第三，稍有文字等基本能力。这条不是顶重要的。不过乡村学生在校年限不长，若再从头做起，在事实上恐有许多困难。所以文字方面能够阅读普通文字，能够写出自己的话，这于学业进行上，可以有很大便利。除文字以外，还有其他常识、算术等能够达到小学毕业程度更为方便。

根据这三条标准，就可以讨论乡师招生的方法。一般的招生方法，第一步报名，交证书相片等件；第二步笔试；第三步体格检查。这三步是不够的，须修正的。

第一步报名。报名时是否要交证书，倘能办到不必交更好，不然用同等学力应试亦可。此事牵涉法令范围，主持乡师者极不易处理，至于相片在乡村中不一定能办到，学校能备一个小照相机，代报名者拍照，较为便利。

第二步应该是体格检查。此事已有许多学校如此做，尤其如军官学校等，都是体格检查及格后才得允许试验的。

第三步口试。在口试中询问投考者的志趣、身世。也可以略略看出口才、机警等。所以口试不嫌详细不嫌烦琐，主持者尤须二人以上，勿凭一个人的主观。

第四步劳作试验。有现成的地，就给投考者垦地。不然，做其他劳作亦可。总之，要能够看出投考者是否有劳动的习惯，是否愿意劳动，能否受劳动的训练。主持者勿只凭当时成绩优劣为断，尤其要注意于"态度"。在劳作时表示轻视劳动的投考者，无论他的成绩如何好，也不会有造就的可能。若素来没有受过劳动训练，只要他能够认真做，也有造就的可能。

第五步笔试。除作文外，各科最好采用测验的方式出题。作文题必须选择能够发表个人的意见者，但以不入滥调者为限。如"试述投考乡师的意见"等实在太泛，也容易使投考者事前做假。笔试时间大概作文以一小时为限，各科测验总时间亦不必超过二小时。

第六步演说。这是试验口才的工作，乡村教师必须口齿清楚，最低限度不能有口吃、半瘖等残疾，至于五分钟的演说是否能试验出口才敏捷，思路清晰等结果，则不一定十分可靠。所以评判乡师入学试验的演说标准，应该以发音、语调等为主，不必以思想等为主。

核算成绩，先看体格是否可以及格，若有恶习等病的人，其他成绩便不必核算。劳作与笔试成绩各占百分之五十，口试与演说作为录取与否的参考资料。

此外，还有一种入学考试方法亦值得参考，即在正式考试以前三个月，凡有志应试者可以先来校试住，或分发到各小学去住，或特约农家给他们住。在试住期中，分别选派旧生与他们做朋友，观察他们的行动，并随时指定工作，阅看他们的日记，将三个月内平日的考察成绩，作为主要成绩。这种方法，手续很繁，试行学园制的乡村师范可以试行。若在普通乡师里试行此法，很不容易有成功的希望。

第三节　师生怎样过共同生活

一个学校里的教师与学生，是一个集团里的人员，应该互相合作，互相谅解，绝对不应该对立。所以许多煽动学潮者主张由学生发动与教师对立，固然不应该；许多坚持师严师威者主张由教师发动与学生对立，也不应该；又有许多人主张一部分教师与一部分学生组织成一个小团体与大部分师生对立，更属荒谬。所以教师对于学生一味盲目地放任，或一味盲目地压迫，都是学校里师生共同生活间最不幸的事。学生对于教师一味盲目地反抗，或一味盲目地服从，也是很不幸的事。

学校训育问题是整个教育问题中最重要的一个问题，牵涉的方面太多，这里不允许我们详细讨论。上段所说的是积极的一条原则，不是具体的办法。现在根据这个原则来拟订几条办法。

一　共生活同甘苦

这是集团生活最重要的信条，也就是最有效的办法。中国古语有"以言教者讼，以身教者从。"教师与学生在共同生活中，可以具体表现出身教的事实。服装、饮食、起息、工作，教师都不比学生奢侈，学生自然会俭朴。教师的言行都很谦和诚笃，学生的行为自然不会骄纵。所以教师的住处，必须与学生同房。教师的饭食，应该与学生同桌。学校的工作，教师应该率领学生做，尤其应该打先锋去做。从教育上说，就是以身作则；从集团意义上说，教师也是集团中的一分子，应该处处平等，所以不应该处处以优越的地位自居，更不应口说平等，一遇实事，便另创一说，自己可以舒适。教师是以整个的生活教学生的职业，不是只以技艺卖钱的匠人，所以全校师生，从校长、教师、学生到校工，在职务上是有差别的，在生活上是应该平等的，尤其应该同甘苦的。

二 纪律是共同创立的，应该共同遵守

一个集团必有少数人偶然发生过失，处置这些过失，是需要纪律的；一个集团共同做一件工作，必须有几条纪律共同遵守。前者是消极的成分多，后者是积极的成分多。这许多纪律，普通学校是由训育处颁布，由训育主任、训育员执行，命令学生遵守，与教师无关（不必遵守，也不能执行）。这是教师本位的训育，流弊很多，效率很低。一个集团的纪律，应该由全集团的人共同遵守，更应该由全集团的人共同公推执行人来主持。

纪律的创设，不必都拟订出来，只要先订立几条原则，好比国家的宪法，本着这条原则，遇有必要，由全集团或由全集团委托的小组来创设纪律。纪律既经订立，交给执行机关，全体遵守，没有例外。

纪律有的是先由全体议决而订的，有的是全体已经做了多时而后订立的。前者类乎国家的明文法，后者类乎习惯法。前者实例很多，也容易见到，不举例。后者如某校因全部校舍都是草屋，所以全校师生历年都不吸烟。"不吸烟"便成为该校校风，也就成为习惯法。有一天发现有人吸烟，便可以由执行机关议决处罚。

无论哪个学校，最肯遵守学校纪律者为学生，最容易受学校纪律约束者亦为学生，最不愿遵守学校纪律者为教职员。教职一来因受社会的薰染已久，不易再受纪律的约束；二来自以为教职员地位高于学生，纪律校规乃约束学生的，教职员何必遵守；三来教职员有固定收入，课余及星期日可以常常出外，出外是不再受纪律约束的机会。我曾经听过一位研究教育哲学而爱嫖赌的教授说："学校章程所及的范围，只能及于学校的大门，出门一步，便不能管，所以教职员在校外嫖赌，学校无法可以制裁。"这种自图方便的教师，怎么可以做青年人的师表呢？要知青年人是不易欺骗的，乡村更是十目所视十手所指的场所，教师稍有放荡，影响极大。

关于纪律尤须一提的就是纪律（道德）的标准。乡村人民的道德标准，是否必须遵守，这是乡村师范师生们最感不易解决的问题。若以为有修改的必要，那么哪几件可以遵守，哪几件必须修改？又乡村人民年老者与年青者的道德标准不尽相同；地主与佃农、雇农的道德标准不尽相同。乡村师范应该遵守谁的标准？这许多问题，我们只得希望社会学家花些时间替我们做一番确切详细的研究。

三　赏罚对事不对人

在共同遵守纪律之下，必有共同推选出来的执行纪律的机关。这个机关不是训育处，主持者也不是训育主任。它的工作不光是查房间、检查信件、记大过等，而是依据共同议决的条规处理犯条规的人，这个执行机关最好由教师与学生参半组织，校长与教导主任不必参加，遇有该会不能决定的事，校长与教导主任有最后决定权。

有人以为由师生共同组织的机关处罚学生没什么奇怪，处罚教师，便有失教师尊严，这是昔日士子自傲的恶习气。要知道这个机关是代表全体师生的，不仅是学生，也不仅是教师。在一个团体里生活，受这个团体的制裁，会什么失去尊严呢？况且教师本来负有以身作则的责任，负有指导学生的责任，本来不应该犯纪律，既然犯了纪律，应该加倍处罚才算合理。还应该提师威吗？"犯纪律的教师是自暴自弃，他的威严是自己丢掉的，不是被执行纪律的机关削去的。"这在教育上是一句极公道的话。

又有人以为教师负有指导学生的责任，所以不应该与学生一体看待，这句话含有千真万确的真理。那么教师便须特别注意下列几点：

1. 注意个人的修养。不但不犯共同议决的纪律，并且须自律极严，不放浪，不随便，不任性，处处能合乎立志从事乡村教育的初衷。

2. 在实事上指导学生修养品性。平时不谈空的道德，而是实实在在地与学生相见。从前好的教师遇学生有过失，能够劝到师生都哭，这种用慈母的态度指导学生修养品性的教师，现在仍是需要的。

3. 许多青年人的过失，最初不是存心作恶，久而成习惯，便会作恶，以致不可收拾。所以负有青年指导责任者，在青年人每件行动的动机上要极力注意。布置适当的环境，适当的谈话、适当的指示，都是极需要的。这个工作是极繁杂的、艰难的。要知指导青年的工作，本来是不简单的。如判官、苦工头便不能列为青年导师。

乡师的教师负有双重责任，直接指导青年师范生，间接指导乡村社会，所以决不是知识的贩卖者，也决不是寻常的训育人员，而是教、训及改造社会三者合一的工作人员。我们如果希望学生敦品立行，只有自己先敦品立行；我们希望社会能移风易俗，只有先从学校倡导做起。

第四节　考核与肃纪

在第二章里已经提到考核工作的主持者是校长，同时也是全校人员，因为考核是交流的。本节又将重提考核并将与"肃纪"并论。

考核是工作的考查与稽核，肃纪是整饬学校的纪律。在一般学校里教与训是分立的，所以前者属于教务，后者属于训育。前者是教务主任主持的，后者是训育主任主持的。教训不应分家，在近代教育上已经成为定律，所以考核与肃纪不应分立，应该使它们合一。

不努力于工作，考核者固然可以考核他。个人的行动超过了某种限度，便是妨碍公共的纪律，肃纪者当然有权可以干涉他、制裁他。这是二者可以相联为一的。

考核既然属于工作的，有许多工作是专门的，对于该项工作非有专长者不能指导，也就没法考核。所以考核工作，虽然是人人可以做，人人应该负责的，但是执行者依然以教师居多，不过也有例外。例如教师既然负有指导的责任，倘若不能称职，或不尽力指导，校长固然有权可以干涉他，学生又何尝不可以考核他呢？校长如不称职，也可以与学生不努力于学业者同样受考核。所以在第二章中提到考核工作是交流的。至于肃纪工作可以说完全是民主的，不属于教师，也不属于学生，而属于整个学校的全体人员。

考核可以属于行政系统，肃纪不应属于行政系统，因为它是属于全体的，所以它可以自成一系统。在一个学校里，师生可以合组一个生活团体。这个生活团体的工作可以包括全校一切工作，甚至选举许多代表与工作人员，也可由它来主持。但是主要工作还应该是"肃纪"，就是用全体的力量整饬全校的风气，砥砺全校师生的学行。

肃纪工作可分三部分,一部分是制定纪律条规的,一部分是执行纪律的,一部分是审判的。制定纪律与条规,是全体会议或由全体会议委托小组会议的工作。这个工作一经决定,不会常常修改,所以不是经常的工作。执行纪律与审判二部分则是经常的工作,所以应该常设。

执行纪律的人员类乎"警察"。它的组织应该如次:

最高级者为纪律执行部长,直接受团长(生活团)的委任,主持全校纪律执行工作。其下分设情报与文书两股,处理部务。又各处分设纪律员一人或数人,主持各处纪律执行工作。纪律员可以由部长提出,请团长直接任命。

审判人员与法官相类似。审判机关虽不是常设的,但是它的组织应该分为三级。第一级是初审机关,由常设的审判人员主持之。第二级为复审机关,由审判部长会同发生案件的所在处全体会议委托的人员共同审理。倘若初审复审均不服,或所犯案件为特别重大者,须由团长会同全体会议委任的人员共同审判。案件经过此审,便是最后决定,团长也无权推翻。

学校纪律当然比国家法律范围小,学校审判人员当然也不应以国家审判官自居,所以凡学校人员犯了学校纪律,应该作三层处理:

第一层是最轻微的,有现成纪律可以规绳的。例如随地吐痰、吸纸烟、酗酒等,可由纪律员随时纠正,不必送审判机关。

第二层是较烦复的案件、较重大的案件,例如个人与个人的纠纷,甚至打架而不受纪律员的劝解,又如偷窃、毁坏公物、破坏公共事业等,可以由个人具名控告,或由纪律员出面控告,便须依规条审判。

第三层是最重大的案件,是触犯国家法律的犯罪行为,例如放火、通敌、侵吞公款等事,可由纪律执行部长会同校长将犯罪者送交国家法律机关,由国家法律机关依法办理。

既有纪律执行人员,当然有罚则。从前学校是用记过等处分的,在这种制度之下,似乎无此必要。学校罚则较为合理而又可以通行者有下列几种:(一)口头警告;(二)书面警告;(三)禁闭;(四)罚做苦工;(五)赔礼(如道歉、向国旗立正等);(六)开除学籍。各种罚则又有轻重之分,例如禁闭,有十分钟的,有半小时的,甚至可以延长到半天。这种种详细办法,可以制成明文,也可以用习惯法来临时处决。

古人以划地为牢而互相警惕。学校纪律应该多从积极方面来拟订,而互相鼓励与奋勉；即使偶有消极限制的条文，也不可随便行使。多用法反而会使人民不畏法，学校纪律也是如此。所以全校虽然有许多罚则，应该使这许多罚则不用；使之偶一用之，便发生极大效力。全校师生对于纪律执行者与审判者，不但都能敬畏，更能敬爱。这样，这个学校便充满了爱的空气，也就充满了教育的意味。这样训育比硬性的鞭斥，必定有效得多。

第五章　乡村师范的小学

第一节　乡师与小学的关系

按照各国通例，师范学校必须办小学。有的名为"附属小学"，如日本；有的名为"实验小学"，如美国。中国师范学校规程也有："师范学校为学生实习及实验初等教育起见，应设附属小学，并得附设幼稚园。"实际上有的省份，师范学校设附属小学，如浙江、安徽等省；有的省份单独设立实验小学，也可供给师范生实习及实验用，如江苏、山东、湖北等省。所以师范学校必须办小学。它的小学除应有一般小学的工作外，还应该具有可以供给师范生实习及实验的设施。一般师范与小学的关系，也只是在师范生实习与实验一点上，其余有的还有行政上的关系。有的便毫无关系，如江苏的实验小学与高中师范科便是，除师范生实习外，毫无关系。

乡村师范是师范学校的一种，所以应该办小学。不过乡师与一般师范稍稍有些不同（见前几章），所以它与小学的关系也不能象一般师范与小学那样单纯。

第一，乡村师范必须办社会事业。倘若处处用师范来出面办社会事业，在事业上有许多困难。倘若在邻近村庄，多办几所单级小学，由乡师来总其成，那么师范与小学不独在系统上成一极好的联络，对于社会事业，也很有回旋的余地（邹平的县学、乡学、村学的办法，颇有此意）。

第二，"乡村师范不应只办小学一所，应该尽可能多办若干所"。无论从哪一点说，都应该如是，乡师既有许多所小学，在排课程时，至少可以把最末一学期完全排成实习。在那一学期里，小学全部工作可以交给师范生，这样小学与师范的关系，便不是寻常附属小学与师范了。

第三，学园制最适宜于乡村师范。学园与师范的关系，不是一般附属小学与师范的关系，它负师范生整个训练工作的责任，师范部不过做第二层考核、管理经费等工作（学园制办法详后）。

第四，寻常师范学校教员对于附属小学，实际上毫不负责，也无从过问附小事。乡师的教员有时就是小学的教员，并且也是处理当地社会事业的人员。所以不独乡师教员可以负小学各项责任，小学教师也可以负乡师各项责任。两部教师无分彼此，共同负训练师范生的责任，共同负教育儿童的责任，共同负改造当地乡村的责任。这样的关系是一般师范所做不到的。

有上面四项不同的关系，乡师对于小学的态度必须改变从前师范对待附属小学的态度——上司对待下属的态度。乡师的小学是乡师的中心事业，是训练师范生最主要的场所，是学校与社会实际接触的机关，所以乡师应该用全力发展小学，经费的支配，应大部分用于小学。聘请人员第一个问题就要问他："对于小学有无兴趣，有无办小学的能力，是否愿意与小学教师合作，在必要时是否肯实地去办小学？"平时配备教职员，必须以小学需要的人员放在第一位。遇有小学需要某教师，同时师范亦需要，那就应该先就小学的需要来分配。每年拟订全校计划，校长对于小学的部分必须充分注意。甚至可以说："发展乡师的计划必须以发展小学的计划为中心。"所以办乡师者，必须改变从前重视师范、轻视小学的态度，必须重视小学。小学办得有成效，乡师自然有成效，训练乡师学生自然不落空。有人主张称乡师的小学为"中心小学"，就是"师范应以小学为中心"，"乡师小学可以做改造乡村的中心"。虽然有人认为未必做得到，但是事在人为。这件事在客观条件上并没有多大困难，乡村人民对于小学教师的尊敬依旧不变；学术机关下乡时需要小学教师做引线的作用，也丝毫没有改变。只要主持者肯转变从前错误的态度，办小学者肯切实地负起"中心小学"的任务来，那末作"师范的中心，改造社会的中心"都可以办得到。

彻底地说，乡师除了它的中心小学以外，仅留一个躯壳，而且是一个不十分必需的躯壳。例如照学园制的办法，师范生全数在中心小学里，师范也办在中心小学里，只留了一个办事的机关在师范部。这个机关不一定设在特设的师范里，附设在任何中心小学里都可以。所以有人主张称乡师为"附设乡师",是乡村中心小学的附设师范。这句话虽然有几分矫枉过正,但实际上乡师的地位与中心小学比起来不过如是。

第二节 小学行政

乡村小学行政可以简单到几乎没有,也可以繁复到与整个乡村师范一样,这完全要看它的事业的范围、工作的多少来定。本节约略举例说明,各项都分简单与繁复两种。

一 组织

乡村小学有单级小学,只有一间教室,一个校长兼教师,在那里,组织工作可以不必有。不过,在一间课堂里,有着一、二、三、四年级儿童,教师可以把组织的作用移于儿童,把儿童分别组织起来,校长做这个组织里的领袖。如何组织学生,下文再详。

一个小学倘若有了三个教师,那就须有组织,最简单的组织如下表:

$$校长\begin{cases}社会事业部\\儿童部\end{cases}谈话会$$

校长自己担任事务工作比较相宜,其他两位教师,一人担任儿童部,凡是属于儿童教导等事,由他主持;一人担任社会事业部,凡是对社会的工作,如介绍学术机关给农民,以及含有政治性质的工作、成人教育工作等,由他主持。每天在饭后举行谈话会,叙谈一天的工作状况。

一个小学倘若有教师五人以上,它的组织应该如下表:

$$校长\begin{cases}社会事业部\\儿童部\\事务部\end{cases}校务会议$$

有教师五人以上的小学,校长以不兼任部主任为原则。不得已时,校长以兼任社会事业部主任为最相宜,并且必须由另一教师担任副主任。校务会议可以分为两种：一种是周会，每周一次，每次时间可以有一小时至二小时；另一种是日会，每天饭后或饭前有十五分钟的谈话，交换当天工作的意见。周会以校长当主席为原则，日会则可由三个部的主任轮流任主席。但必须有简要记录，校长必须每日审查一次记录。

乡师的小学组织与前两种都不尽相同。每个乡师的小学是整个乡师的一部分，它必须有行政工作，但是它的行政组织是整个乡师的，不是某个小学的。例如它有教导儿童的工作，但不必自己成立儿童部或生活指导部，它的儿童教导工作与师范生的教导工作是不可分离的，不能独立的。至于事务工作更是整个的，而非某一个小学的。如果社会事业工作属于某乡某村的，不必件件事都牵涉到整个乡师。但是社会事业往往是有多方关系的，不是件件事都可以单独解决的，所以社会事业部倘若能够以一个乡师所辖的校区为单位，做起事来不但力量雄厚，并且也容易有回旋的余地。

二　校长、教师、师范教员、师范生

小学校长与教师在单级小学里是一个人，师范教员与附属小学校长有时也是一个人。师范生担任小学教师工作也是一般常见的情形。在乡师里，可以把师范教员与小学校长、教师三者由一个人来担任，例如乡师教员单独去创办一所单级小学。师范生与小学校长、教师三者是一人也是常事，例如师范生单独主持单级小学。但大都是师范教员兼任小学校长，师范生兼任教师。

怎样做乡村师范的小学校长，除应具有一般小学校长应有的能力外（参看雷震清著《小学校长》，南京市教育局出版。该书已不易买到。又儿童书局出版的《乡村小学须知》一书内有重要的摘引），还应该具备两种能力：

1. 指导师范生处理校务

这是一件指导师范生到小学去工作中最难的一件事。因为校务是有历史性、社会性的，临时来参加工作的师范生，无从摸清头绪。加之师范生又往往自知系临时性质的，不能负起全责，所以师范生常常成为不甚重要的助手。在这种情况下，他愈感到没有兴趣，也就愈加做得不合适。要纠正这个弊病，校长可以把全部校务先整理出头绪来，将校务工作全部向师范生说明，同时就把全部校务交给师范生主持，校长只站在旁边做他的指导（或做有力的助手），但是每件事都需注意到，倘若只有小出入处，校长不必苛求；若估计这件事将发生重大影响，校长在事前必须与师范生仔细磋商，预防他出岔子。万一因为校长不能指导于事前，中途也不能把师范生调回，必须由校长协同他负责来补救。

2. 把全校工作配置成富有弹性的机构

任何校长都喜欢把校务配置成凝固的方式，可以一劳永逸。这种方式在行政手续上或许有相当方便，但是不适宜于指导师范生工作。因为这种凝固的方式，师范生没法参加。结果，师范生怨小学教师，小学教师责备师范生不懂事。相互责备的事在一般师范里是最大的纠纷，这个责任应该小学校长负。小学校长应该把每一件事都配置成随时可以交代的方式，交代的时候对于工作丝毫不受影响。工作人员除出他自己约定有时间性计划的工作外（例如计划做一项教育上的试验，需要三个月或半年的），其余日常工作应该用种种表册等，配成任何时候都可交代与接收的办法来进行。

由于师范教员与小学校长、教师是一个人，所以乡师的小学同事中不应该发生党派挤轧等恶劣现象，校长不应该先存成见，应该事事坦白公开，对于来校的师范生公平处置，集团批判，更将远大的目标昭示给师范生。小团体主持者只要不鬼祟，永远不会有倾轧。主持小学的乡师教员，应该把这层看得破。

三 校舍与设备

寻常师范生在学生时期开办小学是千载难逢的机会，但是乡师学生开办小学在最近数年里还可以算是极平常的事。因为中国乡村里若用人口比例来说，几乎等于没有小学，所以只要有办学的人，任何时候任何地方都可以开办小学。把乡师的组织略略改变，全校师范生与教师都是小学教师，真可以每学期开办若干所乡村小学。因此乡师学生就会碰到校舍与设备问题。

关于校舍问题，乡师办的小学以借用或改用为原则。若有极宽裕的经费，可以拨出一部分来建筑校舍，也未始不可。怎样借用民房作校舍，怎样移用祠堂庙宇，怎样建筑新校舍等办法，可以参看拙著《乡村教育经验谈》第四章，又《乡村教育》第六章（世界书局版）。

乡村小学设备是一件极不容易的事，因为它要用最少的经费办最有用的设备。十数年来，对于这个标准也渐渐确定了。可以参看唐文粹的《乡村小学教师须知》十、十一、十二、十四、十五各节（儿童书局版）。

四　编制

乡村的小学不会有很大的规模，单级编制必占多数，其次是二教室的复式编制。至于单式编制的完全小学，一定很少很少。关于小学编制，最好的办法当然是采取能力分团制，不过在乡村小学里采取此制的条件很难具备。乡师的小学教师大多数是乡师学生，而乡师的学生常常要调动。有流动性的教师在设备不完备的小学里要施行能力分团制，很难得到好结果，所以不如采取普通班级制。

五　学历与行政历

乡师有行政历，小学不必再有单独的行政历。遇有与整个乡师的行政历有出入时，可以与师范校长事前说明，在整个乡师行政历上注明。事实上有出入处决不会多，如农忙的时期是没有多大出入的，公共集会也是不会有出入的，开学放假也可以一律；只有各小学办事的日程，如修理、添置、举行恳亲会等，各小学不必一律。但是有许多各校单独举行的事，倘若能够事先与师范部有一个会谈，有时可以采取合作进行的方式，那在办事上也就方便得多。

六　会议

小学的各种会议与师范的会议很有相似处，甚至有许多会议必须师范与小学联席举行。详情参看本书第二章行政部分。小学会议的特点如下：

1. 讨论的范围限于一个小学与该小学所在的乡村。
2. 对于整个师范的工作或与其他小学有关系的工作可以建议。
3. 小学各项会议最好由主持该小学的师范教员负责。
4. 会议时间最好在饭后叙谈，每次必须有限定的时间，更须有确定的问题，切勿作长夜漫谈。
5. 主持小学者每天必须与主持各部分工作的师范生个别谈话，或聚两三人谈话。

6. 任何筹备委员会必须由师范生负责，教师只须提供意见，做他们的顾问，切勿命令或暗示师范生依照个人的意见去做。

7. 凡有试验工作，教师可以事前与师范生多讨论几次，直接参加者固然需要多谈，不参加者也得明了该项试验的进行，所以至少在开始时必须有全体会谈。

总之，师范教员带着师范生办小学好像一个家庭，教员像家长，师范生如子弟，所以一切会议规程等，可以有伸缩性，不是呆板的。用家庭慈母爱子的精神举行会议的形式，这是乡师的小学会议的最大特点。

此外关于行政上可以说的事项很多，不过都是与师范一致的，例如"事务"是行政部门最大最繁的工作，但是照本书第二章行政所说，事务是全校一贯的，所以乡师小学里的事务工作，就不是很繁的工作了。又如"经费"在普通小学里也是主要工作之一，但在乡师小学里，便没有多大可讨论处，因为它也是整个乡师的工作，不是某某小学的工作。

第三节　小学课程

本节讨论乡村小学课程标准，排乡村小学课程表的实例，成绩考查，儿童其他活动及几个必定会遇到的杂题。

一　乡师小学的课程标准

中国现行的课程标准有两种：一是一般小学课程标准，二是短期小学课程标准。这两种都没有分城市与乡村，不论城市与乡村都可以采用。在实际上，乡村课程里采取短期小学的课程不够，采取一般小学的课程忙不过来，所以有普遍重订的必要，不过这不属于本节讨论的范围，所以从略。"乡村小学的课程，可以参酌部颁的小学课程标准，在分量上分别加以重轻"，这是原则。办法如下：

第一步，把现行小学课程标准分析为若干组，如国语、算术、自然科学、农事、音乐艺术、社会等组。

第二步，每组又可分析为若干小组，如国语科有阅读、写字、写日记、作文等。

第三步，每个小学由教员斟酌环境与自己的能力，承认注重某组课程（是大组不是小组），再以这组为中心，编成与各科联系的课程标准。例如以自然科学为中心，那么一切国语、算术、音乐等都选择这类材料，甚至可以把上课时间也加以适当改变。

乡师决不应该只办一所小学，应该同时办若干所小学。甲村小学注重自然，乙村小学注重社会，丙村小学注重国语，丁村小学注重算术。这样分配，有时也会遇到重复，但是重复是不妨的，因为一组有几处实行，在材料上方法上都可以相互帮助。这个方法的详细情形可以参看拙著《乡村教育经验谈》第七、九、十一、十二、十三、十四、十五、十六、十七、十八等十数章。

二 怎样排乡师小学课程表

排课程表的一般原则，在课程章已说明。排单级小学或复式小学课程表，还得加三条原则：

1. 各科可以各级合并上课的尽量合并，例如常识谈话、劳作、音乐等可以设法合并。

2. 各科不能合并上课的，应该用一动一静，一班直接指导，其余间接指导的排列。例如上国语科，只需一班是直接指导，其余各班可以排阅读、写字等。

3. 单级或复式小学教师应该尽量利用儿童集团的力量，支配儿童自动活动。例如英国的领班生制、中华平教会提倡的导生制，在乡村小学里都可以采用。此外，乡村小学每节上课的时间可以延长，不必拘泥于每节三十分钟，有时可以延长到四十五分钟，尤其是不能合并的科目，决不应以三十分钟为一节，这是应注意的第一点。还有乡村人民起身很早，儿童来校也必早，所以上课时间，不可拘泥于上午必需八时半开始，下午必需二时开始。倘若在夏季，早晨可以提早到六时，冬季至迟不得迟于八时，这是应注意的第二点。上课下课小学是一律的，但乡村小学里（尤其是单级小学）不必一律，甲班工作已做了，甲班可以先下课，这是应注意的第三点。乡村小学上课，在农忙时不必全天，有时半天，有时早晨上课，课后即放学，有时在午睡时上课，有时在夕阳西下时上课，都是可以的，这是应注意的第四点。

三　成绩考查

一般小学的成绩考查法，在乡师小学里大都可以用得，所以做乡师教师的必需懂得小学成绩考查法（小学各科教学法学程里必有详细讨论）。但除一般的方法以外，乡师小学还有它的特点：

1. 根据该小学已定的课程中心，拟订考查的标准。因为各小学注重的科目不同，所以不能用普通成绩考查的标准去考查。

2. 用每件事作考查的单位，不是以每科为考查的单位；至于考查时期，在每件事告结束的那一天，不固定每月或每半年考查一次。这种考查法，只要教师肯负责，便没有什么流弊。不然教导部必须订有双重考核的办法来补救（双重考核办法见前）。

四　课外活动

小学课程应该包括儿童全部生活，所以无分课内与课外，寻常所指的课外活动有"集会""劳动服务""儿童自治""家庭作业"等几项。这几项里，集会应该列入公民科，是日常必有的事。劳动服务必然是与某科有联系的，最常遇到的是劳作科，但也有与公民科关联的劳动工作。至于"儿童自治"，包括的工作极多，都应该属于公民科，所以不能列入课外活动。只有"家庭作业"，或可以与一切功课全盘有关，也可以与任何一科不发生关系。家庭作业是指定儿童做家庭的工作，在家庭里帮助父母们做工作，学校里应该承认他的工作成绩。在乡村里儿童的家庭作业有：

1. 帮助父母做农事，如播种、收获、拉车等。
2. 帮助父母养蚕、剪羊毛等。
3. 帮助父母做家事，尤其是农忙时帮助父母做饭等工作。
4. 自己做农田试验或喂养鸡、鸭、猪、羊等畜牧工作。

至于把学校里的功课，指定儿童带回家去做，如写字、作文、演算题、温习功课等，不能称为家庭作业，更不应称为课外活动。

五　其他

属于小学教导工作的还有几件事亦值得提出来讨论：

1. 儿童旷课。研究儿童旷课的原因及其补救的办法已成为教育上的专题。乡村小学的儿童旷课原因大都是帮助家庭做事，尤其在农忙时节，儿童几乎全数缺课。补救这件事不能用一般的方法，必须改变放假日期。放农忙假是最有效的办法。其次是改变上课的时间，如只上"晨课"，或只上"午课"。此外，学校对于儿童在家庭所做的工作，必须承认他的成绩。

2. 校外聚众斗殴。在乡村小学与工人区小学里，儿童常常会发生聚殴的事。儿童队伍里有小领袖，一个领袖可以率领十个或几十个儿童，与别个领袖斗殴，这种情形与成人械斗相仿佛。教师常常没法解决，只有消极防止的办法，例如放晚学时分先后放学、排队放学、重责小领袖、重责队员等，但是这种方法的效果只是一时的，只限于放晚学或早晨来校时不相打。星期天依然会相打，夏天月夜依然会相打。教师必须从小领袖方面着手。第一步做到小领袖对教师信服；第二步让小领袖做儿童的正式领队；第三步用竞赛的方式鼓励各队努力做公共事业。抑制儿童好斗的情绪，与压迫人民的自由，同样是愚笨的策略，教师不应效法专制魔王。

3. 顽童。顽童是与常儿不同的儿童，顽童有的是有病的，如生理缺陷、神经反常等，不是教育力量所能及，所以只好请医生负责。又有的是习惯上有顽劣行为的，如好捉弄别人、不听话、不与同伴者一同游玩、孤独、扰乱公共秩序，甚至不是爱那件东西而有偷窃的行为等等。这种种情形，倘若是偶然发生，或是新生初入校时发生，那么千万勿立即断定他是顽童，例如好捉弄人与倔强是中国一般家庭中最易养成儿童有如是习惯的，儿童到学校过着团体生活，自然会渐渐改变。所以所谓顽童，实际上是极少极少的。处置顽童唯一有效的方法是先使他信服你的本领比他高强，他会捉弄人，你可以在事前知道他要捉弄人；他爱捣乱，你可以在他将要捣乱的一刹那给他一个暗示，使他无从捣乱。此外，无论在游戏、说话时，你都比他高强，他就会渐渐地信服教师，教师也就容易施教了。其次便是使他多做事，做成了一件事，无论成绩如何低劣，教师必须鼓励他再做，不能责备他，使他更不敢做。再其次是用团体的力量来鼓励他、制裁他，这是最后的一个方法。最后一个方法最难见效。因为顽童已经被一般同伴所轻视，双方都有成见，很不容易合在一块儿做事、游玩。总之，处理顽童不是一天二天所能见效的工作，必须有较长的时间与他做伴，才有办法。

以上关于小学教导方面的问题，约略地都提到了。最后要讨论的就是乡师小学儿童教科书的问题。很多师范生愿意自己编印讲义，发给儿童。这件事在师范生方面或者会有益的，但是油印讲义，不易保存，不美观，学生家庭不见教科书只见讲义也会反对，甚至所编辑的材料不一定能够胜于教科书。所以师范教员遇有此等现象，最好婉言劝阻，同时指导师范生如何活用小学教科书，如何多买儿童补充读物指导儿童阅读（参看拙著《乡村小学教材》，黎明书局出版）。

第四节　乡村幼稚园

在今日中国之社会制度之下，要想在乡村里普遍设立幼稚园是一件不可能的事。但是乡村师范必办一所或数所幼稚园，所以做乡师教员的，非懂得乡村幼稚园一个轮廓不可。

幼稚园的发展有它的社会条件。在几百年以前，是儿童与妇女同样被男子讨厌的时代，当然不会有幼稚园，所以幼稚园的产生，必定是社会已经重视儿童，并且对于儿童的生理与心理也已经有相当明了的时候。别种学校在世界上的历史都已经很长很长，只有幼稚园还不过百年（德国福禄培尔于1826年创办第一个幼稚园于他的家乡，当时还不称为幼稚园）。关于幼稚园发展的详细情形，这里不必叙述。读者如需参考，可以看拙著《幼稚园的演变史》（商务印书馆版）。虽然是一本小册子，但写得很详细。

一般学教育的人以为幼稚园与别种学校大不相同，所以常常歧视它，把它看作是很神秘的教育机关。其实幼稚园毫不神秘，与小学、中学、大学同样是普通教育机关，这是应该先去掉的成见。

幼稚园教师自从福禄培尔晚年主张由女子担任以来，又因继起的幼稚教育学者蒙得梭利亦为女子，于是全世界幼稚园教师几乎成为女子的专业。其实做幼稚园教师只要合乎三个条件，不一定是女子，那三个条件就是：

1. 爱儿童，不怕烦。
2. 懂得儿童的生理及心理状态及养护方法。
3. 有教育幼稚生的能力，如唱歌、讲故事、美术等。

男子具有这三个条件的也很多，所以幼稚园的首创人是男子，各国男子任幼稚园教师的也不是绝对没有。

幼稚园课程标准，教育部已经详细规定。这个标准虽去理想很远，但是一般的应用已经够了。尤其对于教学纲要所列各项，幼稚教师必须注意（参看教育部民国二十五年颁布幼稚园课程标准）。

幼稚园设备与小学设备不同者极多，同是桌椅，高矮的尺寸不同，式样的繁简不同。还有幼稚园的玩具，是世界著名称为恩物的。从来幼稚教育者对于恩物的研究都极注意，例如福禄培尔的恩物二十种，蒙得梭利的五组恩物，不但大小件数有极精致的规定，每件恩物的玩法也有详细的说明。近来美国儿童教育者主张从实际生活中来教育儿童，幼稚园的玩具也有一个大转变。幼稚生不但在桌上可以玩各种恩物，并且可以用恩物发展儿童的思想。例如 Hillblocks（赫尔氏积木），几个儿童合作可以搭成一间小房子，孩子可以在这所小房子里招待小客人，做家庭等游戏。此外关于运动器具、日用工具，如木工、金工等器具，都可以利用做幼稚园的玩具。关于幼稚园的设备可以参看拙著高级中学师范科用《幼稚教育》第四章，中华书局出版。

以上所说的幼稚园课程与设备，都是属于一般幼稚园的。乡村幼稚园不能完全照这样做，因为中国的都市与乡村的不同处很多，经济情形不同，工作状况不同，社会风俗习惯不同。乡村幼稚园在农忙时节可以帮助农妇照顾幼稚儿童，平时可以帮助小学教师做农村妇女工作，这是已经公认的事实。它的特点如下：

1. 可以办季节的幼稚园，农忙时幼稚园开门收容农家来寄托的儿童。农暇时若有农家愿意送儿童来园亦可，不然就暂时结束。

2. 设备必须采取当地的材料，式样或可仿照许多著名的玩具。因为当地的材料便宜，容易办到。

3. 因为是季节性的幼稚园，所以课程不必完全依照教育部颁布的标准，但是必须注重于卫生清洁与合群合作等习惯的养成。

4. 在可能范围内可以教一些识字、唱歌等功课，但切勿依照小学一年级的课程。

关于乡村幼稚园的办法，可以参看孙铭勋著《乡村幼稚教育经验谈》（儿童书局出版）。该书是孙君办南京、淮安等处乡村幼稚园的报告书，很有许多材料与方法可以采用。

在农忙时节，最折磨农妇的要算六岁以下的孩子。三四岁的孩子可以收容于季节性幼稚园里，吃奶的婴儿更是农妇的累赘，在这时候婴儿也实在最可怜，关在家里，搁在田头，情形很惨。所以乡村中倘若在农忙时能够办婴儿园（一名托儿所）当然更有意义。不过托儿所的设备必须极完备，才能免去婴儿因疾病死亡的危险。托儿所有寄宿的与白天的两种。寄宿的托儿所需要的设备更繁，养护更需周到，非由国家来主持，任何机关不能做到完备的地步。乡村中不需要寄宿的托儿所，因为在农忙时农妇早晨送婴儿进来，晚上可以领回去，并且农村中托儿所也只需要季节性的，不必全年都办。白天的季节托儿所比较简便得多，它不必有哺乳的设备，不必有晚间的看护，只须有白天给婴儿玩耍的场所，轮流睡觉的小床，能够担任白天看护工作的嬷姆，有简单的医药卫生设备，就可以开办。不过这几个条件也不是一个乡村师范所能办到的。我以为与其花去很大的人力与财力去办这样的托儿所，不如多办几所季节幼稚园与小学。

乡村中不是不需要托儿所，而是乡村师范力难胜任办托儿所。无论工人区的托儿所或农村托儿所，我们只期望国家来主持，培养专门人才来办理，决不是附属于任何学校、任何机关的事业。至于乡村师范，为了有特殊兴趣的学生实验起见，不妨试办一所，但是规模千万勿大，两个师范生至多只能收纳十个婴儿。学校当局对于这个托儿所更须用全力去扶植，不然稍有差错，整个学校都受影响。

第六章 社会活动

第一节 乡村师范可以做的社会活动

"五四"运动以来,中国教育界有一个大转变,就是办学校的人员和在学校里读书的学生,遇有相当机会都可以干些社会活动,都可以跨出学校大门做唤起民众的工作。接着乡村教育运动起来了,乡村小学教员就是最得力的乡村改造者。村治运动以乡村教师做乡村工作的指导人员,不但可以做唤起民众的工作,还可以做乡村政治人员。许多"政教合一""教养卫合一""政富教合一"的运动,其中主要工作人员都是乡村小学教师。乡村小学教师是素来没人理睬的,现在居然时髦起来,这其中不是乡村教师自己作主的,也不是几个提倡者可以作主的,而是有它的必然性。在这个时期,乡村改造工作非由乡村教师负责不可。不过他们实际所能负的责任,并不如预期的那样重大。至于中国政治上轨道以后,是否还需要乡村教师负责做改造乡村的工作,也是不必要的事。

"五四"运动是文化改革运动。配合了南方的革命潮流,于是孙中山先生手订的农工政策在全国掀起了一番大波浪,一声到北伐期中,农工运动都在蓬勃地发展。清党事起,农工政策也受了极大的挫折。但是农民运动是不能停止的,恰巧有乡村教育运动起来,接上了不久以前受挫折的农民运动,由小学教师接着来做农村工作。

至于提倡"政教合一""政富教合一""教养卫合一"者,主张许多政治工作、经济工作、保卫工作,都可以与教育机关携手进行,确有种种理由。在事实上,政府要改良政治学术机关,要改良乡村,除小学教师可以作媒介下乡去工作以外,在那时候也没有其他更好的方法和更妥当的人员。所以主张这种种办法者,大都从事实方面着想,于是请乡村教师负起政治、经济、保卫等责任。

村治学派主张的乡村教师做社会活动与以上各派的主张都不同。该派主张知识分子与乡绅们合作，而后治理乡村一切事。所以该派以为能够办到从前吕氏"乡约"的地步为最上。但是时代不同，儒者在社会上的地位与能够发出来的力量，今非昔比。今日的小学教师万难做到吕氏治关中的治绩，于是请出乡绅来做董事，所谓乡绅实际上就是可以号召现社会中农民的人物，而一切发号施令、布政教、征粮谷，以及介绍银行下乡等工作，都是乡学村学的教员负责。所以村治派的乡村学校，是代表政府在乡村中办理一切工作的中心机构；乡村教员几乎就是乡村行政官。一般乡村学校干社会活动的范围，哪有如此广大？

同是一个乡村教师干社会活动，它的范围大小不同，它的责任不同，这个不同是跟着社会的组织以及政治机构完备与否而定的。为着叙述方便起见，姑且分为第一期、第二期、第三期等名称。

第一期。农民运动的初期工作是唤起农民，明了他自己的地位与能力。所以在这一期的工作，大部分着重在宣传工作。揭发农民的隐痛，昭示农民受地主与官吏等剥削与压迫，同时着手选择农民中优秀分子，组织农民，并且开始与地主斗争。例如抗租、减租等都是农民运动中必然会发生的事实。这一期工作，小学教师参加的不会很多。乡村师范学生要学习这期工作，也没法学得，因为这是革命工作。

第二期。小学教师自信可以做农村工作，打算替农民做些事。无论属于唤起的宣传工作，或是属于"救济"的慈善工作，或者属于介绍城市中有力者下乡工作，或者属于调解地主与农民的纠纷，或是属于代表农民向官厅做请愿工作等。小学教师遇有机会，都愿意献身手。所以在这一期中，小学教师做的社会活动最多，约有下列几类：

1. 属于唤起农民的。办民众学校、办民众茶园、办壁报、说书、讲演、举行纪念会、参加民众集会等。

2. 属于增加农民富力的。介绍农业机关下乡宣传优良种子、改良农具，以及改良种植法等；代农民接洽农村贷款，兴办合作事业等。

3. 属于帮助农民减轻额外剥削的。代农民算租账、完钱粮、算会账、算借款利息等。

4. 属于帮助农民做日常工作的。代写契约、书信、代农民主治婚丧等事，调解农民间纠纷争讼等。

5. 属于医药的。代农民医治小病，代卫生机关宣传卫生常识。

6. 属于所谓公益事项。如修路、修桥、修地、挖河等。在此期中，此类事项还很多。

7. 属于介乎政府与农民间的事件。传达政府委托的政令，代农民向政府请求事项（此期属于这类的工作极少，因为政府不信任小学教师，农民与政府隔阂很深）。

以上七类工作，在此期的乡村小学教师都可以做的，不过不一定件件事都做得有效。因为此期小学教师是没有组织的，也没有更高的统属机关督促他们干。所以在这期的教师，在平日倘若已经获得农民信任的，他的社会工作就容易见效；不然不但不易见效，有许多工作甚至不能着手。

第三期。政府看准了乡村小学教师可以做政令深入乡村的工作，于是规定乡村小学必需做若干种工作，一方面督促教师做，一方面以政治力量辅助教师做，最常见的有下列各类工作：

1. 属于组织农民的。调查农村户口，做农村生死报告，做保甲的初步工作。

2. 属于保安的。调查农村壮丁，招待政府委派来乡的军官，担任农民训练的政治部分的工作，借学校为一乡训练场所等。

3. 属于征收事项。代政府做粮差，催交赋税，代收赋税，遇有荒歉，代政府调查减免赋税等事。

4. 属于司法的。调解讼事，惩办犯法农民，或代政府拘办犯罪农民。

5. 属于教育的。除办小学外，兼办青年、壮丁、妇女等教育，但一切均依照政令而办，教师无自由试验余地。

6. 其他代政府可做的工作。因为中国政治机构对于农村一部分已经松弛到政令不能下乡，豪绅可以把持的地步。政府为了要使各种计划见效起见，不得不另托主持人，所以许多新政的施行，不但宣传工作必须托教师做，其他交托教师直接进行的工作也很多，如乡村卫生、造林、推广改良农业等。

总之，本期乡村小学教师是政府人员，一切工作唯政府之命是从。最优秀的教师只能做到"在改良的政令之下，不加重压迫与剥削于农民"，但是已经失去了"站在民众的立场上，代替农民说话的地位"。至于从中渔利的教师，便成为新起的豪绅。

第四期。政治机构渐渐完备，政令可以下乡，政治工作人员也敢下乡，乡村中组织也逐渐严密，这时，农民虽然还不能自己起来做自己的事，但是在乡村里做事的人员，除小学教师外，也日渐增多，于是小学教师的职权也渐渐确定。政府不需要小学教师做乡村中教育以外的工作，小学教师除教育儿童与成人外，很难再做别的工作。本期可以做的社会活动如下：

1. 属于教育的。办成人补习学校，办识字学校等。

2. 属于宣传的。代政府委派下乡的工作人员宣传新政的利益，并介绍来乡工作人员于农民。

3. 属于代农民请求的。遇有机会代农民向政府说些痛苦，减轻些许负担等。但这类事由小学教师做的效果，远不如由农民自己直接做。

4. 其他。此外只有一些代农民写信件等工作。至于代农民算账的工作，也不容易做了。

"乡村小学的职能完全确定了，乡村小学教师不必再做一般所说的社会活动"是本期的特色。

以上四期尽是在社会常态时期中的情形。但是世界长此动荡不息，谁也难保不发生大变。尤其中国国难如此严重，抗战是必做的工作。到了抗战时期，必集中全国的力量与敌人作殊死战。到那时候，乡村小学教师便是领导农民作抗战工作的主要人员。抗战工作的开始，为期必不远，所以今日的乡师教师，训练师范生做社会活动时，必须注意这点，千万勿拘泥于常态时期的工作，以为师范生学会这几项就很够用了。

第二节　怎样做社会活动

前节列举的社会活动至少有二十几种。做这许多社会活动，都有它们的特有方法，说明每种活动，都可以成为专册。本节在事实上不能详细说明每种的实施法，但是也不能只举一二种作例子说明，因为性质不同的活动，实施方法也大不相同，举例说明不能收举一反三之效。本节只举几个原则，可以作为实施参考之用。

第六章 社会活动

一 做社会活动必须顾到时间性

前节列举的几个时期，虽然没有绝对的分界线，但是每个时期有它的特点。各种活动的种类不同，性质不同，做的时候，它的上下四周联贯也不同，每期活动种类的多寡不同，在前节已经明白举出。这里要补充说明的就是同是一种社会活动，因为时期的不同，性质上大不相同，主持者也就得估量清楚。例如同是"办民众学校"，在第一期的民众学校是训练革命群众，课程内容是鼓吹革命，学生活动是组织革命团体，举行集会等行动，也莫不以增进革命的力量为唯一目的。到了第二期，革命是不能谈了，秘密做革命工作也很困难，于是转变为启发民智的教育，所以这期的民众学校必定是公开地教识字，教民众一些公民常识、娱乐技能，虽然在人民的实际生活上并没有达到羲皇上人的境地，但是主持这期民众学校者，很希望民众快乐，也就向着这条路上去努力。第三期是集中于政治训练，民众学校是训练民众的机关，是训练人民服从，有纪律、守法……等机关。所以这期民众夜校的课程与公民训练应该是很相似的，主持民众学校者就可以代表政府实施训练。到了第四期，公民训练等工作，已经另有专人负责，不必由民众学校代劳，民众学校唯一的工作是扫除文盲。第五期，全国动员，民众学校也是动员的机关之一，受整个军事管理的支配，一切课程都集中于抗敌一点。经过了这期以后的工作，在前节中已经指出是否允许办民众学校，是否需要民众有知识，都要看第五期的结果来决定。民众学校如是，其他各种活动都如是。主持者必需认清你所主持的工作已经到那一期。倘若在第五期中主办民众学校，用第二期的方法则无效，用第一期的方法则分散力量，用第三四期的方法则来不及。

乡师教员对于社会事业，倘若没有兴趣，可以声明不干；倘若答应干的社会活动，必须认清这件工作应该属于什么时期的工作。先有一个时期的估计，再寻找可以参考的方法，许多迂回的方法是无效的，但是操之过急的方法，也会因一件社会活动而影响于整个学校工作，也是不应该的。

二 做社会活动必须顾到地方情形

"时间"与"空间"是做事者必须顾到的两个条件，这两个条件是不可分离的。所谓时间性，必定是某地的时间性；所谓地方情形，也必定是某年某月的地方情形。前节所分的时期是估计全国的情形而言，在全国中仍有各个不同的地方性。第一个时期以全国大体言，到了今日似乎已经过去了。又同一种社会活动，也不一定全国可以用同样方法去做。例如合作社，这个制度是引用外国已成的方法，它的各种手续是否能合于中国农村，大家公认有修改的必要。全国厘订成立的合作法，似乎可以全国通行，但是各地情形不同，必须有不少修改。在大荒年的省份，倘若必须引用合作社制度，先组织合作社，然后发放种子，发放耕牛，发放借款，这是缓不济急的，倒不如直接了当，在政府严密监督之下，允许银行做农村贷款工作，更为有效。又如消费合作社在欧洲很有效，到了中国农村则有种种困难。又如今日的广西干部学校，山东的乡村师范学校，已经实施政府规定的民众训练，很象实行前节所说的第三期的工作。这两省的整个政治机构与策略，都趋向于这条路，所以教师们对于民众可以做训练的工作。倘若把这两省的教育方法，突然移到河北、四川、云南、广东等省，就会毫无用处。

所谓顾到地方情形，不是绝对与某地各种势力妥协，不谋改进。例如华北某省盛行早婚，并且是十岁儿童娶二十岁的青年女子。该地从事乡村工作者十年来视若无睹，这是极不应该的事。不过，社会改革有它的整个性，局部创言改革，在效果上是不会大的，甚至会遇到意外的挫折。所以上段所举的例，就是说，某地没有达到整个训练民众的时期，一个乡师倘若举办训练民众的工作，不但当地人民会反对，当地政府也会起疑忌。倘若当地已经急需救急的工作，好比房子已着火，乡师倘若还在那里迂回曲折绕大圈子，那么一切工作都归无效。

三　做社会活动必须估量本身的力量

这里我们来重新估计教育者（教师）在社会上的地位。教育权掌握在教师手中的时代，教育者威权很大，整个社会可以由教育者支配。到了尊师崇道的时代，教师对于社会事业可以有劝告的权力，人民对于教师的劝告，也很尊重、很听从。到了教师不过是政府或资本家雇聘的人员的时代，教师在社会上的地位真是一落千丈。政府固然支配教师，绝对不会受教师支配，甚至不理睬教师的献计献策。资本家对于教师的态度当然也如是，甚至不如公司中一般雇员。在这样的情况下，教师的话对于资本家还有影响吗？一般民众对于教师虽然不致于如是，但是教师无权威，无实力，事事仰仗于上峰的支配，有时可以做传达，有时甚至连传达的作用也起不到。这时候，教师倘若还紧记着当年盛事，实在太近于幻想。这是从大的一方面说来，教师应该顾到当时所处的地位如何。

其次，应该顾到整个乡师在当地所处的地位如何。例如在中国内地办省立乡村师范学校，当地政府机关、地方绅士对于这所乡师必定很重视，要想举办一件事，只要与他们无直接利害关系，容易获得他们的同情，至少可以与他们磋商，人民的阻力也就不会有多大。倘若在大都市的近郊办乡村师范，它在当地的地位极微小，平时乡师人员要想办一件社会事业，不但不能自己单独举行，甚至与当地区署磋商的机会也是很难。若乡师与区署对抗，乡师主持人必败；若乡师不顾区署而行，开展必难；若乡师与区署磋商，非仰仗区署的鼻息不可。同是省立乡村师范，在各地的地位不同，实力也大异。

再次，便是乡师对自己本身的力量也得估计清楚。在今日的中国乡村里，事事要办，事事需要有人去帮助农民做。但是乡师只不过是一个省立学校或县立学校，经济的力量有多少，人才的力量有多少，可以运用社会的力量有多少，都得有个估计。还有，乡师既然是政府设立的，它受哪些法令的限制，有哪几件是受了政府的命令非办不可的，有哪几件是政府禁止乡师举办的，哪几件是政府允许办而一校的力量可以举办的？这些都得估计清楚。我们虽然相信在工作中可以产生新的力量，但如果本身的力量不足，还不能开始做，或者做了不久就难支持下去，那末何从产生新的力量？

最后，还得估计个人的力量。以上所说都是举办比较大的工作，所以必须顾到整个的力量，但是办一二件规模不大的工作，只要估计主持者个人的力量就够了。例如办一所民众夜校，只要估计主持者有无办这所夜校的实力，他能否教成人识字，能否教成人了解社会常识，能否替农民做些文字上的帮助工作（如写信、写契等），以及他是否有与农民谈话的本领等等。又如办壁报，也不必有什么大的估计，只要主持者估计是否了解时事，能否写壁报的字，能否画壁报的画，能否把壁报贴得引人注意等。这种种个人的能力，有时并没有十分的把握，但是根据"在做上学"的教育原则，个人的能力是与工作的分量成正比例数的。所以只要有决心做，有些许做的力量，又肯用心做，个人的力量也就会与时俱增的。

"知己知彼，百战百胜。"做乡村社会活动，阻力很多。乡师教师在没有着手做一件社会活动以前，必须有比较周详的估计。冒昧从事，对于活动本身，对于乡师，对于工作者个人，都会受到极大的影响。

四　做乡村社会活动必须与别的力量合作

对待合作的机关或个人必须认清可以合作的限度。关起大门办学校，只要奉令办学，可以与社会不发生关系，也就没有与别人合作举办的事业。乡师倘若不做社会活动，也可以做到关门办学校。但是无论在哪一个时期，乡师必须举办社会活动，不过分量多少不同而矣。怎样与别的机关或个人合作呢？

第一，必须认定合作是决不可少的。因为不和别的机关合作，乡师的力量是单薄的、不够的，甚至会孤立的。合作者不一定是有大力的达官富商。一个农民、一个乡长乃至一省的主席，拥有百十万家财的资本家，都可以合作。合作的机关，从乡公所以至省政府，一个小学以至中央研究院，只要有合作的机会，都可合作，都应该设法与他们合作兴办社会事业。

第二，无论与任何人合作，必须问清合作之点是什么，更须问清楚对方为什么与我来合作。两方有益的事才能合作，也是两方必有相当贡献才能合作。乡师能够贡献者是人力，是与乡村人民有接近的机会。乡师愿意获得者是举办的事业能够顺利地进行与取得成就。乡师先把自己的立场站定，然后以诚恳的态度与人合作，没有不成功的。不过乡师也必须认清合作的限度，超过这个限度，对方是不会允许的，或者会双方起冲突的。

第三，与规模较大的机关合作，乡师可以请它多多辅助，这样无论在物质方面或人才方面，乡师都可以获得一些便宜。但是乡师必须适当满足它们的要求。乡师若与乡村小学或农民合作，乡师必须多贡献他们一些人才与物质，尤其要做许多辅导工作。

第四，与人合作是为了当地社会的事业，是为了整个乡村教育的前途，不是为了乡师学校本身的利益，更不是为了校长或教师一人的利益。倘若认不清楚这个关键，一切恶现象都会从此发生。

第五，乡师做一切社会活动，必须处处发动农民来干，不是代替农民干，更须尊重农民是主人。乡师做的一切社会工作，必须注意到随时可以交还给主人的。

  这件事有人以为是"观念"，其实并不是"观念"，而是"方法"，是"实际的行动"，不仅是存在心里的"观念"。例如近来最时髦的社会活动要算合作社。同是办合作社，引导农民自己干与代替农民干的分别很大，前者必定处处引导农民出头去做，由农民自己出主意做，由农民自己开会、集议，与银行或行家直接商洽。乡师不过当他们的顾问，先引导农民发起，再替他们介绍有关系的各机关，帮助他们进行组织，然后在进行中帮助他们解决困难。即把如何组织合作社以及如何谋发展等枢纽，完全交给农民，由农民自己集议来主持。要知道，乡师兴办社会事业，一方面，固然要把这件事办成，使当地获得相当的利益；另一方面，更须因这件事教育农民，使农民渐渐能够自己起来做主人翁。这个原则，在上节所举的各项活动中，都可以适用。以乡师为本位而办社会事业，充其极不过使学校获得上峰的奖赏，而于民族前途并没有多大的福利；以农民为本位办社会事业，可以使整个民族获得新生命力，有助于民族解放。权衡轻重，必须取后者——培植农民自己起来做主人翁。

第七章　辅导工作

第一节　教育辅导总说

乡村师范还应该做教育辅导工作。先说明教育辅导工作是什么。教育辅导是根据教育视察的结果，给以适当的指导，使教育事业渐渐改进。所以教育辅导是"视察"与"指导"并重，并且是含有以各种教育事业的主持人为主体，做辅导工作者不过是因时施以改进的指导，不是命令，也不是挑剔。

各国辅导制度不同，辅导员的权限也不同。法国的辅导员权限极大，有撤换教师、命令校长改进学校的权。英国、美国的辅导员权限都不大，只不过是小有权能的朋友。这是各国整个教育制度的问题，不是辅导的单独问题。采取教育集权制的国家，辅导制度当然也跟着集权，辅导员便有全权。否则，便是谁都没有命令谁与钳制谁的权限。

"辅导"既然包括"视察"与"指导"两种工作，所以各国注重点也各不相同。有的国家是注重视察的，只是严查办学者是否合乎政府所定的各项标准，是否能够执行法令，成绩是否优良。有的国家着重在指导，同时还介绍许多法令以外的新方法、新材料给教师，希望他们试行。"指导"与"视察"不同之点，在于前者是指导教师如何做，不很根究做得如何；后者是注重在做得如何，除法令以外，并没有特别提出如何做的方法与材料。所以前者是朋友，而后者是稽查员。至于辅导的正当办法，必须二者兼备，用严密的方法，考核教师的工作；用朋友的态度，指导教师试行；在必要时，用行政的力量督促教师实行。

中国的辅导制度，至今尚未确定。有人主张中央应该着重在督察，地方应该着重在指导（夏承枫就有这样的主张）；有人主张督学应该纯粹是学术指导机关，与普通教育行政机关完全分立（邱椿就有这样的主张）。现行辅导制度，中央有督学六人，专员若干人，专门负责视察与指导。省有督学若干人，视察员若干人，专科指导员若干人。县除督学与视察员外，还有教育委员若干人，也是负辅导的责任。在实际上，人员数目太少，所以一切都很简单，视察工作都没有做到，当然谈不到辅导。此外有几省采取"示范区制"与"中心小学制"。这两种制度，下节将详细讨论。

教育辅导有专设的学程，所以本节除简要说明辅导制度外，只须说明小学辅导问题。小学辅导的范围很广，凡行政、设备、教材、教法、教科书等，经常进行指导；举行展览会、讲习会、加入社会集会等临时工作，新法令的解释，新方法、新教材以及新书的介绍，都属小学辅导工作范围内。除此以外，最主要的工作是联合小学教师做研究工作。辅导员斟酌各教师兴趣所近，鼓励研究，辅助研究。所以小学辅导员是小学教师的顾问，引起小学教师爱好教学，乐于教学，给教师一种自强不息的生气。

谁配做小学辅导员呢？有三种人能做。一种是专家，可以做专科辅导员，例如长于儿童艺术的，就可以做小学艺术辅导员。一种是小学校长，校长本来就是一校的辅导员，一个优良小学的校长，做一区的辅导员，也无不可。一种是师范教师，或是有行政能力的小学教师，本着他们的经验与主张，去辅导小学教师，收效也很高。

一个辅导员，可以辅导几个小学？可以辅导几个小学教师？到现在还没有人能够回答得出来。据美国的调查，一个辅导员担任八个小学，或三十七个教师，或一千三百五十名学生，最为适当。但是每校的级数不同。规模大的小学与单级小学相差很多，所谓八校，太不具体。依据教师与学生的名额较为肯定，但是三十七名的单级小学教师，便是三十七个单级小学，区域极广。倘若只是一个规模很大的小学，也就有三十七名教师。学生数也可以作此比例推论。所以用教师数与学生数作为辅导员人数的标准，也不很可靠。但是除此以外，还没有比它更具体的材料可找。

小学问题头绪千万，辅导员决非万能，有很多小学教师常常与辅导员开玩笑，什么问题都请他来解决，这是一件不可能的事。所以辅导员必须自己先有一个辅导计划，这个计划应当与整个教育行政计划相配合，然后发给全体小学教师（最低限度必须给校长知道）。依据这个计划，按期预备，准时实行。中国有此计划者，有南京市社会局、上海公共租界教育处等，都比较详细切实。

小学辅导员到小学去视察与指导，是有一定的时期的。这个时期的规定，大家都认为是必需的。不过，这个规定的日期是否要通知小学教师，便有两种不同的主张。一种是主张不通知的，因为通知了，小学教师容易作假，例如各处发生的临时招雇学生以应视导员点名的恶现象，就是事前通知的弊病。视察员出其不意地去视察，可以看出小学教师的许多真面目，作为惩奖的根据。另一种是主张要事前通知的，并且最好是学期开始就规定哪一天辅导员到校来，可以留校多少时期。因为辅导员是帮助小学教师解决问题的，是供给小学教师新材料的。小学教师望辅导员去校，好比小弟弟望着大哥哥过年回家，既有糖吃，又有话谈。小学教师平时不得解决的问题，可以请教于辅导员。小学教师的工作，可以请辅导员指正。同时辅导员可以带些新材料去。这种种工作，在小学教师方面固然需要事前准备，辅导员尤其需要准备。所以辅导员去小学的日期，必须预先规定。倘若小学教师存心欺骗，任何辅导工作都不能生效，只有用教育行政的力量或可纠正。所以一切临时招雇学生、临时布置校舍等恶现象，决不是稽查式教育视察所能消除的。做辅导工作者，只问自己是否已经尽力，不必急急于去挑剔教师的过失。

辅导员到小学去，最重要的工作是与教师举行讨论会，询问教师感到的困难，搜集教师的问题，讨论新法令、新方法的实施方法。辅导员对于该校校务或教师有改进的意见，不必在讨论会上提出，只须对校长说明，再由校长斟酌改进。

使优良教师互相观摩，互相讨论，也是辅导员应做的工作。这件工作的实现，可以采用轮流在各校举行讨论会的方式。一个辅导员若管辖十个小学，每半月举行一次讨论会，那就在一个学期中，全体小学都可以轮到，辅导员也可以走遍各个小学。不过在最初举行时，千万顾到习顽的小学教师捣乱，举行几次以后，尤须顾到偷懒的教师缺席。这件工作，辅导员事前准备工作要做得充分，使每个教师，每次出席讨论会都感到有所得，那末这个讨论会也就有意义了，不但捣乱者可以因团体制裁而不敢施其技，就是偷懒者也会觉得缺席如失至宝。

一般小学教师最感觉缺乏的是实际材料，所以辅导员供给可以行得通的方法，可以实际用的材料，是一件最主要的工作。这件工作不是一个辅导员所办得了的，必须集许多人的力量，收集、编辑、试验、印发等都是必需具备的一件也不可少的手续。1929年浙江教育厅编印《辅导丛书》，虽然不一定全部完美，但是其中所收集的问题与材料，都很适合当时小学教师的实用。后来，该厅又举行全省小学教师函授辅导，指定小学教师看书、写笔记，也是一个很切实用的办法。

辅导员与辅导员的合作，辅导员与教育行政人员的合作，辅导员与地方人士的合作，以及辅导员与校长的合作，都是辅导工作中极重要的精神。所谓合作，是事业的合作，不是酒肉的应酬。辅导员找到可以着手做的事业，或遇到别人须要你帮助的事业，都是合作的机会。在事业合作过程中，可以消去封建的恶势力，可以增进教育的效率，尤其可以消去许多隔阂，免去许多无谓的误会。

第二节　师范区制与中心小学区制

关于辅导小学的制度，有两种重要参考资料，在省的有师范区制，在县的有中心小学区制。本节先说明两种制度的办法，然后加以批判。

一、师范区制。此制江苏曾经试行，是1932年改进江苏全省师范教育最重要的一部分工作。它的办法摘录如下：

1. 划分全省为六个师范区——镇江、无锡、太仓、淮阴、东海、如皋。

2. 各师范区内之省立师范学校及乡村师范学校，对于各区地方教育改进事宜，应共同负责，但以省立师范学校为主持机关。

3. 各师范区之地方幼稚教育及妇女教育改进事宜，暂由苏州、徐州两女子师范学校分任。

4. 各师范区视各区域之广狭及校数之多寡，设地方教育指导员二人或三人。

师范区制主要工作虽然是辅助各区内的地方教育，但是因为指导员人数与指导的区域太不相称，所以结果只做到在各师范内添设了一二名地方教育指导员，主持几个展览会，奉省令调查几件事业，以及主持每年召集区教育讨论会，对于地方教育辅导事业，因为经费、人才都不充足，不能实际做到。

二、中心小学区制。此制比起前一种来切实得多了，但实际上也有许多困难。先来说明它的办法：

1. 中心小学区是因为教育委员制失败而改成的。

2. 每县划分为若干学区，每区有中心小学一所，中心小学校长担任全区辅导工作。

3. 学区内各校可以不设校长，只设主事。一切校务概由中心小学校长主持。另设校务会议、研究会议、也由中心小学校长主持，但教育局得用人指导。

4. 中心小学校长实际就是全区的辅导员，他的职权很繁。兹根据某县教育局拟定的摘录如下：

（1）代表全区学校，对外办理一切交涉事项。

（2）聘请中心小学教职员及全区各校主事。

（3）拟订全区小学课程、设备及新教育法试验事项。

（4）考核全区小学主事教员的成绩。

（5）考核全区小学生成绩。

（6）调查全区学龄儿童，办全区义务教育。

（7）办全区社会教育事业。

（8）编造全区行政历。

（9）编制全区各种教育事。

（10）主持全区各种会议及主办展览会、运动会等。

（11）召开全区教师研究会等。

（12）出席教育局会议。

照理说，中心小学制在辅导上是应该有效的，因为中心小学的一切办法可以做区内小学的榜样，可以供给实际材料，可以在实际上指导各小学做。这个制度又是行政与指导合一，中心小学校长有调动与撤换区内小学教师的权，有指导权，可以发命令，可以做朋友。但是根据许多实施后的报告，成绩都不很好，这是什么缘故呢？下列几点或者就是失败的原因：

第一，中国小学经费可说都在水平线以下，中心小学经费稍稍提高，虽然还没有达到水平线，但比其他小学已经增多。这件事很易引起意见，

第七章　辅导工作

只要有此一点，就可以使该制度整个失败。

第二，中心小学区域太大，行政费太少，指导不易周到。

第三，从教育委员制改为此制，教育局督学、小学教师，都感觉不习惯。在办事手续上很容易起龃龉，这时候中心小学成为众矢之的，便易失败。

第四，中心小学校长人选不易选得恰当。若另聘新来专家，教育界最易"欺生"，使新来者有力无处用，非失败不可。若由旧教师提升，又容易发生"角逐"，甚至给不良胥吏作恶的机会。一个校长被提升，其他校长或因年龄，或因资格，或因其他权利，便发生不甘居人下的争执，这样便发生不合作，不受指导，不接受命令，此制便会失败。

教育制度的改革是整个的，不是局部的。倘若整个教育制度未改革，只从辅导一点上努力，这是不会见效的，甚至会发生意外的失败。

第三节　乡村师范是否可以做辅导工作

乡村师范可以做辅导工作，但是有条件的，不是随便可以把这个责任挑起来的。乡村师范有做辅导工作的可能，因为：

一是乡师有比较充裕的经费，可以运用。

二是乡师有比较有经验、有专长学识的教师，可以担任指导的责任。

三是乡师要办许多小学，这许多小学的指导工作已经是一套辅导的模型。

四是乡师毕业生多在本地做教师。乡师毕业次数多了，当地尽是一个乡师的毕业生。倘若乡师校长是一位十年以上的老校长，许多小学都是他的学生主持，自然可以成为教育辅导的系统。

乡师有这许多可能，所以应当做当地教育辅导工作。但是每个可能中也就蕴藏着不可能。乡师经费比一个小学虽然多了许多，若用于辅导，仍感太微薄。乡师教师虽有专长，忙着他应做的事还不易做得好，倘若再加上地方教育辅导，必难胜任。况且初从大学毕业的学生，在学理上或可胜于小学教师，而处理实际工作，当然远不及有经验的小学教师，只凭学理的辅导是很不够的，小学教师决不接受只有学理的指导。乡师自己办的小学确是一套教育辅导的机构，但是这个机构，决不能为一般小学所引用。

因为乡师办的小学，在小学里有主持者，有受辅导者。主持者是师范教师，受辅导者是师范生，师范教师与师范生的关系，比起辅导员与小学教师的关系大不相同。倘若用乡师辅导自办小学的办法辅导一般小学，没有不失败的。至于第四点的可能，困难更多，在这样动荡的局面之下，乡师校长与教职员能够持久到几年，毫无保障。一个学校的毕业生当受着别种势力排挤的时候，或者有几分可以团结一致的倾向；一旦可以自树一帜，内部的倾轧，便不堪纷争，这时候虽然有老校长，也莫可奈何。有人以为只要有学问的校长，必可使学生不起纠纷，这是不尽可靠的话。裴斯泰洛齐总算是有学问的教育家，他的事业就破坏在他的学生间互相倾轧，互相纷争。

不过乡师仍有做辅导工作的可能，这就要看它的条件如何。乡师要做辅导工作，除上述四个条件以外，必须具有下列几个条件：

一、乡师整个组织，必须改变为"学园制"，每个学园单独有指导师范生、指导小学的力量（详细办法见下章）。

二、乡师教师不但要有较高深的学理，并且要有实际的小学经验，所以乡师教师不但对于担任的某科要有专长的修养，对于应用该科于儿童，尤须有纯熟的技术。例如文学，对于文学本身的修养固然要相当高强，尤其对于儿童文学有专长，对于指导儿童文学的技术也能够运用自如。其他各科都是这样。至于担任教育的教师，必须对于办小学和处理儿童工作有实地经验，于是他就在各个学园里办小学。这样就在实地上指导师范生，也就可以做指导邻近小学的工作。

三、乡师要做辅导工作，第一步，不要以指导者地位自居，应该先由学园与其他小学先做朋友，或称受辅导的小学为特约小学，先从经济及实际材料方面帮助着手。第二步，请各小学来参加几个研究会，然后再做整个辅导工作。

四、乡师自己本身不能常有变动，不但校长不应常常变动，就是教师也不应年年有变动。用变动人员来改进学校，本来是一个最不高明的办法。调动教师，对于学校内部，会受到不良影响；对于有关系的学校，影响当然更大。所以这个学校倘若经常调动人员，永远不会有成绩，也不可能做好辅导工作。辅导工作从方法上指导的力量固然很大，而最大的力量还在情感的增进与情况的熟悉。教师在当地时日长久，对于当地教师在情感上比较密切，就容易说话；对于当地教师的个性，各校的环境也比较熟悉，要指导改进，就容易进行。

五、辅导的方针应该一贯，辅导的方法应该灵活，辅导上采用的新方法、新材料，应该层次分明。在一种新方法没有告一段落时，切勿采用与此法相类似或相冲突的方法。这几点都是辅导的一般原则。乡师做辅导工作，很不易做到这步。因为乡师常常以自身为本位，自身要改变方针，改换新方法，也就会指导受辅导的小学改变。常常改变方法，小学教师固然忙于应付，实际上也就毫无效力。

辅导是一件极精妙的教育工作，是一种要集许多人用全副力量来做的工作，不是任何教育事业可以附带做的工作。乡师要做辅导工作，必须用乡师全部力量来做，决不能附带做。照理论说，乡师倘若能够把辅导工作做得完美，训练师范生的工作也就能做到。但是在训练师范生的方法与办小学的方法，还不能打成一片以前，哪里能够做到办小学与辅导工作打成一片呢？所以乡师做辅导工作，必须多方顾到，切勿冒昧从事。

第八章　几种办乡村师范的类型

第一节　农业学校式和普通师范学校式的乡师

师范教育是培植教师的教育。某时代的师范教育实施的方式，反映着该时代的社会也最显著。所以每一个新时代的前夜，必有它的特殊的师范教育表现着，当这个新时代来临的时期，这种师范教育也更能活跃。乡村师范学校虽然是新产生的教育机关，但毕竟是师范教育的一种，所以它的实施方式也与时代有最密切的关系。

人类师范教育的演进有五个方式：

一、母女及父子的世袭。自从人类出现在宇宙间以来，直到农业社会开始，都是这种方式的师范教育。

二、师傅徒弟的传授式。这是手工业社会里特有的师范教育。

三、书院大儒讲学式或称教堂牧师讲经式。这是封建社会劳心者役人、劳力者役于人的特有的师范教育。

四、学校上课式，也可称为工厂造货式。这是资本主义社会必定要经过的师范教育的阶段。

五、党员训练式。这是用集团生活的方式来训练教师的师范教育，是各国都将采取的师范教育。

这五种师范教育的实施方式，详细情形应该让师范教育的学程来讨论。本章只说明"乡村师范是师范教育的一种，它的实施方式，也必得与这个时代的师范教育同一步调。若有不合方式的，便会减低效率，甚至无效，或得到相反的效果"。

乡村师范是办在乡村的师范学校，是培植乡村学校教师的师范学校。欧洲如保加利亚等小国，以及美国有几个联邦（如加州、麻省等州），南美的墨西哥等国，都是以办理乡村教育有成绩而著名于世的国家。它们办乡村师范的方法，就是完全配合他们的当地社会情形。例如美国，以改良农业著称于世。他们为着推广农业起见，办许多农业推广机关，这些机关大都在乡村小学里，就是藉助乡村小学教师的力量，去推广农业学术机关所发明的方法，传播他们的新种子。为了扩大农业改良事业的势力，所以他们训练乡村教师几乎等于训练农业推广员。乡校的办法与农业学校的办法所不同者，不过前者只注重于各种农业常识，后者更注意到实践与更深的研究。这种办法，中国也曾经有人主张过。例如1926年的界首（江苏省）农村师范科，便是这样做的。该校文献因毁于1927年战事，无从研究。但据主持人黄质夫的自述，当时不但有农业科目，并且实地领着学生去田间种植，又常常以"农夫的身手"勖勉学生。但是在农业改良如此迟缓的中国，乡村教师虽然有农业常识以及推广农业的技能，在实际生活上可以应用之处不多，所以反不如一般教师的技能比较来得重要，所以这种办法不能普遍应用。

由于乡村人民送子女进学校是希望子女多识字、多读书，所以有许多办乡师者便主张乡师也应该与一般师范学校同样，不过在科目上略有增减。增的科目是乡村教育、乡村社会、农业等科目（详见课程章）。还有，为了使毕业生不羡慕虚荣，安于乡村生活起见，所以乡师的日常生活尽量俭朴，一切住所、饮食、起居尽量农民化。教育部颁布的师范学校规程中有这样一句："以养成乡村小学师资为主旨之师范学校得称为乡村师范学校。"此外，关于乡师的办法，也完全是遵照师范学校法及师范学校规程。在课程上虽有乡师的课程，但与普通师范相似处太多。此外，如学生毕业年限、教师服务规程、学校组织以及实习等办法，完全须遵照师范学校的规程；甚至近年来雷厉风行的会考，乡师也必得遵守。所以今日中国乡师的办法，实在只是普通师范学校的一种，是办在乡村的师范学校，只是具有乡村教育、农业常识等科目的师范学校。

用班级制办师范学校（就是学校上课式的师范）是否还可以适用于今日之中国，已经引起许多人怀疑。至于乡村师范是否可以引用普通师范的办法来办，更是值得重新估计。所以中国自从提议办乡师以来，便有人提议不要采用普通师范学校的办法，必须另有新的办法来办乡师。虽然到现在还没有决定应该采用何法，但是这几种新办法很值得给办理乡师者作重要的参考资料。

第二节 艺友制

"艺友制"三字引用到师范学校里来，是十五年的事，第一个引用者为陶行知。现在先摘录陶氏关于艺友制的解释数段（全文见《生活教育论文集》141页）：

"艺友制"是什么？艺是艺术，亦可以作手艺解。友是朋友。凡利用朋友之道教人学做艺术或手艺便是艺友制。

……学做教师有两种途径：一是从师；二是访友。跟朋友练习比从师来得格外自然，格外有效力。……凡用朋友之道教人学做教师，便是艺友制师范教育……

……发现艺友制的起因有二：一是感觉现行师范教育之缺憾；二是由于感觉各种行业施行艺友制之实效。现行师范教育将学理与实习分为二事，简直是大书呆子教小书呆子，教出来的人才和普通中学不相上下。因为少数优良小学全凭天才做台柱，至于师范教育的贡献还是微乎其微。大多数受过师范训练的人，至今办不出一个可以令人佩服的学校，岂不是大可叹息的事吗？我们再看看木匠徒弟所做的桌椅，裁缝徒弟所做的衣服，漆匠徒弟所做的牌匾，不由人要觉得十分惭愧的。艺友制便是这种叹息惭愧的土壤里面发生的一根嫩苗……

……艺友制的根本方法是教学做合一。事怎样做便怎样学；怎样学便怎样教。教的法子根据学的法子；学的法子根据做的法子，先行先知的在做上教；后行后知的在做上学。大家共教共学共做才是真正的艺友制；唯独艺友制才是真正的教学做合一。

……凡学校有一艺之长的教师便可招收艺友。从幼稚园到研究所，只要这个条件符合，都可以试行艺友制。假使中国现有的二十万所学校个个有把握，便个个可做艺友，个个可做训练教师之中心，每年训练一位，只要五年便可解决普及四年小学教育所要的师资问题。但是一百个学校当中至少有九十个是没有把握的，我们的责任是要使没有把握的学校变为有把握的学校，使有把握的学校个个都变做训练

第八章 几种办乡村师范的类型

教师的一个小小的中心……

从上面这几段解释里，我们可以推想到推行艺友制，可以有下列五个影响：

一、凡有优良教师之学校皆可招收艺友，成为训练教师的场所，所以优良小学便是训练国民教师的机关。

二、附属小学将失去唯一实习场所之资格；倘附属学校欲负训练教师之责，便非根本改造不可。

三、根本推翻师范教育之传统观念。

四、优良小学教师既然可以招收艺友，自能解除生活上一部分寂寞。

五、施行义务教育的困难之一是师资，现在有此最广阔之路，不啻增辟义务教育师资的一大来源。

不过艺友制既然与从前的徒弟制相似，而徒弟制是有弊病的，所以施行艺友制必须将徒弟制的弊病除去。徒弟制的弊病约有四：

一、徒弟制的师徒之间是有不平等的条规的，如三年徒弟，四年半工，满师后还要许多孝敬。这是因为那个社会里形成的师徒之间的陋习，不得不如是。艺友制必须去掉这个不平等的条规。

二、徒弟制的师傅对待徒弟几同奴隶，这是陋规，必须去掉。

三、工匠所有心得秘诀，不很愿意传给徒弟，以致该行技术进步极慢，甚至失传。这也得矫正的。

四、师傅对徒弟不是指教他，而是利用他的劳力。给他做工作时，也是使他知其然，不让他知其所以然，有时甚至使徒弟摸黑路，精神时间两不经济。在艺友制里，这种弊病是不会有的。

施行艺友制还有下列几个问题要讨论：

第一，一个教师在同一个时期内能收几个艺友？

第二，在一个小学内，不一定全体教师都优良。倘若有几个教师是优良的，有几个是平庸的，那末是否可以招收艺友？怎样招收艺友？

第三，招收艺友应该以学校为单位？还是应该以教师为单位？就是一个小学可以招收几个艺友？还是一个优良教师可以招收几个艺友？

第四，艺友既非徒弟，教师也非师傅，所以教师不但要教艺友对于某件事知其然，更须教艺友知其所以然。但是小学教师自身也因为受环境的限制，许多事自己也只能知其然，那么怎样能够教艺友知其所以然？

第五，幼稚园招收艺友应该有什么标准？小学招收艺友应该有什么标准？倘若各科教师招收艺友应该用什么标准？

以上五个问题都有连带性的，所以不能个别地解决。训练艺友不只限于一种，有的训练成为某种专门技术，如音乐师、画师等，有的是训练成为普通小学教师的，有的训练成为小学行政人员的。这件事当然要以教师的能力为依据，有某种能力的教师，又有愿意学习某种本领的艺友，双方才可以合作。至于一个教师能够招收几个艺友，这是不必限制的，只看你的学校里能够容纳几个艺友。大概一所单级小学，十二人以内的艺友，是可以有办法训练的。艺友的基本能力，在可能范围内也得顾到。例如阅读能力等最好能够达到小学毕业的程度。不过这件事不是顶重要的，一个有志做教师的青年，虽然一字不识，也可以受训练的，只看怎样训练他，训练他做什么事，更看他的志向是否坚决就行了。

实施艺友制最感困难的要算第四个问题。在一个穷乡村里，办着一所单级小学，教师整天忙着教孩子，处理社会事务，自己的进修机会已经不很多，又怎样能够解答艺友们穷根的追问，倘若偶有不能回答的问题，师友之间还可设法进行研究，倘若积久而问题多了，又怎样能够解决呢？要解决这个困难，不是一个学校的力量所能办到，最好由教育行政当局主持这件事，或者集合许多学校的力量与外界学术机关沟通，也可以做到回答问题的地步。学园制就是这样产生的。

第三节　学园制

学园制与艺友制在教育上的理论根据是完全相同的，同是教学做合一。教师在做上教，学生在做上学。学做小学教师的师范生就得在小学的实际工作上去学；指导学做小学教师的师范教师就得在小学的实际工作上去指导。教师的教，不仅是课堂上的教，也得在实事上做着教；学生的学，不仅在书本上学，在课堂上听教师讲的学，也得在实事上做着学。

学园制的办法与艺友制或普通师范学校都不同。一个小学教师只要有一技之长，就可以在小学里招收艺友，这是艺友制的特点，富有"自由"的意味。学园制是比较有集团的意味。因为学园制不能由单独一个小学举

第八章 几种办乡村师范的类型

办，必定有三个以上的小学，集合成一个集团，有师范部主持总务，很象总办事处。各学园的行动支配与调节，以及一切团体生活，都由各学园集体讨论决定，再由师范部执行与考核。在这个集团里，每个学园与师范部发生纵的关系，每个学园与学园之间又可以发生横的关系。这是一。

一个师范必有许多导师，这许多导师，每人必有一艺之长，在普通师范里，教师就在教室里拿出他的特长来教学生，在学园制的师范里，教师的特长必须在小学里的工作上去表现出来。这是二。

在普通师范里，教师对学生讲演，不问学生是否需要，只是对全班学生讲解，更不问每个人了解到什么程度。在学园制的师范里，教师领着有定数的学生，在实地上办小学，在实地上指导学生。这许许多多指导都是实地工作中产生的问题，在工作中找到的材料，在工作中找到解决的办法，不是教师从不相干的书本上撷取来的。这是三。

师范生在实际工作中发生出来的问题是多方面的，一个教师的本领，无论如何高强，但是所知道的必定有限。在他研究的范围内，当然可以知道得比较深些。但是种类不多，范围不广，究属缺憾。艺友制发展到这步，就不易谋解决。这个缺憾，只有集团组织的学园制才可填补。在一个学园里，虽然只有一位有专长的导师，但在整个师范的集团里，有许多学园有许多专长的导师，并且各位导师的专长，又可以是多方面的，而不是专属某一方面的。这样一个师范，几乎成为一个小小的学术团体。这是四。

师范部与学园的关系，又好比一支军队的后方与前方，他有供给材料与解决问题的责任。所以凡是公共的设备，如图书馆、科学仪器室、医院、工厂、农事试验场……在师范部里必须量力依次筹设。这些设备的性质与寻常单独设立的不同。例如图书馆，不但有藏书库，有阅览室，有出纳还借图书工作，而且必须加上一套巡回图书的工作，还须负责研究儿童图书馆的办法，民众图书馆的办法等。科学仪器室、医院、工厂、农场等也都负有两重责任。这是五。

学园制的师范里有一件极重要的工作，在普通师范里是可以不存在的，就是交通问题。这个交通机关的组织，总枢纽在师范部，各学园也有分机关。各学园倘能装置电话，当然最灵便。在代步的设备方面，倘能置备自行车等可以节省许多时间。交通机关的工作是师范部与各学园的对流,学园与学园的交流。这是六。

普通师范学校内,师范与附属小学除实习时期有几个星期发生关系外,几乎再无发生关系的事件。在学园制的师范里,各学园对于师范部是视为最重要的一个机关。师范部因为只有办各种事业的设备,只有导师,不留师范生,所以一切工作必须到学园去做,不然便变为一个衙门。同时各学园因为脱离师范部做工作,几乎会陷于孤单或麻木的地步,所以也必定会督促师范部起劲地做工作。每星期的集会,无论教师或师范生都可以因此切磋各学园的办法与问题。如此连贯,如此互相发生关系,各个学园在平时都是单独的师范,在集会时又是一个整个的师范。这是七。

所以学园制的师范的组织系统,是错综复杂的,不能用平面图表示出来。各学园好比是人体的各种器官,师范部好比是调节血液循环的心脏。不过不尽如此,人体上各种器官不能单独生存,学园制师范的各学园在必要时可以单独存在,不过进展的能力稍稍减退罢了。这样,又好比军队,可以化整为零,每个小单位仍然能够单独作战。甚至还可逐渐扩大。这种现象在普通师范也不会有的,因为附属小学的单独存在,可以完全去掉曾经与师范发生关系的意味。学园在万不得已时单独存在,依然可以保持原有的功能。这是八。

总结起来,学园制师范必须依照下列的办法:

一、必须有一个健全的、灵活的师范部,并且在可能范围内,要具备交通工具、图书馆、医院、科学仪器室、工厂、农场等设备。

二、必须聘请对于小学各项活动有专长的教师主持各学园。教师在各学园是当然园长,他的职务等于一个有能力有热诚肯指导的校长。

三、每个学园只准有一位专任导师,收容的师范生至多不得超过十二人。

四、师范生到各学园去,必须经过师范部及愿去的那个学园教师的同意。

五、每个师范生除去跟着教师做日常工作外,必须认定一件工作,做更深的研究。

六、每星期各学园聚会一次,地点各学园轮流。聚会时有参观、有讲演、有讨论,师生全体出席。

七、一旦师范发生变故各学园不能联合进行时,各学园可以单独进行。

学园制的师范是一个比较适合于今日中国师范的办法，不过有效与否，还必须看周围的客观条件来决定。下列四条是它最重要的客观条件，必须先有个处置。

第一，学园制的师范必须办在乡村，也可以说学园制只能适合于办乡村师范。学园制的师范，生命之根系在各个学园。学园的数目，当然要以师范生的多寡为准。一个实施学园制的师范，至少要有三个以上的学园，这几个学园当然应该各有特点，但必须有根本相同之点。在广阔的乡村里，在占全国极大多数的农民队伍里，要办许多学园，找出一个共同点来，是比较容易的事。倘若一个实施学园制的师范学校，师范部设在城里，有几个学园设在城里，几个学园设在乡村，要找一点共同点，就很不容易。所以学园制的发现是在简单的乡村师范，不是大规模的城市师范。将来它的发展，也一定在乡村，而不容易在城市。

第二，实施学园制师范的主角是有专门技术的教师。一个学园的是否有成绩，大部分责任在主持的导师，所以学园制师范的教师，决不是寻常学校的教师可比的。他的优劣直接关系于该园的盛衰，间接就影响于师范生学习的有无成效。他必须有专门技术，健康的身体，饱满的精神，勤劳的习惯，耐苦耐烦的性情，领袖的干才，对于社会有明确的认识，前进的意志。总之，他不但是一个好的儿童导师，也是一位好的青年导师。

第三，合乎前条标准的教师，他必有抱负，无论对于社会问题、人生问题，都有更深远的看法。这样的人才不但不容易物色，即使物色到了，也不容易留得久，即使勉强留住了，也不一定能够展施他的全部才能。留不住优良教师，固然办不了学园；徒然留住了，也没有什么力量可以表现。实际上，只有一个自由的环境，丰盛的物质待遇，决留不住这样的优良教师。我们要使有力量的人们集合起来，共同努力向前做。为此必须先有一个极明显的目标，再加上统一的步调，才能有成效。所以学园制不仅是方法问题，而且必须有明显的态度，整套的理论，然后才可以产生力量。换句话说，学园制必须重视方法和本质，把它们结合起来去做，才会见效。

第四，最后的一个条件，但不是最重要的条件，是政治环境与经济力量。先谈经济力量。私人兴学，虽然各省都有，但是出资者与主办者不是一人。出资者不一定有教育的眼光,而包围出资者的门客,更无教育眼光。所以数十年来,出资兴学者为数已不少,然而有成绩的学校寥寥无几。学园制在教育上是一种大改革,幸而有心人筹得些许经费,惨淡经营,勉力兴办,但是阻力接连而来。"教育包办者"的造谣与毁谤,从政治上的加以摧残,这是常见的事。况且近年来,政府已经明令禁止私人办师范,所以有人以为学园制终究不会有大规模发展。又因政府设立的师范,一切都有规定,断不容许有如许自由试验的余地,私人又不能举办,所以又有人认为学园制终究不能再办下去了。但是社会的变动,谁能保得住永远凝固,我们只愁学园制在未来的社会里不够应用,决不致于学园制永远不能举办。

中国试验学园制的乡师,有1929年后的晓庄、1932年的集美乡村师范、1933年的百候师范、1935年的邹平简易乡村师范。各校虽然都因环境的困难,不能长期实施,但是各校对于学园制都有相当贡献。详细办法可以参看各校的报告。

第四节　小先生制

小先生是小孩子做先生教人。小孩子教人是从古就有的,例如儿童心理学上承认的儿童互相学习,互相影响,便是小孩教小孩、小孩跟小孩学习的实例。不过把它正式提出来而成为教育上的制度,成为一个教育运动,尤其对于普及教育发生影响,确是最近的事。

小先生制的发明者为生活教育社,尤以该社主持人陶行知氏提倡最出力。现在将它的根据与特点说明如下:

一、人们应该即知即传人,不应该把知识据为私有而做守知奴,这是理论根据之一。

二、承认小孩子有能力可以教人。小孩子运用即知即传人以后,不但受传者有益,对于自己的学习也更有效。这是理论根据之二。

三、在今日之中国,用师范毕业生教人,有时会碰壁,例如普及女子教育便有这种现象。况且在实际上要实施普及教育,若必须师范生,真有些俟河之清不知何日之感。指导小孩子做小先生于这两点有很多的帮助。这是根据的理由之三。

四、实施小先生制有下列几点需注意：

1. 来者不拒，不来者送上门去。这就是只要是人都可以教；只要小先生肯教，到处可以找学生教。

2. 小先生所要找的学生是不能上学的人，所以不识字的祖母、母亲、嫂嫂、姐姐、妹妹、父亲、哥哥、弟弟和隔壁看牛、砍柴、拾垃圾、扒狗屎的穷朋友，都是小先生应当找的学生。

3. 小先生的职务不但是教人，更重要的是教人去教人。等到他的学生也在教人了，他那小先生的封号才有丰富的意义。所以小先生的成绩不在直接所教学生之多，而在所传代数之多。

4. 教科书不是固定的，而是日常生活中的文字符号，是急切需要的文字符号。例如丈夫写给妻子的信，这位妇女苦于不识字，小先生教这位妇女看这封信，便是最好的教科书。

5. 除教文字以外的工作，凡是小先生所过的有意义的生活，都必需负责传布出去。

6. 小先生不是一种自由职务，而是正课。他必须天天拿成绩来交给负责的教师考核。

7. 小先生若找不到学生，教师须指导他如何去找。他若碰了钉子，教师须辅助他求得解决。他若没有恒心，教师鼓励他向前努力。他若不明了他的职务之重要，教师须将普及教育与中华民族生死存亡的关系说给他听。教师对于这件工作，必须认定是正课，不是儿童课外活动。

8. 小先生运动发动的第一天，便须开一个娱乐大会，把小先生的家属一起吸引来。在这个大会上，教师须将普及教育与中华民族生死存亡的关系尽量发挥，并将小孩子的能力充分证明，须让本地能干的小孩子在会场上表现出真的力量。

小先生运动的发展，不仅可以使中国普及文字教育，还可以缩短年限，节省经费，增多大量教人的教师，扫除许多社会障碍，它实在负有普及大众教育的责任。所以小先生运动最容易展开的场所有二处，一处是农村，另一处是工厂区域。

乡村工作团体接受小先生运动者渐渐普遍，例如定县的"导生制"，邹平的"导友制"，都是根据小先生制而加以各该地的理论主张，改变成另一制度。它们的名称虽不相同，而促成普及农村教育的目的却是完全一致的。乡师学生对于小先生运动不但要懂得这个制度，尤其要能够运用这个制度，在小学里实施这个制度。那末这个乡村师范至少可以同时有三代教师，一是师范教师，二是师范生，三是小学生。用全校师生的力量，合力进行，不独普及教育可以迅速开展，并且三代教师同时教人，同时都可做学生，在教育效率上可以提高很多。

只有切实执行"教学做合一"和"即知即传人"的原则，师范生的学习才不落空，才有迅速的进步。乡村师范实行这个原则，在环境上有很大的便利，因为有广大的农村，众多的农民。